시민주권과
민주시민교육

시민주권과 민주시민교육

| 진시원 · 홍익표 · 오승호 |

이 과제는 부산대학교 기본연구지원사업(2년)에 의하여 연구되었음.

부산대학교출판문화원

책을 내며

민주시민교육에 대한 관심과 실천이 확산하고 있다. 그런데 민주시민교육이 무엇이고 민주시민교육의 내용이 무엇이어야 하는지에 대한 우리 사회와 교육계의 합의가 부재하다. 작금의 상황은 민주시민교육에 대한 국가 차원에서 합의된 명확한 교육과정이 부재한 상황에서 각 교육청이나 시민사회단체 혹은 전문가나 교사 개인에 의해서 민주시민교육이 각개약진 식으로 추진되고 있는 것이다. 민주시민교육을 하고 있는데, 민주시민교육의 내용이 무엇인지 잘 모르고 있는 실정이다. 이런 상황은 바람직하지 않고 이상하기까지 하다.

물론 다원주의 사회에서 민주시민교육의 내용은 다양할 수 있고 다양해야 한다. 오히려 민주시민교육의 내용을 이래야 한다며 정부가 일방적으로 교육과정을 지정하는 것이 민주시민교육과는 거리가 멀고 반민주적이고 반다원주의적인 교육으로도 보일 수 있다. 하지만 다양성이 모든 것을 정당화해 주지는 않는다. 다양성도 그 다양성을 묶어주는 공통성을 확보해야 한다. 이 책의 목적은 각개약진 식으로 펼쳐지고 있는 현 단계 민주시민교육의 다양성을 하나로 묶어주는 공통의 내용을 탐색하고 제안하는데 있다.

민주시민교육이 '민주시민을 양성하는 교육'이라는 기존의 동어반복적 주장은 공허하다. 동어반복적인 답변은 좋은 답변이 아니고 어려운 질문에 대한 회피이기도 하다. 이 책은 작금의 우리 민주시민교육이 그 내용에 있어서 새롭게 재정립되어야 할 시기에 놓여 있다고 주장한다.

첫째, 민주시민교육은 단순하게 '민주시민을 양성하는 교육'이 아니라 '주권의 명확한 소지자이자 실질적인 행사자로서 자신이 소속된 공동체에 대한 주인 의식과 태도를 지닌 좋은 시민을 양성하는 교육'이 되어야 한다는 것이다. 여기서 '단순한 유권자'가 아니라 '실질적인 주권자'라는 단어가 새롭고 중요하다. 민주시민교육은 선거일에 투표만 하는 수동적인 유권자를 양성하는 교육이 아니라, 자신과 자신이 소속된 공동체의 주인으로서 공동체 공동의 일에 적극 참여하는 주권자를 양성하는 교육이어야 하는 것이다.

둘째, 현재의 민주시민교육은 학교에서 체계적으로 이루어지지 못하고 있다. 현재의 민주시민교육에 문제가 있는 것이다. 학생들을 위한 민주시민교육은 초중고 단계별로 새롭고 체계적인 내용으로 재구성되어야 한다. 초등학교 단계로 내려갈수록 서로 이해하고 존중하고 배려하고 토론하고 설득하고 합의하고 타협하고 절충하는 민주적 생활태도를 체화하고 실천하는 교육을 활성화하고, 고등학교 단계로 올라갈수록 민주주의에 대한 지식과 민주적 가치와 신념을 강화하는 방향으로 민주시민교육을 단계별로 체계화하여 시행해야 한다.

셋째, 보수와 진보 간의 이데올로기 갈등이 더 이상 제대로 된 민주시민교육을 방해하는 요인으로 작동해서는 곤란하다. 정치논리와 정권의 입맛에 따라 정치교육과 민주시민교육의 내용이 바뀌는 것은 더 이상 없어야 한다. 보수와 진보가 합의하고 좌우를 아우르는 새로운 민주시민교육이 필요한 것이다. 정치는 서로의 차이를 표출하고 조정하고 최종결정 하는 일이다. 정치가 이런 기능을 원활하게 수행하기 위해서는 이데올로기의 절대성이 아니라 다원성과 상대성을 이해하고 실천하는 노력이 필요하다. 이데올로기는 객관적인 과학적 지식이 아니라 일종의 신념이자 믿음이다. 신념과 믿음을 절대화 하는 순간 상호 이해와 대화와 타협은 사라진다. 새로운 민주시민교육은 이데올로기의 다원성과 상대성을 바탕으로 진보와 보수 세력이 서로 이해하고 대화하고 타협하는 공동체를 만드는데 기여하는 교육이어야 한다.

넷째, 작금의 국제사회는 모던 시기 즉 근대 시기에서 포스트모던 시기로 이행 중이다. 과도기에 놓여 있는 것이다. 근대 시기 각국의 민주시민교육은 일국 시민을 양성하는 '일국 시민성'에만 집중해왔다면, 포스트모던 시기 각국의 민주시민교육은 '일국 시민성'이 아닌 '다중 시민성'을 양성해야 하는 필요성에 직면해 있다. 민주시민교육이 기존의 '단일 정체성'이 아닌 새로운 '다중 정체성'을 지닌 시민을 양성해야 하는 상황에 놓인 것이다. 포스트모던 시대의 우리 시민은 대한민국 국민이라는 단일한 국민 정체성만 지니는 것이 아니라, 개인 - 가족 구성원 - 학급 구성원 - 지방 시민(주민) - 대한민국 국민 - 동북아 시민 - 세계시민이라는 중층적인 다중 정체성을 지니는 것이 필요하다. 특정 정체성은 거기에 맞는 관심과 역할을 요구한다. 포스트모던 시기의 시민은 자신의 다중 정체성에 맞는 다양한 층위의 관심과 역할을 직렬구조가 아닌 병렬구조 속에서 수행하는 시민이어야 하는 것이다.

이 책은 이러한 새로운 민주시민교육의 내용과 주장을 담기 위해 총 6개의 장으로 구성되었다. 먼저 1장에서는 사회과교육과 민주시민교육의 역사적 변화과정을 살펴본다. 근대 시기에 사회과교육과 민주시민교육이 어떻게 등장하고 변화했으며, 포스트모던 시기를 맞아 사회과교육과 민주시민교육이 어떠한 변화압력에 직면해 있는지를 역사적 흐름에 따라 살펴본다.

이러한 역사적 작업 이후에 2장, 3장, 4장에서는 새로운 민주시민교육의 내용이 무엇이어야 하는지에 대해 차례대로 본격적으로 논의한다. 2장에서는 민주시민교육의 정의, 목적, 필요성을 살펴보고, 3장에서는 민주시민교육의 기초교육으로서의 정체성교육과 인권교육, 인성교육의 필요성을 강조하고 각각의 내용을 탐구한다. 그리고 4장에서는 새로운 민주시민교육의 내용을 '민주주의'와 '시민'과 '교육'이라는 3개의 주제로 나누어 심도 깊게 하나씩 살펴본다. 먼저 왜 민주주의가 중요하고 어떤 민주주의를 가르쳐야 하는지를 설명하고, 그 다음 왜 '국민'이 아닌 '시민'이고 어떤 시민을 만들어야 하는지를 설명한다. 그리고 4장의 후반부에서는 왜 교육이 중요하고 어떤 교육을 어떻게 해야 민주시민교육인지를 설명한다.

5장은 독특한 시도로 '민주시민교육'이 아니라 '민주공화국시민교육'이어야 한다고 주장을 담고 있는 글이다. 우리 민주시민교육이 무엇보다도 공화주의적 시민 즉 공민을 양성하는데 집중해야 한다는 내용을 이론과 사례를 중심으로 살펴본다.

마지막 장인 6장은 독일의 정치교육에 대해 집중적으로 논의한다. 독일의 보이텔스바흐 합의에 대한 소개는 우리 사회에 이미 익숙하지만 독일 정치교육의 구체적인 내용에 대해서는 무게감 있는 진지한 검토가 부족했다. 이러한 틈과 부족을 메우기 위해 6장은 독일의 정치교육이 우리의 민주시민교육에

주는 시사점을 중심으로 독일 정치교육의 역사와 구조를 하나하나 살펴본다.

지금 우리는 국민국가 중심의 모던 시대에서 후기 국민국가 체제인 포스트모던 시대로 이행 중이다. 시대가 바뀌면 교육도 바뀌어야 한다. 민주시민교육의 내용도 새로워져야 하는 것이다. 이 책은 세 명의 저자가 새로운 민주시민교육의 내용이 무엇이어야 하는지에 대해 각자 고민한 결과를 묶은 것이다. 새로운 민주시민교육의 구체적인 내용은 무엇이어야 하고, 좋은 민주시민교육을 만들기 위해 이랬으면 좋겠다는 제안을 담고 있다.

이 책의 제목은 『시민주권과 민주시민교육』이다. 시민주권에 대한 필자들의 논의는 부산참여연대에 많은 신세를 지고 있다. 부산참여연대와 저자들은 한국 민주주의의 더 나은 발전을 위해 '시민주권'이 필요하다고 보고 이미 지난 2016년에 『왜 시민주권인가?』라는 책을 발간한 바 있다. 이 책은 시민주권 시리즈 중에 하나로 『왜 시민주권인가?』의 후속편이다. 시민주권을 체화하고 실현하는 시민은 그냥 만들어지는 것이 아니라 민주시민교육을 통해서 만들어지기 때문이다. 따라서 이 책은 저자들만의 책이 아니라 부산참여연대의 책이기도 하다. 부산참여연대 김종민 대표와 양미숙 사무처장 그리고 회원 여러분들께 다시 한번 깊은 감사의 마음을 전한다.

다시 한번 강조하지만 지금은 유권자 시민이 아니라 주권자 시민이 필요한 시기이다. 따라서 새로운 민주시민교육은 단순한 유권자가 아닌 주권의 명백한 소지자이자 실질적인 행사자인 민주시민을 양성하는 교육이어야 한다. 우리 저자들의 노력이 민주시민교육의 내연과 외포에 조금이라도 새로운 내용을 더하고, 더 좋은 민주시민교육을 만드는데 작은 도움과 기여가 되었으면 하는 바람이다.

2021년 2월

저자들을 대표하여 진시원 씀

차례

1장

포스트모던 시대의 사회과교육과 민주시민교육

| 진시원 |

근대 국민국가 체제에서 사회과교육은 18세기말 이후 그리고 민주시민교육은 20세기 후반 이후 생성하고 발전해왔다. 근대 국민국가의 영토 만들기, 주권 만들기, 국민 만들기, 민족 만들기, 일국 민주시민 만들기 프로젝트를 사회과교육과 민주시민교육이 주되게 담당해온 것이다. 그러나 근대 사회과교육과 민주시민교육은 포스트모던 시대를 맞아 큰 변화 압력에 직면해 있다. 세계화와 지역통합, 지방분권자치, 다문화 현상 그리고 환경문제와 인권문제 등과 같은 글로벌 이슈의 등장은 사회과교육과 민주시민교육의 내용 변화를 촉구하고 있는 것이다.

이 글은 포스트모던 시기에 필요한 사회과교육과 민주시민교육은 국민 정체성을 중심으로 하는 다중 정체성을 지닌 시민을 양성하는 것이 중요하다고 보고, 포스트모던 시대의 사회과교육과 민주시민교육은 인권교육, 인성교육, 다중 정체성교육, 민주주의 교육, 헌법과 법치주의 교육, 통일교육, 지방분권자치 교육, 국제정치교육, 다문화교육, 세계시민교육 등을 체계적으로 포괄하는 것이 좋겠다는 의견을 제안한다.

Ⅰ. 서론

국제사회가 핵심 체제와 내용에 있어서 큰 변화를 맞고 있다. 근대(modern) 시기, 특히 16세기 이후 20세기까지 집중적으로 만들어지고 공고화된 국민국가(nation-state) 중심의 국제사회가 20세기 후반부터 포스트모던(post-modern) 시기에 들어서면서 도전 받고 약화되면서 크게 변화하고 있는 것이다.

국민국가 체제(nation-state system)는 1648년 웨스트팔리아 조약 이후 유럽에서 먼저 만들어지고 제국주의 전쟁 시기에 전 세계로 확장된 국제체제로, 영토와 주권과 국민, 이 3가지로 구성된 국민국가들이 국제사회의 가장 중요한 행위자로 부상하고 서로 상화작용을 하는 국제체제를 말한다.

이와 같은 국민국가 체제는 국제정치학(국제관계학)에서 근대성(modernity)의 핵심 특징으로 인식되고 있다. 이 말은 유럽의 중세 시기에는 국민국가 체제가 아닌 다른 유형의 국제체제가 존재했으며, 근대 시기에 들어 국민국가 체제가 국제사회에 처음 등장하고 공고화되면서 국제 거버넌스[1]의 표준 체제가 되었다는 것이다. 그러나 세계화와 지역통합, 지방분권자치, 다문화 그리고 환경문제와 인권문제 등과 같은 글로벌 이슈가 등장하면서 근대 국민국가 체제는 큰 변화와 도전에 직면하고 있다. 세계화와 지역통합, 지방분권자치, 다문화, 글로벌 이슈 등과 같은 현상의 가속화는 국민국가의 영토, 주권, 국민 개념을 약화시키면서 근대 국민국가 체제의 존립기반을 취약하게 만들고 있는 것이다. 국제정치학에서는 이러한 탈영토, 탈주권, 탈국민 현상을 국제사회의 포스트모던 현상이라고 인식한다.

이 글의 목적은 포스트모던 시기를 맞아 사회과교육과 민주시민교육의 체계와 내용이 변화와 전환의 요구에 직면해 있는 상황에서 중·고등학교에서 사회과교육과 민주시민교육의 체계와 내용을 어떻게 재구성해야 하는지를 밝히는데 있다. 지금까지 우리 중·고등학교에서 이루어진 사회과교육과 민주시민교육은 근대 시기에 적합하게 맞추어져 있으며, 따라서 포스트모던 시기를 맞아 교육의 체계와 내용을 바꾸어야 한다는 것이

---

1 정치학, 행정학, 국제정치학 등에서 거버넌스는 관리체제, 통치체제, 지배체제 등을 의미한다. 인간사회는 개인 간, 집단 간, 국가 간의 다양한 이해관계가 서로 충돌할 경우 이를 조정하기 위한 관리, 통치, 지배를 필요로 하는데, 거버넌스는 이러한 기능을 수행하는 체제를 의미한다. 특히 최근에는 거버넌스를 중앙정부와 다양한 국내·국제사회 행위자들이 공동의 문제를 해결하기 위해 네트워크, 파트너십, 대화, 협상, 조정 등의 방식으로 서로 협치 하는 것으로 이해한다. 인간사회의 문제는 시장을 통한 조정, 정부와 관료제를 통한 조정, 그리고 다양한 행위자 간의 협력적 조정 등 3가지로 해결이 가능한데 (Jessop 1997), 거버넌스는 다양한 행위자 간의 협력적 조정을 의미한다.

다. 이 글은 포스트모던 시기에 걸맞는 사회과교육과 민주시민교육의 내용을 소개하고 우리 교육계의 이에 대한 논의를 확산하고 심화하고자 한다.

이 글은 먼저 근대 민족국가 체제가 어떻게 형성되었는지, 그리고 근대 민족국가 체제가 어떻게 일국 내 사회과교육의 시작을 촉발하고 발전시켰는지를 살펴본다. 근대 국민국가 체제에 적합하게 만들어진 사회과교육의 핵심은 일국 내 국민 만들기, 국가 만들기, 민족 만들기 작업과 긴밀하게 연관되어 있다는 것이 이 글의 주장이다. 다음으로 이 글은 포스트모던 시기로 국제사회가 이행하면서 사회과교육과 민주시민교육의 내용에 어떠한 변화와 압박을 받고 있는지를 살펴보고, 이에 부합하는 포스트모던 시대의 새로운 사회과교육과 민주시민교육이 어떠한 내용을 지녀야 하는지를 살펴본다.

Ⅱ. 근대 국민국가 체제의 형성, 공고화, 변화

근대 국민국가 체제가 형성되고 공고화되고 변화하는 과정을 살펴보는 작업은 근대 이전 즉, 중세 시대 국제사회의 특징을 먼저 살펴보는 작업이 필요하다. 중세 국제사회와 근대 국제사회의 뚜렷한 차이를 먼저 살펴보는 것이 근대 국민국가 체제 중심의 국제사회를 이해하는데 빠른 도움을 주기 때문이다.

1. 중세 유럽의 국제사회

중세 시대 국제사회는 지역마다 다르다. 특히 동서양 간의 차이는 크다. 그러나 근대 국민국가 체제가 서양에서 유래한 것이기에 유럽의 중세 국제사회를 살펴보는 작업이 필요하다. 그리스와 로마로 대변되는 고대문화가 몰락한 5세기부터 다시 고대문화가 부활한 15세기 후반까지 약 천 년 간 유지된 중세 시기 유럽의 국제사회는 몇 가지 특징을 지닌다.

우선 대략적으로 살펴보면, 중세 천년은 기독교의 공유를 통한 유럽의 '통일성'과 수많은 왕조나 영주 등의 세속권력이 유지되면서 이루어진 '통일성 속의 다양성'이 공존하는 시기였다(김영일 2010, 12). 이렇듯 중세 유럽의 질서는 교회권력이 지닌 신성한 종교적 권위와 영주와 왕 등이 지닌 세속적이고 정치적 권위라는 이중 구조에 의해 유지되는 형태를 지니고 있었다(Jackson 2001, 40). 하지만 이런 질서는 기본적으로 그리 강력하고 안정적인 것은 아니었다. 교회권력과 영주와 왕의 정치적 권력이 유지한 중세 유럽사회의 질서는 통일성과 응집력 측면에서 상당히 취약한 거버넌스였던 것이다. 중세유럽 시기에 사람들은 대부분 지역이나 지방의 마을 공동체에 거주했으며 그 공동체의 리더인 영주에게 정치적인 충성심을 바쳤다. 그리고 세속적인 권력인 왕에 대한 중세 사람들의 충성심은 취약한 것이었지만, 교황의 권력은 일정 정도의 정치적 힘을 행사할 수 있는 수준이었다. 예컨대 교황은 자신의 지위를 활용하여 세속적인 왕과 영주 간의 분쟁을 중재하거나 교황으로서의 소명의식과 신의 부름이라는 형식으로 자신이 의견을 강하게 관철시킬 수도 있었다.

중세 유럽 국제사회의 특징을 보다 구체적으로 살펴보면 몇 가지 특징을 확인할 수 있다. 첫째, 국가 간의 영토가 불분명했다. 국가 간의 국경선이 명확히 획정되어 있지 않아 국경이 불분명했고 그에 따라 국가의 관할권이 불분명했다. 영토분쟁이 있는 지역은 관할권이 특히 불분명했다. 예컨대, 주민들은 세금을 어디로 누구에게 내야하는지, 군대는 어디로 가야하는지 그리고 충성심은 어디에 바쳐야 하는지 등이 불분명했다. 둘째, 불분명한 영토와 불분명한 관할권은 운명 공동체 의식을 지닌 국민이 부재했다는 점을 의미한다. 셋째, 명확한 영토와 운명 공동체 의식이 부재한 주민들로 구성된 국가는 주권 개념이 부재했다. 주권은 공동체 내의 주요한 공동의 의제에 대해 최종 결정을 내릴 수 있는 권한을 의미한다. 관할권이 미치는 영토가 불분명하고 공동체 의식이 부재한 주민들은 주권을 행사할 공동체와 공동체 의식을 형성하지 못했던 것이다. 넷째, 중세 시기 전쟁은 기본적으로 용병 간의 전쟁이었다. 운명 공동체 의식으로 무장한 국민이 부재한 상태에서 국민 개병제는 존재하기 어려웠다. 다섯째, 중세 시기 거버넌스는 '다층 거버넌스' 형태를 보였다. 중세 시기 권위의 구조는 기본적으로 수직적이었으며 그 정점에서는 교황, 그 다음에는 왕, 영주, 기사 등이 존재했다. 결국 중세 시기의 거버넌스는 교황-왕-영주-기사로 이어지는 수직적인 '다층 거버넌스' 구조를 보이고 있었다. 예컨대, 특정 지역 주민의 세금은 그 세금은 기사-영주-왕-교황에게 다층적이고 분산적이면서 수직적으로 모아지는 거버넌스 형태를 보였으며, 이들 간에 전쟁이 일어나더라도 기본적으로 용병 간의 전쟁이지만 전쟁터에 끌려간 일반 주민들도 특정 권위체에 충성심을 바치며 자발적으로 전쟁에 참여하는 것이 아니라 그냥 자신이 끌려간 권위체 일원으로 수동적으로 전쟁에 참여한 형태였다.

한 마디로 정리하면 중세 시기 유럽 국제사회의 특징은 영토, 주권, 국민 개념이 명확하지 않은 국제사회였다. 국가 간의 영토와 관할권이 불분명했고, 운명 공동체 의식이 부재한 주민 위주의 공동체였으며, 분명한 영토 안에서 배타적이고 독점적으로 행사하는 주권 개념도 없는 국제사회였다. 중세 유럽의 국제사회는 현재의 우리에게 익숙한 국민국가 체제가 아니었던 것이다.

2. 중세 유럽의 교육

중세 시대의 교육은 기본적으로 기독교 교리가 중심이 된 교육이었으며, 중세 시대 주도세력인 교회권력과 왕족 및 귀족층을 위해 존재하는 교육이었다. 교회권력층이나 부유층, 식자층이 교육의 생산자이고 교육의 대상자였던 것이다. 그리고 중세 시대 교육은 부유층과 식자층의 교양으로도 기능했다. 이렇듯 중세 시기는 기본적으로 권력과 지식과 돈을 지닌 사람만이 교육에 접근할 수 있는 특권을 지닌 사회였다.

잘 알다시피 중세는 기본적으로 이성 중심 사회가 아니라 신 중심의 사회였다. 인간의 이성을 중시하고 현세의 문제해결을 추구했던 그리스 로마 문명의 이성 중심주의 학문과 지식, 즉, 중세 시각에서 바라볼 때 세속적 문화와 지식은 중세 시기인 6세기경에 교육의 영역에서 완전히 중단되고 사라졌으며, 그 대신 기독교 문화 건설을 위한 신학이 교육의 주된 자리를 차지했다(홍은숙 1996). 이성 중심의 지식과 교육이 사라지고 신학 중심의 지식이 교육이 자리 잡은 것이다. 중세 시대의 교육은 수도원 학교, 주교 학교, 성당 학교 등에서 주로 이루어졌다. 결국 중세는 신학이 지식이자 권력이었던 시기였던 것이다. 따라서 중세 시대 교육의 또 다른 특징은 교육이 지금과 같은 일반 학교를 중심으로 이루어진 것이 아니라 기독교 교회를 중심의 교육이 이루어졌다는 것이다. 교회를 중심으로 종교철학과 기독교 교리연구가 교육의 중심을 이루게 된 것이다. 중세 시대의 교육은 이렇듯 기독교 왕국 건설이라는 특정 목적을 성취하기 위해 소수 특권층이 교육의 생산자이자 소비자였던 상당히 폐쇄적이고 배타적인 성격을 지니고 있었다.

3. 중세 유럽의 변화

그러나 이런 특징을 지닌 중세 유럽의 국제사회는 '국가 간 전쟁'과 '국가 내 경제 통합'이라는 두 가지 강력한 추동력에 의해 본질적으로 변화하기 시작했으며(전재성 2009), 그 결과 중세 유럽의 국제사회는 국민국가 체제로 구성되는 근대 유럽의 국제사회로 변화해 나갔다[2].

먼저 '국가 간 전쟁'은 중세 유럽의 국제사회에 근본적인 혁명적 변화를 야기한 가장 강력한 요인이었다. 국가 간 전쟁은 국가 간의 불분명한 영토를 명확하게 획정하는 기능을 충실히 수행했다. 중세 시기 불분명했던 영토가 전쟁으로 인해 명확하게 획정된 것이다. 역사사회학자 찰스 틸리(Tilly)는 이런 중세 유럽 역사를 가리켜 '국가가 전쟁을 만들고 전쟁이 국가를 만들었다'고 간결하게 정리했다(틸리 2018). 국가가 먼저 전쟁에 나섰지만 그 전쟁의 결과가 명확한 영토를 획정하면서 더욱 공고해진 국가를 만들었다는 것이다. 그리고 이런 국가와 전쟁의 상호과정이 근대 유럽에서 국민국가의 건설과정에 다름 아니었다는 것이 틸리의 주장이다. 그런데 영토가 획정되면서 국민

---

2 국제정치학에서 근대 국민국가의 기원은 1648년 웨스트팔리아 조약으로 이해하고 있다. 따라서 근대 국민국가 제체를 웨스트팔리아 체제라고 부르기도 한다.

국가는 1민족 1국가 형태로 귀결되거나 아니면 다민족 1국가 형태로 귀결되기도 했다. 하나의 민족이 하나의 국가를 형성했으면 1민족 1국가 즉 단일민족 국가가 형성된 것이고, 전쟁에서 이긴 주류 민족이 다른 소수 민족을 전쟁으로 병합했다면 그 나라는 다민족 국가로 출범하게 된 것이다.

둘째, '국가 내 경제통합' 역시 근대 국민국가 형성에 크게 기여한 요인이다. 중세 시기 경제는 상당히 지역적이고 고립적이고 분산적이었다. 영주의 성마다 혹은 지역마다 시장은 소규모로 고립되어 있었고, 지역마다 사용하는 화폐도 다른 경우가 많았다. 그러나 국가가 전쟁을 통해 명확한 영토를 확보해가면서 그리고 국가가 중앙집권화 되면서 지역 단위의 작은 시장들은 전국 단위의 거대한 하나의 시장으로 확장되고 하나의 화폐를 사용하게 되었다. 전국 단위로 통합된 시장이 등장하고 하나의 화폐경제가 만들어지면서 경제는 규모의 경제를 이루게 되면서 더욱 발전하게 되었다. 결국 국가가 전쟁을 통해 경제권을 하나로 통합·확장해 나가는 과정과 시장이 경제논리에 의해 자율적으로 경제권을 확장해 나가는 과정이 근대 국민국가의 등장을 가속화하는 배경으로 작용했던 것이다.

4. 근대 국민국가 체제의 성립, 확산, 공고화

위에서 언급한대로 국가 간 전쟁과 경제통합 과정은 근대 국민국가 체제의 형성과 공고화를 촉진하는 주된 두 가지 핵심 동력이었다. 특히 1648년 웨스트팔리아 조약은 국가들이 서로의 영토와 주권과 국민을 상호인정하기 시작했다는 점에서 근대 국민국가 체제의 기원으로 인식되고 있다(이혜정 2002). 전쟁으로 명확히 획정된 국가 간 영토는 그 영토 내에서 독점적이며 배타적인 주권을 행사할 수 있게 만들었고, 영토 내에 거주하는 사람들을 운동 공동체 의식을 지닌 하나의 국민으로 묶어낼 수 있는 지리적 공간을 제공했다. 공동체 의식으로 무장한 국민들은 자신들을 자기 나라의 '국민'으로 인식하는 공동의 정체성을 지니게 된 것이다. 결국 근대 시기에 유럽 국가들은 국민국가화 되기 시작했으며 국민국가화의 대표적인 현상은 명확한 영토, 독점적이고 배타적인 주권, 공동체 의식과 하나의 정체성으로 무장한 국민의 등장에서 찾을 수 있다. 영토, 주권, 국민이 근대 국민국가 체제의 상징이자 핵심 구성요소로 자리 잡은 것이다.

주권의 등장과 강화는 주권침해불가 원칙(내정간섭불가 원칙)과 주권평등 원칙이 유럽 국제사회의 암묵적인 규범으로 자리잡는데 기여했으며, 자국 영토 안에 거주하는 국민들은 국가에 의해 촉진되고 동원된 내셔널리즘(nationalism, 민족주의, 국민주의, 국가주의)을 통해 더욱 강력한 공동체 의식을 지니고 되었다. 하지만 내셔널리즘에 의해 만들어진 동질적인 공동체 의식으로 무장한 자국 국민들은 다른 나라와 타국 국민들에 대한 상당히 배타적인 의식을 지니게 되었다. 내셔널리즘의 작동방식은 안으로는 동질성을 강화하지만 밖으로는 배타성을 강화하는 것이었다. 그리고 그 결과는 유럽 근대 국민국가 간에 내셔널리즘 경쟁이었다. 내셔널리즘은 국가 내적인 결속을 강화하는 반면, 국가 외적으로는 공동의 외부 적에 대한 강경한 대응으로 귀결되었다. 내셔널리즘이 국가 간 경쟁과 전쟁을 더욱 촉진한 것이다.

근대 유럽 국민국가 간의 내셔널리즘 경쟁은 경제적으로는 중상주의로 표출되었다. 근대 시기 들어 유럽지역 내에서 벌어진 전쟁과 내셔널리즘 경쟁이 국가 간의 중상주의 경쟁 또한 야기한 것이다. 유럽에서 16-18세기 사이에 중상주의가 강화된 것은 국가들이 중상주의를 통해 부국강병을 이루어야만 다른 나라와의 전쟁에서 살아남을 수 있었기 때문이다. 유럽 국가들 간의 국민국가 만들기와 중상주의 경쟁은 유럽 국가들이 아시아 지역이나 그 외 여타의 지역보다 빠르게 과학기술과 경제력을 발전시키는 배경으로 작용했다.

유럽지역이 지구상의 다른 지역보다 빠르게 과학기술을 발전하게 된 또 다른 배경은 유럽의 근대 시기가 인본주의와 계몽주의로 시작되었다는 점이다. 중세 신본주의 사회에서 벗어난 유럽인들은 인간 중심주의와 이성 중심주의 사회를 추구하였다. 신을 믿음으로써 사후에 하늘에 있는 천국에 다다를 수 있다는 중세 신본주의 사고는, 근대 시기에 들어 이성과 과학을 통해 지상에 있는 현세에 사람들의 천국을 건설할 수 있다는 계몽주의 사고로 전환되었고, 계몽주의 사고는 유럽 국가들이 과학과 경제와 무기의 발전에 있어서 지구상의 다른 지역보다 빠르게 앞서 나가는 주요 요인으로 작용했던 것이다.

근대 국민국가의 또 다른 특징은 거버넌스의 변화이다. 중세 다층 거버넌스에 변화가 온 것이다. 근대 국민국가는 중앙정부가 등장하여 중앙집중과 중앙집권화 된 거버넌스를 형성하였다. 중앙정부 중심의 거버넌스가 등장한 것인데[3], 이러한 형태의 거버넌스를 정부(government)라고 부른다. 중세 다층 거버넌스가 각국의 중앙정부 중심의 거버넌스로 변형된 것이다.

근대 국민국가 체제에서 중앙정부는 여러 기능을 수행하였다. 우선 내셔널리즘을 동원하여 국민을 하나로 묶어 결속시켜

---

3 피에르와 페터스(Pierre & Peters 2000)는 거버넌스를 올드 거버넌스와 뉴 거버넌스로 구분한다. 올드 거버넌스는 효과적인 정부를 중시하는 '중앙정부 중심의 거버넌스'를, 뉴 거버넌스는 시민사회, 시민, 시민단체의 자율성과 자발성을 신뢰하는 '사회 중심의 거버넌스'를 의미한다. 피에르와 페터스는 근대 국민국가의 등장을 올드 거버넌스의 등장으로 이해한 것이다.

나감으로써 국가 발전을 추동하였다. 세금을 중앙집중화 하였으며 국민 개병제를 도입하였다. 근대 국민국가 체제에서 전쟁은 이제 중세 시기의 용병 전쟁이 아니라 국민총동원령을 통한 국민전으로 성격이 바뀌었다. 국민국가 간의 전쟁은 이제 총력전이자 국민전으로 바뀐 것이다. 그리고 19세기 들어 전쟁은 다시 국가 간 생존을 위한 전쟁에서 국가의 경제적 번영을 위한 전쟁으로 성격이 전환하였다. 제국주의 국가 간의 식민지 확보 전쟁이 벌어진 것이다. 제국주의 전쟁은 근대 유럽의 국민국가 체제가 세계 전역으로 확산되는 결정적인 계기로 작용하였다. 국민국가 체제는 유럽지역에서 먼저 만들어지고 식민지 확보와 제국주의 전쟁을 통해 19세기 이후 세계 전역으로 유럽 제국주의 국가들에 의해 강제 이식되며 확산된 것이다[4].

---

4 예컨대 동아시아의 전통적인 국제사회는 조공-책봉 체제로 운영되는 사회였다(최희재 2018). 중국을 중심으로 조선과 베트남, 조일전쟁 이전 일본 등이 조공-책봉 체제에 포함되어 있던 국가들이다. 유럽 제국주의의 팽창과 침략으로 동아시아의 조공-책봉 체제는 붕괴되고 동아시아 국가들은 국민국가 건설에 들어갔다. 한국은 1948년, 북한도 1948년, 일본은 미군정 지배로 새로운 국가로 성격 전환하였다는 점에서 1945년, 중국은 1949년에 국민국가 건설이 시작된 것이다. 이들 동북아 국가들은 아직도 국민국가 건설 과정에 놓여 있다. 따라서 유럽 근대 국민국가들처럼 이들 동북아 국가 간의 내셔널리즘 경쟁은 현재 치열하다. 동북아 국가 간의 역사분쟁과 영토분쟁, 경제갈등 등은 동북아 국가들이 국민국가 만들기 과정에 놓여 있다는 점을 상징적으로 보여준다. 물론 전통적인 동아시아 국제사회의 특징을 조공-책봉 체제로만 규정하는 것에 대한 비판도 존재한다. 소국의 자발적 복종과 대국의 시혜적 보호, 문화와 경제 중심지 중국에 대한 소국의 접근과 교류 확보, 이를 통한

근대 국민국가 체제 시기의 특징을 정리하면 <표 1>과 같다.

<표 1> 근대 국민국가 체제의 특징

- 근대 유럽의 국제사회는 국민국가 체제(nation-state system)
- 근대 유럽은 국민국가 시기로 국민국가가 형성되고 공고화된 시기
- 근대 유럽은 국가 간 전쟁의 시기이자, 배타적 민족주의, 국가주의, 국민주의가 강화되는 시기.
- 근대 유럽 국민국가의 특징은 명확한 영토, 독점적이고 배타적인 주권, 공동체의식의 무장한 국민.
- 전쟁으로 명확한 영토 획정
- 일국 내에서 경제권이 확장되면서 규모의 경제 성립
- 영토가 획정되면서 내셔널리즘을 통해 동일한 운명공동체 의식과 정체성을 지닌 '국민'이 등장
- 국민전, 국민 개병제 도입
- 명확한 자국의 영토 내에서 배타적이고 독점적인 주권 행사
- 주권 침해 불가 원칙(내정 간섭 불가 원칙), 주권 평등의 원칙이 국제사회의 규범으로 내재화
- 유럽에서 국민국가 체제가 먼저 안착
- 유럽 제국주의 시대에 유럽의 표준인 국민국가 체제가 세계 전역으로 강제 이식

동아시아 평화와 경제번영이라는 전통적인 조공-책봉 체제론이 복잡하고 역동적이고 거대한 동아시아 역사와 체제를 모두 설명하기에는 한계가 있다는 것이다. 특히 중국의 제국 성향과 이로 인한 중국의 공세적 전쟁, 북방민족의 중국 우세 거부 등의 현상을 기존의 조공-책봉 체제론만으로는 설명하기 어렵다는 비판이다(최희재 2018; 김영진 2016).

5. 근대 국민국가 시대의 사회과교육과 민주시민교육

유럽에서 근대 국민국가 체제의 등장과 중앙정부 중심의 거버넌스 체제의 공고화 과정은 18세기 말 이후 근대식 교육의 탄생과 발전을 가져왔다. 근대식 공교육의 도입을 주도한 국가는 프랑스와 미국으로 이들 나라에서 근대식 교육의 등장은 18세가 말부터 시작되었다(이명실 2010, 24-28). 그런데 의무교육과 공교육의 점진적 도입은 교육이 중세 시기처럼 특정 집단만의 특권이자 교양이 아니라 전 국민을 대상으로 하는 교육으로 확대되는 효과를 가져왔다. 근대 들어 의무교육과 공교육의 도입은 나라마다 처한 상황에 따라 다른 시기에 이루어졌지만 그것의 확산방식은 정치·사회적 권리인 참정권의 확산과 비슷한 시기에 이루어졌다. 근대 시기의 참정권이 부르주아 성인 남성, 노동자, 노예, 여성 등으로 서서히 확산되어 오다가 2차 세계대전 이후 모든 국민에게 보통선거권이 부여되어 왔듯이(최장집 1993, 140), 교육받을 권리도 근대 시대를 통틀어 점차 부르주아 남성, 노동자, 노예, 여성 등으로 점차 확장되어 왔다.

교육을 통해 국민들을 하나로 결속시키는 효율적인 방법은 내셔널리즘을 통한 공동체 의식을 강화하고 공동의 역사의식과 영토의식을 지니게 만드는 것이었다. 특히 역사교육은 내셔널리즘을 통해 국민주의, 국가주의, 민족주의 성향을 띠며 19

세기 들어 서구 국가들에 의해 집중적으로 발전하였다(김선양 1987, 114). 내셔널리즘은 '단일민족 국가'에서는 민족주의, '다민족 국가'에서는 국민주의나 애국주의의 의미로 사용되었다[5]. 그리고 유럽 지역에서 중앙집권화 된 근대 국민국가 건설이 다른 나라들보다 늦었던 독일과 이탈리아 같은 국가에서는 내셔널리즘이 국가주의로 표출되었다. 국가주의는 '국가 안에서 개인이 자유롭다'는 국가중심주의적 철학을 중심으로 국가 공동체를 개인의 자유보다 최우선시하고 절대선으로 추구하는 이데올로기이다. 연방공화국으로 개별 주들의 독립성이 강했던 독일과 자유도시와 자유 공화국들이 많았던 이탈리아에서 중앙집중화 된 국민국가 건설이 늦은 것은 자연스러운 결말이었다. 독일의 개별 주와 이탈리아의 자유도시와 공화국들은 이 두 국가가 중앙집중화 된 국민국가를 건설하는데 큰 장애물로 작용하였다. 그 결과 이탈리아와 독일의 국가주의는 파시즘과 나치즘으로 표출되었다. 파시즘과 나치즘은 다른 유럽 국가들에 비해 국민국가 건설이 뒤쳐져 있던 독일과 이탈리아가 중앙집중화 된 국민국가를 빠르게 건설하기 위해 추구한 국가 주도

---

5 Nation은 국민, 국가, 민족의 의미를 모두 지니는 단어이다. 따라서 nationalism은 국민주의, 국가주의, 민족주의, 애국주의 등으로 맥락에 맞게 번역될 수 있다. Nation-state에 대한 번역은 단일민족 국가는 민족국가, 다문화 국가는 국민국가로 번역될 수 있다.

의 이데올로기이자 정치적 프로젝트였던 것이다.

그런데 국민국가들이 공동체 의식으로 무장한 국민을 형성하는데 가장 효과적인 방법은 사회과교육을 강화하는 것이었다. 자국의 신화와 역사와 지리를 가르치고, 자국의 정치, 경제, 사회, 문화를 가르치는 사회과교육이 도입되고 발전하게 된 것이다. 예컨대, 사회과교육이 역사상 처음으로 도입된 미국의 경우 사회과교육이 시작된 것은 19세기 초반인데 20세기 이전에는 주로 역사교육을 중심으로 운영되다가, 20세기 들어 오늘날과 같이 역사, 지리, 정치, 경제, 사회, 문화를 모두 가르치는 것으로 정착하기 시작했다(이진석 2015, 49-50). 이렇게 본다면 사회과교육은 자신이 국민으로 소속된 국가를 같은 민족으로서 피를 나눈 종족적 공동체로 만들거나 아니면 베네딕트 앤더슨(2018)이 말한 '상상된 공동체(imagined communities)'로 만드는 정치적으로 의도되고 고안된 결과물에 다름 아니라고 이해할 수 있다. 근대 국가는 중앙정부와 사회과교육에 의해 '만들어진 공동체'의 측면이 강한 것이다. 예컨대, 근대 국민국가들은 자국의 교육과정에 사회과교육의 목표를 명시적으로는 '민주시민 양성'이라고 쓰고 있지만, 암묵적이고 보다 실질적인 사회과교육의 목표는 '내셔널리즘으로 무장한 국민을 양산하는 것'이었다. 달리말해 근대 국민국가에서 사회과교육은 '국민 만들기'와 '민족 만들기' 그리고 '국가 만들기'라는 목적을 수행하기 위한 정치적 의도의 산물이었던 것이다.

그러나 20세기 중후반기에 들어 민주주의 가치가 보편적인 가치로 전 세계적으로 확산되면서 민주시민교육이 개별 국민국가 차원에서 확대·강화되기 시작하였다[6]. 민주주의 가치가 인류 보편적 가치로 받아들여진 배경은 역사적으로 19세기 이후 참정권이 확대되고 20세기 들어 보통선거권이 확고히 자리 잡은 상황 그리고 법치주의와 헌정주의가 모든 나라에 보편화된 민주적 제도로 자리 잡은 상황에서 찾을 수 있다. 근대 국민국가에서 시행되고 있는 민주시민교육의 핵심 목표는 일국 내 민주시민 양성에 있으며, 핵심 내용은 민주시민이 갖추어야 할 지식과 가치 그리고 기술과 태도를 체화하는 데 있다. 민주시민이 갖추어야 할 지식과 가치 그리고 기술과 태도의 내용은 기본적으로 일국 차원에서 민주주의가 무엇이고 왜 중요한지, 민주시민이 누구인지 그리고 어떠한 자질을 갖추어야 하는지, 자유와 평등과 인간존엄, 관용과 같은 가치들이 왜 민주주의에서 중요한지 그리고 어떻게 관철되어야 하는지, 인권과 기본권이 무엇이고 왜 존중되어야 하는지, 헌법과 법치주의가 무엇이

---

6 민주시민교육에 대한 용어는 국가마다 다양하다. 우리나라에서는 민주시민교육, 시민교육, 정치교육 등이 쓰이고 있으며, 미국에서는 시민(공민)교육(civic education), 영국에서는 시민성교육(citizenship education), 독일에서는 정치교육(politische bildung), 프랑스에서는 시민성 함양교육(éducation à la citoyenneté) 등으로 불린다(권진욱 외 2016, 23).

고 왜 중요한지, 법치주의와 민주주의 관계는 무엇인지, 그리고 상호존중과 배려, 대화, 설득, 타협과 같은 민주적 생활태도와 기술이 왜 중요하고 필요한지 등으로 구성되었다.

근대 국민국가 시대의 사회과교육과 민주시민교육의 특징을 정리하면 <표 2>와 같다.

<표 2> 근대 국민국가 시대의 사회과교육과 민주시민교육의 특징

- 근대 시대 각국은 사회과교육을 강화하여 영토, 주권, 공동체의식을 강화.
- 근대 시대, 사회과교육과 민주시민교육의 목표와 내용은 개별 국민국가의 국민 만들기, 국가 만들기, 민족 만들기.
- 사회과 교육과정에 명시된 사회과교육의 목적은 일국 내에서 민주시민 만들기이지만 이에 못지않게 중요한 목표는 내셔널리즘으로 무장한 국민 만들기.
- 단일민족 국가는 민족주의로, 다문화 국가는 국민주의 또는 애국주의로 무장한 국민 육성이 그 나라 사회과교육의 핵심 목표.
- 특히 내셔널리즘은 개별 국민국가의 사회과 교육과정에 명시되어 있지는 않지만 실질적으로 가장 중요하게 추진해 온 사회과교육의 핵심 목표.
- 민주시민교육의 핵심 목표는 일국 내 민주시민 양성이며, 핵심 내용은 민주시민이 갖추어야 할 지식과 가치 그리고 기술과 태도를 체화하는 것.

Ⅲ. 포스트모던 시대의 사회과교육과 민주시민교육

1. 포스트모던[7] 시대의 등장

국제정치학에서 포스트모던 시대의 특징은 국민국가 체제가 약화되고 초국가적인 현상들이 국제사회에서 확산되면서 발생하고 있다(다알 1995, 108). 근대 웨스트팔리아 체제의 영토, 주권, 국민 개념이 그것의 현실 적합성에 있어서 근본적인 질문과 회의감에 의해 도전받고 있는 것이다(김병곤 2018, 673). 달리말해, 탈근대 시대의 구체적인 특징은 탈영토성, 탈주권성, 탈국민성으로 이해할 수 있는데, 이러한 초국민국가적 현상들은 각국의 중앙정부가 약화되는 동시에 세계화, 지역통합, 지

7 이 글에서 '포스트모던'이라는 용어를 사용하는 이유는 영어 'post' 개념이 '후기'와 '탈' 이라는 의미를 동시에 지니고 있기 때문이다. '포스트모던' 개념은 '후기 근대' 혹은 '탈근대'라는 의미를 동시에 지닌다는 것이다. 그런데 '후기 근대'는 근대의 후기 혹은 근대 이후의 시대를 의미하는 반면 '탈근대'는 근대를 벗어나고 있는 현재 진행형 시기 혹은 근대를 완전히 벗어난 새로운 시대를 의미한다. 둘 사이의 의미가 다른 것이다. 이 글에서는 '포스트모던'이라는 용어를 '후기'와 '탈' 개념을 모두 포괄하는 의미로 쓰고 있다. 지금 우리가 살고 있는 포스트모던 시대는 근대성과 탈근대성이 공존하고 있는 시기라고 필자는 판단하고 있기 때문이다.

방분권자치, 다문화 사회, 환경과 인권문제와 같은 글로벌 이슈가 지구적 차원에서 확대·강화되는 현상과 깊은 연관이 있다. 이런 측면에서 보면 포스트모던 시대는 후기 국민국가 체제(post nation-state system)라고 부를 수도 있다. 포스트모던 시대에 발생하고 있는 탈영토성, 탈주권성, 탈국민성이 모두 국민국가 체제가 약화되면서 근대 국민국가 체제의 관성과 탈 국민국가 성향이 서로 공존하면서 발생하는 현상들이기 때문이다.

탈영토, 탈주권, 탈국민 현상은 세계화와 지역통합, 지방분권자치, 다문화 사회의 확산, 그리고 환경과 인권 같은 글로벌 이슈의 등장이 야기한 과정이자 결과물이다. 세계화는 정치, 경제, 사회, 문화 등 다방면에서 발생하고 있다. 정치 세계화는 국제사회에서 전통적인 핵심 행위자인 국민국가와 중앙정부 이외에 새로운 행위자의 영향력이 커지고 있는 현상을 의미한다(김병곤 2018, 675). 국제기구, 지역기구, 다국적기업, 국제 언론사, 국제 NGO의 영향력은 날로 커지고 있다. 근대 시기에는 국민국가와 이들의 중앙정부가 독점적인 권한을 행사했지만, 포스트모던 시기에는 국민국가가 이들 다양한 행위자와 협력하지 않기는 어렵게 되었다. 이처럼 정치 세계화는 국민국가와 중앙정부 중심의 거버넌스의 약화를 의미한다.

세계화 특히, 경제 세계화를 통한 무역과 투자의 자유화는 국민국가의 국경과 영토성을 점차 무력화하고 있다(함택영·백창재·구갑우 2005, 12). 근대 시기에 국가 간 무역과 투자에 국경선은 문지기(gatekeeper) 역할을 수행하였다. 관세 및 비관세 장벽을 통해 국민국가는 무역과 투자를 관리하고 규제해온 것이다. 그러나 GATT와 WTO를 통한 무역의 자유화와 탈규제화는 국가가 무역에 개입할 수 있는 여지를 점차 차단해 왔으며 국가의 문지기 역할을 점차 수행하기 어렵게 만들고 있다. 자유무역 규범은 국민국가의 국경 관리를 무력화하고 있는 것이다. 세계경제의 상호의존성이 심화되면서 경제 세계화는 국가의 탈주권성을 촉발하고 있기도 하다. 산업 세계화는 기업 간 그리고 국가 간 분업 네트워크와 가치사슬(value chains)로 촘촘하게 연계되면서 더 심화되고 있고, 금융 세계화는 정보통신 혁명의 도움으로 세계를 하나로 금융시장으로 통합하면서 날로 발전하고 있다. 특히 금융 세계화는 일국 혹은 특정 지역의 금융위기나 경제위기를 다른 국가나 지역으로 빠르게 전이시키는 부작용을 낳고 있다. 예컨대, 금융의 세계화는 금융위기 발생 시에 특정 국민국가의 금융통화 주권을 외적으로 통제하는 상황을 연출하고 있다. IMF 위기 당시 한국정부는 IMF로부터 안정화 자금을 받는 조건으로 신자유주의 정책을 강하게 요구받았다. 당시 우리나라가 미국과 IMF의 신자유주의 경제정책을 받아들이는 과정은 일종의 탈주권 현상으로 볼 수 있다.

정보통신혁명의 발전은 사회 세계화와 문화 세계화를 가속화하면서 국민국가의 영토성을 가속적으로 약화하고 있다. 정보통신 혁명 앞에 국민국가의 국경 관리는 실질적으로 무기력화 되었으며, 인터넷과 SNS, 뉴미디어의 지구적 확장은 국경 없는 문화의 확산을 야기하고 있다. 예컨대 한류와 같은 동질적인 문화의 지구적 확산은 국민국가의 전통적인 문화와 영토성을 약화시키고 있다.

지역통합 또한 국제사회의 포스트모던 현상을 확대·강화하고 있다. 지역통합은 지역주의(regionalism)와 지역화(regionalization)를 통해 여러 지역에서 추진되고 있지만, 유럽통합은 지역통합의 정도나 수준에서 단연 독보적이고 선도적이다. 유럽연합은 1940년대 이후 오랜 지역통합의 길을 걸어왔다. 제1차, 제2차 세계대전 이후 유럽인들은 전쟁을 막아내기 위한 평화방안을 고민하기 시작했고, 국민국가 체제가 상당히 전쟁 친화적인 체제라는 점을 인식하게 되었다(진시원·홍익표 2015, 430-434). 유럽국가들이 지난 근대 시기를 통틀어 가장 많이 국력을 쏟아온 것은 다름 아닌 국민국가 간 전쟁이었다. 국가 간 내셔널리즘 경쟁과 중상주의 경쟁 그리고 제국주의 전쟁은 모두 국민국가의 본래적 특징인 영토성, 주권성, 국민성과 긴밀한 연관이 있다는 점을 유럽인들이 깨달은 것이다. 결국 유럽통합을 주도하는 이들은 국민국가 체제를 약화하고 궁극적으로 해체하는 것 즉 유럽연합 내에서 탈영토성, 탈주권성, 탈국민성을 확보하는 것이 유럽의 가장 확실한 평화방안이라는 인식에 도달한 것이다[8]. 유럽통합은 기능주의와 신기능주의에 기초하여 경제통합을 먼저 추진하고 정치와 외교안보 및 군사 분야의 통합은 천천히 추진하는 형태를 보여 왔다.

유럽연합의 경제통합은 자유무역지대(FTA) - 관세동맹(Custom Union) - 단일시장(Single Market) - 통화통합(Euro Zone)의 길을 걸어왔다(김명섭·조성대·진시원 2009, 145). 자유무역지대에서는 관세인화와 비관세 장벽 철폐가 추진되었고, 관세동맹에서는 공동의 대외관세를 도입하였다. 그리고 단일시장에서는 재화, 서비스, 자본, 사람의 회원국 내 자유이동을 추진하였다. 유럽연합 회원국 내에서 재화, 서비스, 자본, 사람이 자유롭게 이동할 수 있다는 것은 유럽연합 지역이 실질적으로 포스트모던 시기에 들어섰다는 점을 보여준다. 회원국들의 국경 관리가 크게 약화되고 무력화되었기 때문이다. 재화와 서비스 및 자본의 전면적인 자유이동은 유럽연합 지역에서 국민국가들의 '영토성' 개념이 실질적으로 무력화되고 있음을 의미한다(문남철 2014).

그리고 사람의 역내 자유이동은 '국민성' 개념이 변화하고

---

8 유럽연합과는 대조적으로 동아시아는 아직도 국민국가 건설기에 놓여 있다. 그 결과 동아시아 국가 간의 내셔널리즘 경쟁이 가속화되고 있고, 역사분쟁과 영토분쟁, 경제분쟁 등이 가열되고 있다. 유럽연합이 전쟁의 위협으로부터 벗어나고 있다면, 동아시아 특히 동북아 지역은 전쟁 가능성이 항존하고 있는 지역이다.

있음을 의미한다. 유럽연합 내에서 여행은 완전한 자유이동은 가능하지만 거주권은 아직 제한적이다. 회원국 간에 경제수준이 다르고 시간당 최저임금이 다른 상황에서 역내 노동의 이동은 통제되고 있는 것이다. 다만 자국의 사회복지 체제에 비용을 전가하지 않으면서 편입될만한 경제력을 지닌 타회원국 국민들의 자국 내 거주는 허용하고 있다. 이 경우 자국 내에 거주하는 타회원국 국민은 지방자치단체의 선거에는 참여할 수 있도록 투표권이 주어지만, 자국의 의회(국회)의원 선거에는 참여할 수 없다[9]. 이러한 상황은 전통적으로 자국의 영토 내에서 공동의 정체성을 지닌 사람들만을 자국 '국민'으로 인정하고 보통선거권을 부여하던 상황에 점진적인 변화가 오고 있음을 의미한다. 타국민의 완전한 주거의 자유를 인정하고 있는 것은 아니지만 근대 국민국가 시대의 전통적인 '국민성' 개념에 점차적인 변화가 오고 있는 것이다.

그리고 통화통합을 통해 공동의 통화를 사용하는 유로 존 국가들은 자국의 통화주권을 상당 부분 실질적으로 포기하였다. 유로 존 국가들은 유럽중앙은행(ECB)의 통화정책을 따라야 한다. 유로 존 회원국들의 독자적인 통화정책이 사실상 어려운

9 이는 우리나라도 마찬가지이다. 우리나라도 외국인들에게 자신이 거주하는 지방자치단체장과 지방의회 투표권을 부여하고 있지만, 국회의원 선거에는 참여할 수 없다.

것이다. 이런 현상은 유럽연합에서 통화정책의 탈주권 현상이 벌어지고 있음을 보여준다.

유럽연합의 탈주권 현상은 이외에도 여러 부분에서 관찰할 수 있다. 유럽연합이 공동의 국가(國歌)와 공동의 군대 창설을 시도하고 있고, 공동외교안보 정책과 공동내무치안정책, 공동농업정책, 공동지역정책 등을 추진하고 있기 때문이다. 회원국들이 공동의 국가와 공동의 군대와 공동의 정책을 구사하고 있다는 점은 유럽연합 회원국들이 독자적인 자국의 국가와 군대를 지니고 있는 동시에 유럽연합 차원의 공동의 국가와 군대와 정책을 추진하고 있다는 점을 의미한다. 전통적인 국민국가의 '주권성'과는 차이가 있는 것으로 이런 현상은 '탈주권성'이 표출되고 있는 것이라고 볼 수 있다.

이렇듯 유럽통합과 같은 지역통합이 탈영토성, 탈주권성, 탈국민성을 초래하고 있는 것이다(함택영·박창재·구갑우 2005, 15). 이러한 상황은 유럽연합의 거버넌스가 다시 중세 시대의 거버넌스와 유사한 형태로 전환 중이라는 주장을 낳고 있다. 유럽에서 신중세(neo-medieval) 시대가 다시 도래하고 있다는 주장이 나오고 있는 것이다(Cerny 2000; 주용식 2009). 이미 살펴본 대로 중세 유럽에는 교황-왕-영주-기사로 이루어지는 다층 거버넌스가 존재하였으며 국가 간 영토는 불분명했고 주권과 국민 개념은 존재하지 않았다. 그런데 작금의 유럽연합이 그런 상황과 유사하다는 것이다. 지금의 유럽연합도 다층 거버넌스가 존재하고 탈영토성과 탈국민성과 탈주권성이 확대되고 있다. 무엇보다 유럽연합은 지방정부-중앙정부-유럽연합으로 이어지는 다층 거버넌스 구조를 보이고 있다(이수형 2004; 이종서 2018). 그리고 이러한 다층 거버넌스에 기초하여 유럽연합 회원국 국민들은 다층 정체성을 지니고 있다. 예컨대, 스코틀랜드 사람은 스코틀랜드 주민 - 영국 국민 - 유럽연합 시민 - 세계시민 등의 다층 정체성을 지니고 있다. 유럽연합은 회원국 국민들에게 유럽연합시민권을 제공하고 있으며 세계시민교육도 강화하고 있다. 이러한 다층 정체성은 근대 국민국가 시대의 특징인 일국 '국민' 중심의 단일 정체성과는 확연히 다른 현상이다. 근대 국민국가의 '국민성'과 포스트모던 시대의 '탈국민성'이 대조를 보이고 있는 사례이다.

지방분권자치의 확산은 근대 국민국가의 중앙정부 중심의 거버넌스가 직면하고 있는 국내적 변화의 대표적인 현상이다. 근대 국민국가의 등장과 공고화 과정은 중앙정부에 의한 일국 내 중앙집중과 중앙집권의 결과물이었다. 그런데 세계화와 지역통합 등으로 인해 중앙정부의 독점적이고 배타적인 영향력이 줄어들면서 지방자치단체나 지방정부의 영향력이 상대적으로 커지고 있는 것이다. 지방분권자치는 대표적인 포스트모던 현상 중 하나이다.

다문화 현상의 지구적 확산은 근대 국민국가에 대한 근본적인 도전을 제공하고 있다. 다문화 현상은 지구적 차원에서 발생 중인 이민, 유학생, 장기여행, 난민, 노동자 이동 등이 야기하고 있는 핵심적인 글로벌 이슈이다. 한국과 같은 단일민족 국가는 다문화 현상에 익숙하지 않아 당혹해 하고 있으며, 미국이나 캐나다, 호주 같은 기왕의 다민족 국가는 종교와 정치적인 신념 측면에서 이질적인 다문화 현상이 확산되면서 기존의 다원주의적 다문화정책이 강하게 도전받고 있다. 특히 대량 난민의 유입과 원리주의적 종교관을 지닌 다문화 집단의 유입은 미국이나 유럽 등 서구 인권 국가들의 큰 고민거리로 등장했다. 여기서 중요한 것은 다문화 현상이 근대 국민국가 체제에 심각한 도전을 야기하고 있다는 것이다. 다문화 사회가 형성되면서 국민국가가 더 이상 내셔널리즘(특히 민족주의)을 동원하기 어려워졌고, 국가적 결속과 국민적 통합이 쉽지 않은 상황이 만들어진 것이다. 다문화 현상은 국제사회가 직면한 대표적인 포스트모던 현상 중 하나이다.

다문화 사회의 확산이 가져온 또 다른 변화는 민주주의의 주체가 변화하고 있다는 것이다. 인민의 지배를 의미하는 민주주의(democracy)의 그리스 어원은 데모스(demos, 인민)와 크라토스(kratos, 지배)의 조합어이다(Outhwaite et al. 1993, 142; 홍익표 2013, 60). 그런데 근대 국민국가 체제에서 민주주의의 주체 즉 데모스는 일국 내의 '국민'과 동일시되어 왔다(김범수, 2008, p. 177). 그러나 포스트모던 시기에 국민국가가 약화되면서 데모스 개념은 일국 내의 '국민'에 한정된 것이 아니라 지방시민(주민), 지역시민, 세계시민 등으로 확장되고 있다. 데모스 개념이 확장되면서 근대 국민국가 체제의 '국민성' 개념이 '탈국민성' 개념으로 변화하고 있는 것이다. 이러한 상황은 민주주의가 포스트모던 시대를 맞아 일국 민주주의뿐 아니라 지방 민주주의, 지역 민주주의, 세계 민주주의 등으로 확장되고 있는 점을 보여준다.

근대 국민국가 체제가 변화와 도전을 받고 있는 포스트모던 현상은 환경파괴와 이상기후 그리고 난민과 같은 글로벌 이슈가 지구적 차원에서 확대·강화되고 있는 현상과도 관련이 깊다. 환경파괴와 이상기후 문제는 심각하다. 이성중심주의와 과학에 대한 과도한 신뢰는 계몽주의가 약속한 현세에서의 천국 건설을 인류에게 제공하지 않았다. 이성과 과학에 대한 성찰 없는 과도한 신뢰와 추구는 결국에는 환경파괴와 이상기후 현상을 가져왔으며, 이제 인류는 스스로의 지속가능성과 생존을 우려해야 하는 환경파괴와 생태계 이상 문제에 봉착해 있다. 그런데 기존의 국민국가 체제는 환경과 이상기후 문제를 해결하는데 있어 상당히 부적합한 국제 거버넌스 체제이다. 예컨대, 온난화를 야기하고 있는 온실가스 감축방안에 대해서 국민국가들은 쉽게 합의하지 못하고 있다. 선진국과 개도국의 이해관계가 다르고, 선진국 간의 그리고 개도국 간의 이해관계도 다르다. 국민국가 체제에서 국가들은 타국과의 경제력 경쟁을 염두에 두지 않을 수 없으며, 그 결과 온실가스 감축에 소극적으로 나서고 있는 것이다. 주지하다시피 온실가스 감축은 그 나라 산업경쟁력의 약화를 의미한다. 온실가스를 내뿜는 주도적인 산업국가들인 미국, 중국, 인도, 일본, 한국과 같은 나라들은 온실가스 감축에 소극적이다.

결국 환경파괴와 이상기후 문제를 해결하기 위해서는 기존의 상호 경쟁적인 국민국가 체제를 어떤 식으로든지 국가들이 상호 협력하는 국제 거버넌스 체제로 개선하고 전환해야 하는 상황에 작금의 인류가 놓여있는 것이다. 그런데 국가들이 환경문제를 해결하기 위해 상호 협력적인 태도를 지니기 위해서는 무엇보다도 개별 국민들의 정체성의 변화가 필요하다. 상호 경쟁적인 국민국가의 '국민 정체성'을 강하게 지닌 사람들은 환경문제 해결을 위한 협력에 쉽게 나서지 않는다. 반면 국민국가의 '국민 정체성'과 함께 '세계시민 정체성'을 동시에 지닌 사람들은 지구적 차원의 환경문제를 해결하는데 적극적으로 나설 가능성이 높다.

지역 차원에서도 마찬가지이다. 동북아 지역의 미세먼지나 황사 문제 그리고 황해나 동해의 해양오염 문제 등을 해결하기 위해서는 한·중·일 각국의 국민들이 기존의 국민국가의 '국민 정체성'에 더해 '동북아시민 정체성'을 함께 지니는 것이 필요하다. 현재 한·중·일 삼국의 국민들은 서로 배타적인 '국민 정체성'을 강하게 지니고 있다. 한·중·일 삼국은 현재 강한 내셔널리즘 경쟁 중에 있으며, 그 결과 삼국의 국민들도 서로 배타적인 국민 정체성을 지니고 있다. 이런 상황에서 동북아 환경문제를 해결하기 위해 한·중·일 정부와 국민들이 서로 협력하기는 쉽지 않다.

하지만 유럽연합 지역은 동북아 지역과는 다르다. 유럽연합 지역의 사람들은 개별 국가의 국민 정체성에 더해 '유럽연합시민 정체성'을 지니고 있다. 유럽연합이 지역 전역에서 회원국 국민 모두에게 유럽연합시민권을 보장하고 있기 때문이다. 예컨대, 유럽연합 시민들은 유럽연합이 제공하는 자유권, 참정권, 평등권, 사회권 등과 같은 기본권을 유럽연합 전역에서 동등하게 보장받고 있다. 이와 같은 '유럽연합시민 정체성'을 지닌 유럽연합 회원국 국민들은 지역의 환경문제 해결을 위한 공동의 노력에 동북아 국가의 국민들보다 더 적극적이다. 국민국가 차원의 일국 공동체 의식이 유럽연합 차원의 지역 공동체 의식으로 확장된 것이다. 결국 동북아 지역에서 환경문제를 해결하기 위해서는 기존의 한·중·일 '국민 정체성'에 더해 '동북아시민 정체성'이 등장하고 공고해져야 할 필요가 있는 것이다. 동북아시민 정체성을 지닌 한·중·일 국민들은 동북아 환경문제 해결에 협력적으로 나설 가능성이 높다.

글로벌 이슈 중에 하나인 인권문제도 마찬가지다. 포스트모던 시대에 지구적 차원의 인구이동이 확산하고 가속화하고 있다. 국경을 넘나드는 인구이동이 크게 늘어난 것이다. 관광, 유학, 노동력, 난민, 불법이주, 국제결혼 등이 야기하는 국경을 넘나드는 인구이동의 증가는 지구적 차원에서 인권문제를 야기하고 있다. 근대 국민국가 체제에서 인권은 국민국가와 중앙정부가 자국의 헌법과 국내법으로 보장하는 성격이 강했다. 국적을 지닌 자국 국민에게만 인권이 보장되던 시절이 바로 근대 국민체제 시기였던 것이다. 하지만 지구적 차원의 인구이동이 폭증하고 있는 포스트모던 시대에 자국 국적을 지니지 않은 사람들에 대한 인권보호 문제가 글로벌 이슈로 부상하고 있다. 자국 국적을 지니지 않은 거주민 그리고 기존의 자국 국민 정체성과 이질적인 인종, 언어, 문화, 종교적 정체성을 지닌 사람들의 유입은 다문화 현상에서 자유로운 국민국가가 지구상에 존재하기 어려운 작금의 지구적 다문화 상황을 야기하고 있다. 이제 포스트모던 시대의 인권문제는 근대 국민국가 체제와 기존의 국민 정체성만으로는 해결하기 어려운 상황이 도래한 것이다. 즉, 인권은 지구상의 어디서도 보호되어야 할 초국가적이고 초영토적이며 초국민적인 보편권이 되어가고 있는 것이다. 결국 포스트모던 시대의 인권은 탈 국민국가와 탈 국민정체성 그리고 탈영토성을 요구하고 있는 것이다.

포스트모던 국제사회의 이러한 특징은 <표 3>과 같이 정리할 수 있다.

<표 3> 포스트모던 국제사회의 특징

- 포스트모던 국제사회는 세계화, 지역통합, 지방분권자치, 다문화사회, 글로벌 이슈가 확대·심화되면서 도래.
- 포스트모던 시대의 특징은 근대 국민국가 체제가 약화되면서 발생하고 있는 탈영토성, 탈주권성, 탈국민성의 확대
- 포스트모던 시대는 달리 표현하면 후기 국민국가(post nation-state) 시기. 후기 국민국가 시기는 근대 국민국가의 관성과 탈 국민국가의 성향이 공존하는 시기.

2. 포스트모던 시대의 사회과교육과 민주시민교육

이렇듯 근대 국민국가 체제가 포스트모던 시대로 돌입하면서 지금까지 유지되어온 사회과교육과 민주시민교육의 목표와 방식을 재조정해야 하는 상황이 도래하였다. 포스트모던 시대에 걸맞는 사회과교육과 민주시민교육의 내용을 새롭게 재편해야 할 상황이 온 것이다. 포스트모던 시대에 사회과교육은 더 이상 일국 차원의 국민 만들기, 국가 만들기, 민족 만들기에만 몰두할 수 없으며, 민주시민교육 역시 일국 차원의 민주시민 만들기에만 주력할 수 없는 상황이 되었다. 달리말해, 포스트모던 시기에 사회과교육과 민주시민교육은 '주권국가'와 '국민' 중심의 교육에서 벗어나야할 상황에 직면해 있는 것이다(임성호 2000, 285).

이미 살펴본 대로 포스트모던 시대에는 단일 정체성이 아닌 다층 정체성을 지닌 시민이 등장하고 있다. 일국의 국민 정체성이 강한 근대 시대는 가고 다층 정체성 즉 지방시민(주민), 국가국민, 지역시민(유럽연합시민), 세계시민 정체성을 다층적으로 지닌 시민들로 구성된 포스트모던 시대를 우리가 살고 있는 것이다. 따라서 지금은 일국 국민을 대상으로 하는 사회과교육과 민주시민교육이 아니라 다층 정체성을 지닌 학생과 시민을 양성하는 사회과교육과 민주시민교육을 수행해야 하는 시기인 것이다.

하지만 포스트모던 시대의 사회과교육과 민주시민교육이 반드시 다중 시민성이나 다층 정체성에만 집중해야 하는 것은 아니다. 작금의 포스트모던 시대는 근대 국민국가 체제가 완전히 해체된 시기도 아니고, 국민국가 체제를 대체할 전혀 새로운 국제 거버넌스가 등장한 시기도 아니기 때문이다. 따라서 포스트모던 시대의 사회과교육과 민주시민교육은 이중의 과제를 수행해야 할 필요에 직면해 있다. 하나는 관성적 형태를 보이고 있는 근대 국민국가 체제에 적응할 수 있는 학생과 시민을 양성하는 것이고, 다른 하나는 새롭게 등장하고 있는 포스트모던 환경에 적응할 수 있는 학생과 시민을 양성하는 것이다.

먼저, 우리의 사회과교육과 민주시민교육은 근대 국민국가 체제에 적응할 수 있는 학생과 시민을 양성하기 위해 민주주의 교육과 헌법 및 법치주의 교육, 통일교육 등을 강화해야 한다.

특히 분단국가인 우리나라는 통일교육을 가르치는 것이 중요하다. 통일은 우리에게 근대 국민국가 체제의 완성을 의미하기 때문이다. 그리고 이와 동시에 포스트모던 환경에 적응할 수 있는 학생과 시민을 양성하기 위해 인권교육, 인성교육, 다층정체성교육, 국제정치교육(혹은 국제이해교육), 다문화교육, 세계시민교육 등을 체계적으로 가르치는 것도 중요하다.

우선 인권교육의 필요성이 더욱 커지고 있다. 사회과교육과 민주시민교육의 토대와 시발점은 다름 아닌 인권교육이다. 인권은 천부권이고 자연권이며, 모든 사람은 이러한 보편적인 인권을 지닌 존재로 서로 동등하게 소중하다. 이렇듯 빈부격차, 지위고하, 언어, 종교, 인종, 문화의 차이를 떠나 모든 사람이 동등하게 소중한 존재이기 때문에, 공동체 구성원들은 서로 존중하고 배려하고 이해하고 이견이 있을 경우 토론하고 합의하고 절충해야 한다는 것을 가르치는 것이 인권교육의 핵심이다.

인권교육과 함께 중시해야 할 것이 바로 인성교육이다. 인권의 소중함을 교육을 통해 배운다 하다라도 인성이 좋지 않은 사람은 타인의 소중함과 나와의 동등함을 이해하고 실천하기 어렵다. 따라서 사회과교육과 민주시민교육에서 인권교육과 함께 좋은 인성과 바른 인성을 지닌 시민을 양성하는 인성교육을 확대·강화하는 것이 필요하다. 인권이 반드시 존중되어야 할 중요한 가치이고, 만인이 동등하게 소중한 인권을 지닌 이상 모든 사람은 동등하게 소중하다는 점을 아는 사람은 좋은 인성과 바른 인성을 가지기 쉽다. 인권교육과 인성교육이 서로 연계되어 교육되어야 하는 이유이다. 다행스럽게도 최근에 사회과교육이나 민주시민교육에서 인성교육의 중요성이 부각되고 있다. 하지만 정규 교육과정과 교과서 내에서 인성교육이 체계적으로 제대로 이루어지고 있는 것은 아니다. 인성교육은 사회과교육과 민주시민교육에서 체계적이고 실질적으로 가르쳐질 수 있도록 제도적 개선에 나서야 한다.

포스트모던 시대에는 정체성교육의 내용도 바뀌어야 한다. 포스트모던 시대에 다층 정체성을 가르쳐야 할 이유는 개인의 정체성이 더 이상 근대 국민국가의 '국민'으로만 한정되어 있기가 어렵기 때문이다. 일국의 '국민' 정체성만으로는 포스트모던 시대를 살아가기 어렵다. 개인은 자기 자신인 동시에 지방시민(주민)이며, 국민국가의 국민이며, 지역시민이며 세계시민이라는 점, 즉 개인은 다중 정체성을 지닌 존재라는 점을 사회과교육과 민주시민교육에서 가르치는 것이 중요하다. 물론 작금의 시기가 포스트모던 시대라 하더라도 아직은 국민국가 체제가 더 공고한 상황이기 때문에 개인의 국민 정체성이 무작정 약화되는 것은 곤란하다. 포스트모던 시대에도 국가 간 내셔널리즘 경쟁과 충돌은 지속되고 있기 때문이다. 따라서 다중 시민성을 가르치면서도 아직은 국민국가의 '국민' 정체성을 더 강조해서 가르치는 현명함이 필요하다. 예컨대, 한·중·일 간의 역사분쟁과 영토분쟁을 가르치는데 있어서 우리나라만 세계시민의 자세와 평화적인 해결만을 강조한다면 그건 곤란하다. 만일 우리와 달리 중국과 일본이 전통적으로 해오던 대로 내셔널리즘 시각에 빠져 자국의 이기적인 국익 중심으로 우리의 역사와 영토를 왜곡한다면 그런 상황은 우리 국민 누구도 받아들이기 어렵다. 따라서 사회과교육과 민주시민교육에 있어서 국민 정체성과 지역시민 정체성 그리고 세계시민 정체성을 균형감 있게 가르치는 것이 중요하다.

그런데 여기서 말하는 균형감은 기계적인 균형이 아니라 상황과 이슈에 따라 조정하는 현명한 균형을 의미한다. 한·중·일 관계가 내셔널리즘 경쟁에 더 치우쳐 있는 작금의 상황에서 현명한 균형은 두 가지 방향을 의미한다. 첫째, 과거와 같이 갈등과 충돌 친화적인 강한 내셔널리즘에 빠져 있는 자국 이기주의 교육을 한·중·일이 더 이상 유지해서는 곤란하다. 과도한 내셔널리즘과 배타적이고 자기 우월적인 국민 정체성에 사로잡힌 한·중·일 국민은 동북아 지역이 갈등과 충돌과 전쟁 가능성을 벗어나기 어렵게 만드는 근본 요인이다. 이런 평화롭지 않은 동북아 지역이 포스트모던 시대에도 그대로 변화 없이 유지되는 것은 너무 소모적이고 갈등적이고 교육적으로도 좋지 않다. 이제 동북아 지역도 갈등과 충돌과 전쟁 가능성을 해소하고 국가 간 협력과 평화, 통합과 미래의 길로 들어설 필요가 있다. 그래야 동북아 지역이 현재 직면해 있는 환경문제와 인권문제 그리고 과도한 군비경쟁과 군사적 충돌 가능성을 평화적이고 협력적으로 통제하고 해결할 수 있다.

둘째, 동북아 지역에서 한·중·일 국가들이 과도한 내셔널리즘과 배타적인 국민 정체성에 빠져 있는 것도 문제이지만, 이 지역의 경쟁적이고 갈등적인 현실을 도외시하고 일방적으로 협력과 평화교육만을 강조하는 것은 문제가 있는 이상주의적 교육이다. 교육은 현실에 뿌리내리고 미래를 바라봐야 한다. 현실에 뿌리 내리지 않은 이상주의적 교육은 실패하기 쉽다. 동북아 지역은 국가 간의 내셔널리즘 경쟁이 강하고 국민들 간의 경쟁과 배타성 또한 뿌리가 깊다. 이런 상황에서 현실을 무시하고 일방적으로 협력과 평화만을 가르치는 교육은 좋은 교육이 아니다. 현실적인 교육도 아니고 지속가능한 교육도 아니다. 결국 포스트모던 시대의 정체성교육은 기존의 '일국 국민 정체성'과 새로운 '다중 정체성'을 균형감 있게 가르쳐야 한다. 이러한 인식과 판단은 우리나라 사회과교육과 민주시민교육이 기존의 일국 국민 정체성에만 갇혀 있어서는 안 된다는 점을 의미한다. 사회과교육과 민주시민교육이 일국 국민 정체성과 다중 정체성을 균형감 있게 가르치는 방향으로 개편되어야 하는 이유가 바로 여기에 있는 것이다.

국제정치교육을 교육을 확대해야 하는 이유는 세계화와 지역주의가 심화되면서 국제사회를 제대로 이해하는 것이 우리 교육의 필수적인 내용이 되고 있기 때문이다. 더 이상 국제사회를 국내사회와 이분법적으로 분리해서 이해하는 것은 곤란하다. 세계화와 지역주의 시대에 국내사회와 국제사회는 분리하기 어려울 만큼 긴밀하게 서로 연계되어 있다. 국제사회를 이해하는 것은 이제 필수적인 교육 내용이 되어버린 것이다. 포스트모던 시대의 사회과교육과 민주시민교육에서 국제정치교육을 강화해야 이유이다.

다문화교육을 더욱 강화하는 것도 필요하다. 다문화교육이 필요한 이유는 포스트모던 시대의 국제사회가 다문화 사회로 빠르게 탈바꿈하고 있기 때문이다. 지구적 차원의 인구이동 증가는 다문화 사회를 어느 국민국가도 회피하기 어려운 보편적인 현상으로 만들고 있다. 다문화 사회의 등장과 확대는 범지구적 차원의 현상이다. 다문화 사회의 빠른 확산이 전통적인 국민국가 체제의 존립기반을 흔들고 있는 것이다. 따라서 문화·인종·종교·언어적 차이를 극복하고 서로 존중하며 평화적으로 공존하는 다문화 사회를 만들기 위한 다문화교육은 사회과교육과 민주시민교육에서 더 이상 선택사항이 아니라 필수사항이 되었다.

세계시민교육은 환경, 인권, 난민, 구호, 발전, 빈곤, 차별 등과 같은 글로벌 이슈를 해결하기 위해 반드시 강화해야 할 교육이다. 그런데 이들 글로벌 이슈는 자국 이기주의 성향이 강한 근대 국민국가 체제에서는 해결이 쉽지 않은 이슈들이다. 예컨대, 국민국가 체제에서 국가들은 기본적으로 자국 중심적이고 이기적인 태도를 지니고 있다. 세계 최고 온실가스 배출국인 미국이 온실가스 감축을 위한 국제협정에 서명하지 않은 상황 그리고 서명했다가도 다시 탈퇴했던 상황은 국민국가 체제가 글로벌 이슈를 해결하는데 상당히 부적합하고 무기력한 국제 거버넌스라는 점을 명확히 보여준다. 온실가스는 이기적인 국가들로 인해 감축이 아니라 오히려 계속 늘어나고 있다. 지구 공동체의 미래가 심각하게 위협받고 있는 것이다. 미세먼지 문제도 마찬가지다. 미세먼지가 끼치는 해악은 이미 잘 알려진 사실이다. 하지만 동북아 지역의 미세먼지 문제를 해결하기 위한 한·중·일 협력은 잘 실현되지 않고 있다. 한국으로 유입되는 중국발 미세먼지에 대해서 중국은 책임감 있는 자세를 보이지 않고 있다. 이런 상황들은 결국 세계시민성을 키우고 이것으로 무장한 시민들이 전 지구적으로 많아질수록 글로벌 이슈가 해결될 가능성이 높아진다는 점을 보여준다. 이처럼 인류 구성원 모두가 지구촌 구성원이라는 운명공동체 의식을 키우고 세계시민성을 키우는 세계시민교육의 필요성은 나날이 강화되고 있다.

근대 국민국가 시대와 포스트모던 시대의 사회과교육과 민주시민교육의 목표와 내용을 비교하면 <표 4>와 같다.

<표 4> 사회과교육과 민주시민교육의 목표와 내용

근대 시대	포스트모던 시대
- 국민국가 건설기와 공고화 시대 - 영토, 주권, 국민, 내셔널리즘	- 국민국가 약화와 해체 시대 - 탈영토성, 탈주권성, 탈국민성의 등장과 확대·심화
- 일국 내의 국민 만들기, 국가 만들기, 민족 만들기	- 더 이상 일국 내의 국민 만들기, 국가 만들기, 민족 만들기만을 추구하기 어려운 상황
- 일국 내 민주시민교육으로 일국 민주시민 만들기 - 일국 내 사회과교육으로 민족주의자와 애국주의자 만들기 - 일국 민주시민은 자국 내 민주주의 발전에만 관심을 두고, 환경, 인권, 난민, 차별, 구호, 개발과 같은 글로벌 이슈의 해결에는 관심이 부족하거나 부재한 시민	- 지방시민(주민), 국가국민, 지역시민, 세계시민의 등장과 확대·강화로 다중 시민성 교육이 강화되어야 하는 상황 - 지방시민(주민)과 국가국민뿐 아니라 지역시민과 세계시민을 양성하기 위해 민주시민교육 내용에 인권교육, 국제정치교육(국제이해교육), 다문화교육, 세계시민교육 등을 추가해야 하는 상황. - 일국 내 민주시민뿐 아니라 국제적 민주시민 만들기가 필요한 상황 - 국제적 민주시민은 지구 공동체 구성원으로서 자신의 정체성을 지니고, 이를 통해 환경, 인권, 난민, 차별, 구호, 개발 등과 같은 글로벌 이슈에 관심을 가지고 적극 참여하는 시민.

Ⅳ. 결론

근대 국민국가 체제가 포스트모던 시대로 들어서면서 큰 변화에 직면해 있다. 웨스트팔리아 체제가 포스트 웨스트팔리아 체제로 이행하고 있는 것이다. 근대 국민국가는 영토, 주권, 국민을 보유한 국가로 16세기 이래 국제사회의 주된 행위자로 기능해 왔지만, 포스트모던 시대를 맞아 국민국가는 탈영토, 탈주권, 탈국민 현상에 직면하며 큰 변화의 압력에 놓여 있다.

근대 국민국가 체제에서 사회과교육은 18세기말 이후 그리고 민주시민교육은 20세기 후반 이후 생성하고 발전해왔다. 근대 국민국가의 영토 만들기, 주권 만들기, 국민 만들기, 민족 만들기, 민주시민 만들기 프로젝트를 사회과교육과 민주시민교육이 주되게 담당해온 것이다. 그러나 근대 사회과교육와 민주시민교육은 포스트모던 시대를 맞아 큰 변화 압력에 직면해 있다. 포스트모던 시대에 들어서면서 확대·심화되고 있는 세계화와 지역통합, 지방분권자치, 다문화 현상, 글로벌 이슈의 등장은 탈영토, 탈주권, 탈국민 현상을 가속화하고 있다. 기존의 영토, 주권, 국민 개념에 충실하게 맞춰져 온 근대 시기 사회과교육과 민주시민교육의 내용 변화가 불가피한 상황이 도래한 것이다.

이 글은 포스트모던 시기에 필요한 사회과교육과 민주시민교육은 다중 정체성을 지닌 시민을 양성하는 것이 중요하다고 보고, 포스트모던 시대의 사회과교육과 민주시민교육은 인권교육, 인성교육, 다중 정체성교육, 민주주의 교육, 헌법과 법치주의 교육, 통일교육, 지방분권자치 교육, 국제정치교육(혹은 국제이해교육), 다문화교육, 세계시민교육 등을 체계적으로 포괄하는 것이 필요하다는 의견을 제안했다. 참고로 필자가 참여하여 개발한 부산시교육청 중학교 민주시민교육 교과서의 목차는 다음과 같이 구성되어 있다. 1장, 나와 시민과 공동체. 2장, 민주주의. 3장, 헌법. 4장, 통일. 5장, 분권자치. 6장, 국제사회. 7장, 다문화. 8장. 세계시민. 이들 목차는 지금까지 언급한 포스트모던 시대에 필요한 사회과교육과 민주시민교육의 주요 주제와 내용을 포괄하고 있는 것이다.

인권교육은 개인 간의 인종·언어·종교·문화적 차이를 떠나 모든 개인은 동등하게 소중하다는 보편적 인권존중 사고와 태도를 키우는 것을 목표로 하는 반면, 인성교육은 기본적으로 심성이 좋은 사람을 키우는 교육이다. 심성이 좋지 않은 사람은 백약이 무효일 가능성이 높다. 인성교육이 안 되어 있으면 인권교육도 소용이 없는 것이다. 다중 정체성교육은 개인이 자신(나), 지방시민(주민), 국민국가 국민, 지역시민, 세계시민이라는 다중 정체성을 지니고 있음을 각인시키는 교육이다. 이러한 다중 정체성교육은 자신과 지방, 국가, 지역, 세계적 문제에 대해 예외 없는 관심을 가지고 참여하고 실천하는 학생과 시민을 양성하는데 존재론적이고 인식론적인 기초를 제공한다. 지금까지 과도하게 집중되어 온 일국 국민 중심의 정체성교육은 포스트모던 시대를 맞아 다중 정체성교육으로 변화해야 하는 것이다.

민주주의 교육은 일국 차원의 민주시민을 양성하는 기존의 방식에 더해 국제적 차원에서 세계시민적인 즉, 코스모폴리탄적인 민주시민을 양성하는 노력이 더해져야 한다. 일국 차원의 민주시민 양성도 중요하지만, 지구촌의 다양한 문제에 대해 민주적인 시각과 태도로 임하는 코스모폴리탄적 민주시민을 양성하는 일도 포스트모던 시대에 반드시 필요하다는 것이다.

통일교육은 분단국가인 우리나라의 사회과교육과 민주시민교육이 반드시 역점을 두고 강화해야 하는 교육이다. 분단된 한국에서 통일은 국민국가 체제의 완성을 의미한다는 점을 가르치는 것도 중요하지만, 분단이 야기하는 구조적 폭력과 비민주성을 해결하고 국제사회의 평화와 번영에 기여하는 한반도 통일이 되어야 한다는 점을 가르치는 것도 중요하다.

포스트모던 시대에 국민국가와 중앙정부의 역할은 점차 약화되고 있는 반면, 지방정부와 국제기구, 지역기구, 다국적기업, 국제 언론사. 국제 NGO 등의 역할을 점차 커지고 있다. 따라서 지방분권자치 교육과 국제정치교육을 제대로 가르치는 것도 중요하다. 지방분권자치 교육에서는 지방분권의 필요성과 지방분권의 민주적 통제방안 그리고 학교에서의 학생자치와 마을에서의 주민자치 등을 가르치는 것이 필요하고, 국제정치교육에서는 현실주의와 자유주의 같은 국제사회를 바라보는 국제정치 이론과 함께 전쟁론과 평화학을 가르치는 것이 필요하다. 전쟁론은 학생들이 국제사회의 힘의 질서를 이해하는 데 도움이 되며, 평화학은 그러한 힘 중심 국제사회의 폭력성을 평화적으로 관리하기 위한 평화교육과 윤리교육의 일환이다.

다문화 교육은 포스트모던 시대에 빠르게 확산되고 있는 다문화 사회를 살아가는 민주시민을 양성하는데 반드시 필요한 교육이다. 사람 간의 차이를 존중하고 차이를 민주적으로 조정하는 시민을 양성하는 일은 사회과교육과 민주시민교육의 핵심내용이자 시급한 해결과제이다. 그리고 세계시민교육 역시 글로벌 이슈를 해결하기 위해 코스모폴리탄적인 시각과 태도를 지닌 시민을 양성하는데 필수적인 교육이다. 이기적인 자국중심주의 시각을 지닌 나라가 많고 일국 국민 정체성만을 지닌 사람이 많을수록 글로벌 이슈는 해결하기 어렵다. 하지만 환경, 인권, 난민, 차별, 구호, 개발, 불평등, 기아와 같은 글로벌 이슈를 해결하지 않으면 인류 전체의 미래를 어두워진다. 글로벌 이슈는 인류 공동의 지속가능한 미래를 위한 당연한 해결과제인 것이다.

지금 우리의 사회과교육과 민주시민교육은 인권교육, 인성교육, 다중 정체성교육, 민주주의 교육, 헌법과 법치주의 교육, 통일교육, 지방분권자치 교육, 국제정치교육, 다문화교육, 세계시민교육 등을 체계적으로 하나로 묶어 학생과 시민들을 가르치고 못하고 있다. 중·고등학교에서는 이들 주제를 여러 개의 정규 교과가 서로 연관성 없이 분산적으로 가르치고 있거나, 아예 정규교과가 아닌 선택과목에서 가르치고 있기도 하다. 특히, 인권교육이나 인성교육, 다중 정체성교육 등은 아예 가르치지 않는 학교도 적지 않다. 성인 시민을 위한 평생교육도 마찬가지이다. 이들 다양한 주제에 대해 제대로 교육받은 시민들이 얼마나 존재할지에 대해 좋게 평가할 수 없는 것이다.

시대가 바뀌면 교육도 바뀌어야 한다. 시대가 바뀌면 교육은 시대의 변화를 잘 반영해야 하는 것이다. 사회과교육과 민주시민교육이 시대의 변화를 거부하고 바뀌지 않는다면 그 나라의 미래와 인류의 지속가능성은 불분명하다. 지금 우리가 사는 시대는 근대 국민국가 체제에서 포스트모던 시대로 이행하고 있다. 거대한 전환의 시대를 겪고 있는 우리 사회과교육과 민주시민교육이 그 내용에 있어서 빠른 재편을 이루기를 기대해 본다.

참고문헌

권진욱·송주영·이광훈·이기라·조철민. 2016. 『시민사회의 시민교육체계 구축과정 연구: 독일, 프랑스, 스웨덴, 미국, 영국을 중심으로』. 서울: 한국민주주의연구소 연구보고서.

김명섭·조성대·진시원. 2009. 『세계의 정치와 경제』. 서울: 한국방송통신대학교출판부.

김범수. 2008. "민주주의에 있어 포용과 배제: 다문화 사회에서 데모스의 범위 설정 문제를 중심으로." 『국제정치논총』 제48권 3호.

김병곤. 2018. "지구정의 규범의 초국적 문제: 주권 개념의 재구성에 따른 변화를 중심으로." 『인문사회21』 제9권 2호.

김선양. 1987. "서양교육제도사의 이론과 전망." 『한국교육사학』 제9집.

김영일. 2010. "다양성 속에서의 일치: 중세 유럽의 사회원리와 현대적 의미." 『21세기정치학회보』 제20권 3호.

김영진. 2016. "전통 동아시아 국제질서 개념으로서의 조공체제에 대한 비판적 고찰." 『한국정치외교사논총』 제38권 1호.

로버트 다알(Robert Dahl) 저. 1995. "제4장, 초국가 민주주의와 시민참여." 안승국·이태홍·홍원표 역. 『민주주의 강의』. 서울: 인간사랑.

문남철. 2014. "유럽연합의 국경소멸과 국경기능변화." 『국토지리학회지』 제48권 2호.

베네딕스 앤서슨(Benedict Anderson) 저·서지원 역. 2018. 『상상된 공동체: 민족주의의 기원과 보급에 관한 고찰』. 서울: 길.

이명실. 2010. “근대식 교육의 형성과정에 나타난 전근대적 가치의 위상.” 『한국교육사학』 제32권 2호

이수형. 2004. “다층 거버넌스로서의 유럽연합체제.” 『세계지역연구논총』 제22권 1호.

이종서. 2018. “유럽연합의 다층 거버넌스 변화형태에 관한 연구.” 『한국공공관리학보』 제32권 1호.

이진석. 2015. 『한국사회과의 성립과정과 그 성격』. 부산: 부산대학교출판부.

이혜정. 2002. “웨스트팔리아와 국제관계의 근대성.” 『국제정치논총』 제42권 2호.

임성호. 2000. “다문화적 정체성을 통한 세계시민 민주주의의 모색; 궁극적 목표로서의 보편적 민주주의를 위한 시론.” 『밝은사회연구』 제21집.

전재성. 2009. “유럽의 국제정치적 근대 출현에 관한 이론적 연구.” 『국제정치논총』 제49권 5호.

주용식. 2009. “21세기 글로벌 질서와 동북아: 신중세적 관점.” 『신아세아』 제16권 4호.

진시원·홍익표. 2015. 『세계화 시대의 국제정치경제학』. 부산: 부산대학교출판부.

찰스 틸리(Charles Tilly) 저·지봉근 역. 2018. 『유럽 국민국가의 계보』. 서울; 그린비.

최장집. 1993. 『한국 민주주의의 이론』. 서울: 한길사.

최희재. 2018. “중화제국질서를 둘러싼 논의의 확산과 수렴: 조공체제론과 다중체제설을 중심으로.” 『역사문화연구』 제65집.

함택영·백창재·구갑우. 2005. “탈냉전, 세계화, 탈근대 시대의 국제정치학: 대상과 방법의 재구성.” 『국제정치연구』 제8권 1호.

홍은숙. 1996. “중세 암흑기와 기독교 교육의 역할.” 『성결신학연구』 1권.
홍익표. 2013. 『한국정치를 읽는 20개의 키워드』. 서울: 도서출판 오름.

Jessop, B. 1997. “The Governance of Complexity and the complexity of Governance.” In A. Ash and J. Hausner(ed.). *Beyond Market and Hierarchy: Interactive Governance and Social Complexity*. Lume, U.S.: Edward Elgar.
Pierre, Jon & B. Peters, Guy. 2000. *Governance, Politics and the State*. New York: St. Martin's Press.
Cerny, Philip G. 2000. “Structuring the political arena.” In Ronen Palan(ed.). *Global Political Economy*. London & New York: Routledge.
Jackson, Robert H. 2001. “The Evolution of International Society.” In John Baylis & Steve Smith(ed.). *The Globalization of World Politics*, Second Edition. Oxford: Oxford University Press.
Outhwaite, William & Bottomore, Tom & Gellner, Ernest & Nisbet, Robert & Touraine, Alain. 1993. *Twentieth-Century Social Thought*. Oxford UK: Blackwell Publisher.

2장

민주시민교육의 정의, 목적, 필요성

| 진시원 |

우리의 민주시민교육은 역사적 진공상태에서 시작되지 않았다. 우리 민주시민교육은 반공교육과 국민윤리교육, 일반사회교육, 사회과교육과의 관계망 속에서 서로 경쟁하며 어렵게 시작되었다. 따라서 이 글은 민주시민교육이 우리나라에서 어떻게 등장했는지를 역사적으로 살펴보는 작업으로 시작한다. 이러한 역사적 과정에 대한 검토는 우리 민주시민교육이 어떻게 등장했고 지금까지 어떻게 발전해왔으며 현재 어떠한 문제점을 노정하고 있는지를 살펴보는데 도움을 준다. 뿐만 아니라 민주시민교육에 대한 역사적 검토는 민주시민교육에 대한 새로운 정의를 시도하는데도 유익하다.

현재 우리가 광범위하게 사용하고 있는 민주시민교육에 대한 정의는 '민주시민을 양성하는 교육'이라는 것이다. 하지만 이런 단순하고 불충분한 동어반복적 정의는 민주시민교육을 이해하는데 적절한 도움을 주지 못한다. 민주시민교육에 대한 재정의는 우리 민주시민교육의 등장과 발전과정 그리고 문제점에 대한 검토를 수행하면서 성찰적 입장에서 새롭게 찾을 수 있다. 특히 우리 민주시민교육이 지닌 문제점을 살펴보는 작업은 이들 문제점을 극복하기 위한 대안을 내포하고 있는 민주시민교육의 새로운 정의와 목적을 고민하고 규정하는데 도움을 준다.

따라서 이 글은 Ⅰ장에서 우리 민주시민교육의 등장과 발전과정을 역사적 맥락에서 살펴보는 작업으로 시작한다. 그리고 이러한 역사적 설명을 바탕으로 Ⅱ장에서는 민주시민교육에 대한 기존의 정의를 비판하고 이를 대체할 새로운 정의와 목표를 규정한다. 그리고 마지막 Ⅲ장에서는 민주시민교육이 왜 필요한지를 살펴보고 글을 맺는다.

Ⅰ. 민주시민교육의 등장

민주시민교육이 활성화된 것은 근래의 일이다. 기존에는 민주시민교육 대신에 반공교육, 국민윤리교육, 일반사회교육, 사회과교육 등이 우리 학교에서 주로 수행되었다. 따라서 근래에 민주시민교육이 많은 관심과 함께 추진되면서 민주시민교육과 반공교육, 국민윤리교육, 일반사회교육, 사회과교육 간의 관계에 대한 고민이 깊어지고 있다.

교육은 기본적으로 학생의 '역량'을 강화하는 활동이다. 이렇게 단순화시켜 본다면, 민주시민교육은 민주시민의 역량을 강화하는 교육이고, 반공교육은 국민들의 반공 역량을 강화하는 교육인 반면, 국민윤리교육은 권위주의 정부의 허위 정당성에 대한 국민들의 자발적 복종을 강화하는 교육이다. 그리고 일반사회교육은 정치, 경제, 사회, 법에 대한 학생들의 통합 역량을 키우는 교육이고, 사회과교육은 역사, 지리, 일반사회에 대한 학생들의 통합 역량을 육성하는 교육이다.

그렇다면 우리 교육은 왜 미국식 사회과교육, 반공교육, 국민윤리교육, 민주시민교육 등으로 '정치교육'의 초점과 명칭이 변화해 온 것일까? 정치교육은 기본적으로 정치적 문해능력을 지니고 정치적으로 깨어 있는 시민(politically literate and aware)을 키우는 교육으로(Pring 1999; Cheung and Leung 1996), 정치에 대한 지식, 기술, 태도, 가치, 신념을 배우고 가르치는 교육이다.

그런데 이러한 정치교육은 2가지로 분류 가능하다. 첫째, 정치교육은 먼저 거시적 정치교육과 미시적 정치교육으로 구분할 수 있다(김용찬 1999, 112; 김용찬 2010, 142). 거시적 정치교육은 정치제도론, 정치과정론, 정치체계론, 구조기능주의 등을 가르치는 교육인 반면, 미시적 정치교육은 정치 행위자인 개인이나 집단에 초점을 맞춘 교육으로 정치사회화[10]와 정치집단론 뿐 아니라 민주시민을 양성하는 민주시민교육 등이 포함된다.

---

10 정치사회화는 기본적으로 가정, 학교, 또래나 동료집단, 매스미디어 등을 통해 직간접적으로 개인을 자신이 속한 사회의 정치체제나 정치문화로 끌고 들어오는 기능을 수행하지만, 정치교육은 개인에게 학교나 평생교육기관을 통해서 직접적으로 정치적인 지식, 기술, 태도, 가치, 신념 등을 길러주는 기능을 수행한다(유석렬 1986, 200). 이렇듯 정치사회화는 개인이 정치적으로 어떻게 사회화되는지를 연구하는 정치학의 다양한 연구 주제 중 하나로, 정치교육보다 광범위한 개념이다. '교육'도 '사회화'의 일환이듯이 정치교육도 정치사회화의 일환인 것이다. 하지만 정치사회화와 정치교육에 대한 논의는 이렇듯 간단하지 않다. 정치사회화를 기존의 정치질서를 개인에게 일방적으로 관철시키고 내재화하는 과정이자 결과로 보고, 정치교육을 기존의 정치질서에 대한 개인의 지지뿐 아니라 거부 능력까지 길러주는 것으로 본다면, 정치교육이 정치사회화보다 더 포괄적인 개념이 된다는 주장도 존재한다(김용찬 2010, 148). 하지만 정치교육이 정치사회화보다 더 포괄적이라는 이러한 주장은 과도하고 상식적이지 않다. 교육은 분명히 사회화의 일부분이기 때문이다.

둘째, 정치교육은 또 '정치에 대한 교육'과 '좋은 정치를 위한 교육'으로 나누어 볼 수 있다(차미란 2000, 102). '정치에 대한 교육'은 정치 현상과 본질에 관련된 '지식'을 배우는 교육인 반면, '좋은 정치를 위한 교육'은 좋은 정치를 실현하기 위한 '기술, 태도, 가치, 신념'을 기르는 교육이다. 이 중에서 '좋은 정치를 위한 교육'은 민주시민을 양성하고 좋은 정치의 조건을 가르치는 교육이라고 볼 수 있다.

'정치에 대한 교육'은 정치학의 기본 지식을 숙지하는 교육이다. 구체적으로, 정치의 본질과 필요성, 권력, 권위, 정당성, 민주주의, 헌정주의와 법치주의, 국민주권, 권력분립, 국가와 시민사회, 정치 이데올로기, 정부형태, 정당, 의회, 선거, 시민의 권리와 의무 등 정치와 관련된 핵심 개념과 내용을 배우고 익히는 교육인 것이다.

반면 '좋은 정치를 위한 교육'은 두 가지로 나누어 볼 수 있다. 하나는 '민주시민을 양성하는 교육'이고, 다른 하나는 '좋은 정치의 조건을 가르치는 교육'이다. 먼저 '민주시민을 양성하는 교육'은 민주적 기술과 태도 그리고 가치와 신념을 지닌 시민을 양성하는 민주시민교육을 의미한다. 여기서 민주적 기술은 민주적인 의사소통 능력과 자신의 정치적 의사를 정리하고 평가하고 표현할 줄 아는 능력 그리고 서로의 차이를 평화적으로 조정하고 해결하는 능력을 포함하며, 민주적 태도는 시민 서로 간에 이해하고 존중하고 배려하고 토론하고 설득하고 합의하고 타협하는 능력을 포괄한다. 그리고 민주적 가치와 신념은 민주주의 핵심 내용인 자유, 평등, 인간의 존엄성, 공공선(公共善), 정의 등을 의미한다.

이에 비해, '좋은 정치의 조건을 가르치는 교육'은 바른 정치와 옳은 정치가 무엇인지를 가르치는 교육이다. 바른 정치와 옳은 정치는 정치 지도자와 정부가 정당성과 권위를 지녀야 하고, 정치가 자유와 평등과 인간의 존엄성이라는 가치를 전체주의나 전제주의, 권위주의적 방식이 아닌 민주적 방식으로 실현하는 것을 의미한다.

정치교육에 대한 이러한 두 가지 구분을 정리해보면 정치교육과 민주시민교육 간의 관계에 대한 정리가 가능하다(Ahmad 2006, 8). 먼저, 정치교육을 정치학의 기본 지식을 배우는 교육으로 한정해서 좁게 이해하면, 민주시민교육은 당연히 좋은 시민 즉 민주적인 기술, 지식, 가치, 신념을 지니고 실천하는 시민을 양성하는 교육으로 차별화해서 이해할 수 있다. 반면에 정치교육을 정치학에 대한 지식뿐 아니라 민주적인 기술, 태도, 가치, 신념을 지니고, 어떤 권력이 옳고 바른 권력인지도 인식하고 있는 시민을 키우는 교육으로 광범위하게 넓게 이해하면 민주시민교육은 정치교육의 일부분이 되는 것이다.

<표 1> 정치교육의 구분

정치에 대한 교육	- 정치 현상과 본질에 관련된 '지식'을 배우는 교육 - 정치학의 기본 지식을 배우는 교육
좋은 정치를 위한 교육	- 민주시민을 양성하고 민주시민교육 - 좋은 정치의 조건을 가르치는 교육

좋은 정치를 위한 교육	
민주시민을 양성하는 민주시민교육	좋은 정치의 조건을 가르치는 교육
- 민주적 기술과 태도, 가치와 신념을 지닌 민주시민을 양성하는 교육	- 바른 정치와 옳은 정치가 무엇인지를 가르치는 교육

그렇다면 왜 우리 교육은 정치교육이라는 용어 대신에 사회과교육, 일반사회교육, 반공교육, 국민윤리교육, 민주시민교육이라는 용어를 사용해온 것일까? 이유는 몇 가지이다.

첫째, 우리의 정치 환경 요인이다. 우리 정치 환경은 해방과 분단에 뿌리 깊게 정초해 있다. 여기서 정치 환경과 교육의 관계에 대해 먼저 살펴보는 이유는 '교육하는 것은 지배하는 것이고, 지배하는 것은 교육하는 것이다(Frazer 1999, 12)'라는 생각을 강하게 관철시키고자 노력한 정치세력이 우리 정치사에 존재해왔기 때문이다. 해방과 남북한 분단 상황은 우리의 정치교육에 구조적으로 큰 영향을 미쳐왔다. 해방 이후 미정군은 사회주의화 된 인민 민주주의 국가인 북한과 다르게, 미국식 자본주의 체제와 자유 민주주의 국가를 남한에 안착시키는데 주력했다. 미소 간 이데올로기 대립에 남한이 최전선으로 편입되어 들어간 것이다. 이러한 세계전략과 지정전략적 고려 속에서 미국은 자국의 사회과교육을 우리나라에 도입했다. 우리 사회과교육이 미국의 제도를 도입하여 역사교육, 지리교육, 공민(일반사회교육)이 통합된 형태를 갖추게 된 것이다. 일반사회교육은 정치, 경제, 사회, 법을 통합적으로 가르치는 교육이다. 따라서 해방 직후 우리의 정치교육은 미군정에 의해 일반사회교육의 작은 일부분으로 편입되어 들어간 것이다. 하지만 이러한 미국식 사회과교육은 해방 공간에서 좋은 민주시민(당시로서는 공민)을 양성하는데 성공하지 못했다. 미국식 사회과교육은 한국전쟁과 분단에 의해서 단절되었고 좋은 공민 양성이라는 목적달성도 실패한 것이다. 하지만 미군정 하에서 도입된 미국식 사회과교육은 오늘날까지 초중고 학교에서 사회과교육이라는 제도적 형식이 유지되는데 기여했다.

한국전쟁과 분단은 우리의 정치교육과 사회과교육을 남북 간 체제와 이데올로기 대립 그리고 국가 정당성 대결 측면에서 재구성하기 시작했고, 그 결과는 이승만 정부와 박정희, 전두환 정부에서 도입된 국가 주도의 반공교육과 국민윤리교육의 강화였다(이경태 1999, 2: 우영호 1994, 132). 그리고 국가 주도의 교육은 이외에도 승공교육, 통일안보교육, 민방위교육, 새마을교육, 국민정신교육, 정훈교육 등의 이름으로 초중고 학생뿐 아니라 전 국민을 대상으로 유지되었다(우영호 1994, 132; 홍득표 1998, 3). 북한의 존재가 권위적이고 비민주적인 남한 정권의 강화와 지속을 위한 교육적 수단으로 활용된 것이다(왕한식 1998, 155). 이런 상황에서 제대로 된 정치교육을 기대하는 것은 원천적으로 불가능했다. 권위적이고 비민주적인 정권이 스스로의 정당성을 약화시키고 자신에게 도전하는 민주화 세력을 키우는 정치교육을 시행할 하등의 이유가 없었기 때문이다. 이러한 이유로 인해 '정치교육'이라는 용어는 우리 교육현장에서 광범위하게 사용되지 못했다. 정치적으로 각성되어 있는 시민보다 정권의 입맛에 맞는 수동적이고 동원가능한 국민 즉, 국가주의와 민족주의와 반공주의 정체성에 치우친 국민을 양성하는 반공교육이나 국민윤리교육이 비민주적 정권에게는 태생적으로 선호되었기 때문이다.

이승만, 박정희, 전두환으로 이어지는 비민주적 정권이 정치교육을 왜 싫어했고 어떻게 왜곡해서 운영했는지는 쉽게 이해할 수 있다. 자신들의 비민주성을 드러낼 수 있고 민주화 세력을 키우는 정치교육을 교육과정과 교과서에서 원천적으로 축소하거나 배제한 것이다. 예컨대, 당시의 정치 이데올로기 교육은 균형감을 상실했다. 반공주의, 보수주의, 보수적 자유주의, 국가주의,

민족주의를 강조하는 대신 민주주의, 개혁적 자유주의, 진보주의(사회 민주주의, 사회주의, 공산주의) 등은 이데올로기 교육의 기회를 상실했다. 또 권력, 권위, 정당성에 관한 정치교육은 도외시되거나 교육과정과 교과서에서 제대로 찾아보기 어려웠다. 비민주적인 선거와 정치로 정당성과 권위를 상실한 독재정권이 좋은 권력은 정당성을 확보해야 한다는 내용을 담은 정치교육을 학교에서 수행하기는 근본적으로 어려웠다. 비민주적 정권에게 좋은 민주시민을 양성하고 좋은 정치를 위한 조건을 가르치는 정치교육은 본래적으로 받아들이기 어려웠던 것이다.

정치교육에 있어서 이런 부정적인 상황은 이명박과 박근혜 정부에서 재발했다. 이들 보수정부의 정치교육은 이전 김대중과 노무현 정부 시기의 정치교육과는 다른 모습을 보였다. 민주주의와 탈권위주의, 시민들의 정치참여를 강조하던 김대중과 노무현 정부의 정치교육의 핵심 기조는 보수정부가 들어서면서 수정되었다. 이명박과 박근혜 정부 하의 정치교육에서 시민들의 참여 민주주의 부분과 권력, 권위, 정당성을 다루던 부분은 대부분 축소되거나 사라졌다. 또한 사회과 역사교과서는 국정교과서로 회귀했다. 그리고 국정화 된 역사 교과서에서 가장 문제가 된 부분은 한국근현대 정치사 부분이었다. 특히 이승만과 박정희에 대한 서술 부분에서 이들 정권의 민주주의와 정당성 부분에 대한 객관적인 논의는 축소되었다. 정치교육의 명백한 퇴행이었다.

문제는 정치교육이라는 용어가 김대중, 노무현, 문재인 정부에서도 우리 사회과교육에 널리 뿌리내리지 못했다는 점이다. 독일의 경우 정치교육이라는 용어가 단일하게 선정되어 전폭적으로 오랜 기간 일관되게 사용되고 있는 상황과는 크게 대비되는 상황이다. 돌이켜보면 독재와 권위주의 정부 이후 1987년 우리 사회가 민주화되면서 반공교육과 국민윤리교육이라는 용어 대신에 '정치교육'이라는 용어가 사용될 기회의 문이 열렸지만, 정치교육이라는 용어는 결과적으로 독일과 다르게 우리 사회에 자리 잡지 못했다. 그 이유는 무엇일까?

1987년 절차적 민주화 이후 우리 정치는 보수와 진보, 좌파와 우파로 나뉘어 치열한 이데올로기 갈등을 벌여왔다. 정당체제는 항상 실질적인 양당제였고 거대 여당과 거대 야당은 민주와 반민주, 개혁과 반개혁, 보수와 진보, 좌파와 우파를 서로 분점했다. 이런 정치지형에서 정치교육이라는 용어를 사용하고 정치교육을 학교에서 안착시키기는 어려웠다. 민주개혁진보 정당이 집권한 경우 정치교육을 추진하면 보수우파 정당이 학생들을 진보좌파로 만들려한다는 의구심을 갖고 반대했으며, 그 역도 마찬가지였다. 이런 거친 정치 이데올로기 싸움과 정파성 속에서 좌우를 아우르고 보수와 진보를 통합하는 정치교육은 정착하기 어려웠던 것이다. 이런 상황은 지금도 크게 변함없이 유지되고 있다. 정치교육이라는 용어가 사용될 수 있는 기회와 동력을 상실한 것이다. 이런 상황을 이해한다면 정치교육이라는 용어가 앞으로도 우리나라에서 독일처럼 활용되기는 쉽지 않을 것이라는 판단을 하지 않을 수 없다.

둘째, 우리의 학교 교육과정 문제다. 해방 이후 미군정에 의해 도입된 미국식 사회과교육은 지금도 유지되고 있다. 그 결과 우리나라에서 정치교육은 일반사회교육과 사회과교육의 작은 일부분으로 자리 잡았다. 일반사회교육은 정치, 경제, 사회, 법을 가르치는 교육이고, 사회과교육은 역사, 지리, 일반사회를 가르치는 교육이다. 정치는 일반사회교육의 한 부분이고, 사회과교육은 아주 작은 부분인 것이다. 현재 고등학교 정치교육은 법교육과 합쳐져 '정치와 법'이라는 선택과목으로 운영되고 있다. 이렇듯 정치가 사회과교육에서 차지하는 부분은 극히 일부분이다. 정치교육은 독립교과목도 아니고 초중고 학생들이 배울 수 있는 시간도 극히 부족한 것이다.

셋째, 정치교육은 과거 권위주의 정부 시기에는 반공교육, 국민윤리교육과 경쟁하는 관계였다면, 1987년 절차적 민주화 이후 들어 선 민주주의 정부 하에서는 민주시민교육과 경쟁해야 하는 상황에 처해 있다. 그리고 과거 권위주의 정부에서 정치교육 대신 반공교육과 국민윤리교육이 실행되었듯이, 현재는 정치교육 대신 민주시민교육이 확산되고 있다. 정치교육이라는 용어는 스스로 자리 잡고 설 교육적 공간을 상당 부분 상실한 것이다.

이러한 이유로 인해 현재 우리는 '정치교육' 대신 '민주시민교육'이라는 용어에 익숙해 있다. 반공교육과 국민윤리교육을 지나 '정치교육'이 자리 잡지 못하고 '민주시민교육'이 대세가 된 것이다. 정치교육과 민주시민교육이라는 용어가 지니는 서로의 장단점을 정리하면 <표 2>와 같다.

<표 2> 정치교육 용어와 민주시민교육 용어의 장단점

	장점	단점
정치교육	- 정치에 한정하여 교육 가능 - 정치의 중요성 강조 가능 - 한국정치의 문제점을 개선하기 위한 교육이라면 정치교육이라는 용어가 적합한 용어 - 정치교육의 대표 사례인 독일이 정치교육 용어를 사용	- 보수와 진보 간에 정치교육을 바라보는 이견이 존재. - 보수와 진보 간의 갈등은 중립적이고 객관적인 정치교육을 추진하기 어렵게 만드는 배경. - 특히 보수와 진보 각자의 정파성으로 인해 정치교육의 필요성은 인정하면서도 정치교육을 법제화하기는 쉽지 않음. - 정치교육이라는 용어를 사용할 경우 일반사회교육과나 윤리교육과 등이 참여하기 쉽지 않음. 이들 학과는 정치교육 용어보다 민주시민교육 용어를 선호할 가능성이 있음. - 정치교육이라는 용어가 사용될 수 있는 기회를 놓친 상황

	장점	단점
민주시민교육	- 민주시민교육은 정치학과, 일반사회교육과, 국민윤리과 등이 모두 참여 가능 - 민주시민교육이라는 용어는 정치교육이라는 용어에 비해 보수와 진보 간의 갈등으로부터 상대적으로 자유로운 용어. 보수나 진보 모두 '민주'와 '민주시민'이라는 용어를 부정하기는 어렵기 때문. - 초중고 사회과 교육과정의 목표는 '민주시민 양성'이라고 오랜 기간 명시되어 왔음. 따라서 민주시민교육이라는 용어는 교육부 관료, 사회과 교사, 사범대학 출신자들에게 정치교육보다 더 익숙한 용어. - 경기도교육청의 민주시민교과서 개발 이후 그리고 문재인 정부가 교육부에 민주시민교육과를 신설한 이후 민주시민교육이라는 용어가 정치교육이라는 용어를 거의 대체한 상황.	- 정치교육에 비해 민주시민교육이 무엇인지 교육의 체계와 내용이 현재로서는 불분명한 점이 존재. - 예컨대 어떤 민주주의를 가르쳐야 하는지, 그리고 어떤 민주시민을 양성해야 하는지에 대한 사회적 합의가 부재. - 정치학과, 일반사회교육과, 윤리교육과 간의 주도력 경쟁과 갈등 가능성이 존재. - 그리고 정치교육과 마찬가지로 보수와 진보 간에 민주시민교육의 체계와 내용에 대한 이견과 갈등이 존재.

그렇다면 민주시민교육은 언제부터 시작된 것일까? 민주시민교육이라는 용어는 이승만, 박정희, 전두환 권위주의 정부 시기에는 아예 사용되지 못했다. 이들 독재정부 하에서 제대로

된 정치교육도 어려웠는데 민주시민교육을 수행한다는 것은 불가능에 가까웠다. 또 이병박, 박근혜 보수정부 시기에는 민주시민교육이라는 용어가 이미 존재했고 선거연수원과 경기도교육청에서 민주시민교육이 추진되고 있었지만, 민주시민교육이 중앙정부 차원에서 강력하게 추진되지는 못했다. 민주시민교육이 우리 사회와 교육계 전체의 관심과 추진력을 받지는 못했던 것이다.

이런 상황에서 민주시민교육이 본격적으로 시작된 시점은 김상곤 경기도교육감 시절인 2009-2014년이다. 이 시기에 경기도교육청에서 초중고 대상 민주시민교육 인정 교과서가 만들어지면서, 전국적으로 민주시민교육에 대한 관심과 실천이 확산되었기 때문이다. 하지만 민주시민교육의 시발점은 길게 보면 1987년 민주화 이후이고, 조금 짧게 보면 중앙 선거관리위원회 산하 선거연수원에서 민주시민교육을 의욕적으로 추진하던 2000년대 시기이다. 1987년 절차적 민주화 이후 한국 민주주의를 심화·발전시키기 위해서 민주적인 제도 구축도 중요하지만 시민들의 민주적 의식 즉 민주시민성을 개발하는 것도 중요하다는 점이 강조되기 시작했고, 민주시민성을 키우기 위한 정치교육의 중요성이 1990년대에 여러 시민사회단체와 한국정치학회, 한국사회과교육학회 등을 중심으로 연구되고 추진되기 시작했던 것이다.

하지만 당시에 민주시민성과 민주주의 교육이 중요하다는 점이 강조되기 시작한 건 사실이지만, 민주시민교육이라는 용어는 아직도 생소한 것이었고 소수의 연구자만이 민주시민교육이라는 용어를 사용할 뿐 광범위하게 사회 전체에서 사용된 것은 아니었다(우영호 1994, 132). 따라서 민주시민교육의 기원이 1987년 민주화 이후부터라는 주장은 과도한 것이다. 그리고 선거연수원에서 추진한 민주시민교육은 민주시민교육이라는 용어를 국가 기관이 최초로 집중적으로 사용했다는 점에서 의미가 있지만, 관 주도의 민주시민교육이라는 태생적 한계를 벗어나기는 쉽지 않았고, 그 결과 현재 시점에서 선거연수원의 민주시민교육은 자신의 존재적 의미를 상당 부분 상실했다. 결국 우리 민주시민교육의 실질적이고 본격적인 시작은 김상곤 교육감 시절이라고 보는 게 무방해 보인다. 경기도교육청의 민주시민교육 인정교과서[11] 발간 이후 본격적인 민주시민교육이 시작되었다고 봐야 한다는 것이다.

경기도교육청의 민주시민교육 이후 중앙정부 차원에서 민주시민교육이 추진되기 시작한 것은 문재인 정부가 들어서면서부터다. 문재인 정부의 교육분야 국정과제에 민주시민교육 활성화가 들어갔고 2018년 교육부에 민주시민교육과가 설립

11 경기도교육청은 4권의 민주시민교과서를 발간하였다. 초등학교 1-3학년 대상, 4-6학년 대상, 중학생 대상, 고등학생 대상이 바로 그것이다.

되면서, 민주시민교육을 독립 교과목으로 만들겠다는 정책이 발표된 것이다. 문재인 정부에서는 학교 민주시민교육뿐 아니라 시민 대상 민주시민교육도 민주화운동기념사업회를 중심으로 추진하고 있다.

이상의 논의는 우리 근현대를 지나면서 '정치교육'이 자리 잡지 못하고 최근 들어 '민주시민교육'이 일종의 대세로 자리 잡기 시작한 배경을 잘 보여준다. 지금까지 살펴 본 기존의 정치교육이 드러낸 문제점과 그것의 개선방안을 정리하면 <표 3>과 같다.

<표 3> 기존 정치교육의 문제점과 개선방안

기존 정치교육의 문제점
- 특정 정치세력의 지배의 도구로 활용된 정치교육 - 국가 주도의 정치교육 - 국가주의와 민족주의 중심의 정치교육 - 강요된 애국심을 키우는 정치교육 - 정권의 입맛에 맞는 정치교육 - 반공과 보수 일변도 정치교육 - 반공교육, 국민윤리교육 등으로 운영된 정치교육 - 진보와 보수의 갈등으로 진보와 보수를 통합하고 좌우를 아우르는 정치교육의 부재 - 수동적이고 동원 가능한 국민을 만드는 정치교육 - 사회과교육과 일반사회교육의 작은 일부분으로 축소된 정치교육 - 독립교과목이 아니고 수업시간도 부족한 정치교육

개선방안[12]
- 기존 정치교육의 문제점을 개선하는 것이 바로 민주시민교육을 제대로 활성화하는 것 - 특정 세력의 도구나 수단이 아닌 민주시민 양성을 목적 그 자체로 추구하는 민주시민교육 - 민주적이고 다원주의적인 민주시민교육 - 자발적인 애국심을 키워주는 민주시민교육 - 사회적 합의로 정부가 바뀌어도 지속되는 민주시민교육 - 보수와 진보를 통합하고 좌우를 아우르는 민주시민교육 - 다양하고 균형감 있는 정치 이데올로기 교육을 수행하는 민주시민교육 - 적극적인 주인의식을 지닌 주권자 시민을 만드는 민주시민교육 - 독립교과목으로 충분한 수업시간도 확보하는 민주시민교육

12 기존 정치교육의 문제점을 개선하는 방안은 다름 아닌 민주시민교육을 활성화하는 것으로, <표 3>에서 정리된 개선방안은 이 글의 다음 내용에서 민주시민교육에 대한 새로운 정의를 시도하고, 이 책의 4장에서 민주시민교육의 새로운 내용을 정리하고 제시하는데 유용한 기초 자료로 활용되었다.

Ⅱ. 민주시민교육의 정의와 목적

지금까지 살펴본 대로 현 상황에서 '정치교육'이라는 용어보다 '민주시민교육'이라는 용어를 사용하는 것이 더 적합해 보인다. 그리고 지금은 기존의 정치교육이 드러낸 문제점을 해소하기 위해 민주시민교육을 활성화 하는 노력이 무엇보다 필요한 시기다. 그렇다면 민주시민교육은 무엇이고 왜 실시해야 하는가?

우리의 민주시민교육은 독일에서는 정치교육(Politische Bildung), 미국에서는 시민교육(Civic Education), 영국에서는 시민성교육(Citizenship Education), 일본에서는 공민(公民)교육으로 불린다(한국민주주의연구소 2016, 23). 그런데 민주시민교육에 대해 우리가 익숙한 기존의 정의는 '민주시민을 양성하는 교육'이라는 것이다. 하지만 우리가 많이 들어온 이런 정의는 동어반복이고 애매모호하다. 막연하고 공허하기까지 하다(사카가미 노부오, 이진원, 고선규, 중앙선거관리위원회 선거연수원 2006, 18). 민주시민교육은 '민주시민을 양성하는 교육'이라는 단순한 정의는 부족하고 불충분한 것이다. 그런데 민주시민교육에 대한 기존의 정의는 이것 말고도 또 존재한다. 민주시민교육은 '민주시민의 자질인 시민성을 육성하는 교육'이라는 것이다(허영식·신두철 2007, 25). 하지만 이런 정의도 동어반복이고 만족스럽지 못한 것은 마찬가지다.

그런데 민주시민교육에 대한 기존의 정의가 모두 동의반복이고 애매한 것은 아니다. 기존의 정의 중에서 구체적이고 유용한 것은 학습자의 역량(competency)에 초점을 맞춘 것으로, 민주시민교육은 '민주시민이 지녀야 할 역량을 개발하는 교육'이라는 정의다. 달리 표현하면 민주시민교육은 민주주의와 관련된 역량 즉, 지식, 기술, 태도, 가치, 신념을 키우는 교육으로(김용찬 2007, 40-41), 민주주의에 대한 지식을 지니고 민주적인 기술과 가치와 태도를 체화하는 동시에 민주주의를 향한 자신의 신념을 실천하는 시민을 양성하는 교육이라는 것이다.

이렇게 역량 중심으로 민주시민교육을 정의하고 이해하면, 민주시민교육의 내용은 역량의 유형에 따라 몇 가지로 구분 가능하다(장은주 2019, 271-272). 첫째, 먼저 '지식'과 관련해서 민주시민교육은 정부형태(민주주의, 권위주의, 전제주의, 전체주의 등), 민주주의의 정의와 유형, 민주주의 제도(입법부, 사법부, 행정부, 정당, 언론, 이익집단, 선거 등), 민주주의 운영원리(국민주권, 권력분립, 법에 의한 지배, 정교분립 등), 헌정주의와 법치주의, 시민의 기본권과 의무 등을 교육해야 한다(사카가미 노부오, 이진원, 고선규 2006, 59). 둘째, 민주적 '기술'과 관련해서 민주시민교육은 타인을 존중하고 배려하는 관용하는 기술, 자신의 정치적 이해관계를 잘 파악하고 주장하는 기술, 소통하고 토론하고 합의하는 기술, 차이를 평화적으로 해결하는 기술 등을 교육해야 한다. 셋째, 민주적 '태도'와 관련해서 민주시민교육은 서로 이해하고 존중하고 배려하고 토론하고 설득하고 타협하고 절충하고 합의하는 민주적 생활태도를 지닌 시민을 육성해야 한다. 넷째, 민주적 '가치'와 '신념'과 관련해서 민주시민교육은 자유, 평등, 인권, 정의 등의 가치를 체화하고 신념화하여 이를 실현하고자 노력하는 시민을 양성해야 한다.

이렇듯 학습자의 역량 개발 중심으로 민주시민교육을 정의하는 노력은 민주시민교육이 구체적으로 어떤 내용의 교육을 추구해야 하는지를 명확하게 제시해준다는 점에서 유익하다. 하지만 이런 역량 중심의 민주시민교육에 대한 정의 역시 충분한 것은 아니다. 이 글이 주장하는 새로운 민주시민교육의 정의는 다음과 같은 네 가지 점에서 기존의 정의보다 더 시대적 요구에 적합하고 구체적이다.

첫째, 민주시민교육은 '주권자 의식과 태도를 지닌 시민을 양성하는 교육'이어야 한다. 민주시민교육에서 말하는 민주시민은 단순한 유권자가 아니다. 민주시민은 선거철에만 유권자로서 자신의 참정권을 행사하는 단순한 유권자가 아니라, 주권의 명백한 소지자이자 주권의 실질적인 행사자로서 스스로의 정체성을 의식하고 행동하는 시민이어야 한다. 민주주의 국가에서 주권은 국민에게 있다. 대의 민주주의 국가에서도 주권은 국민에게 있는 것이고, 선출된 정치인은 자신의 임기 동안 주권자 국민에게서 위임받은 주권을 행사할 뿐이다. 그런데 우리 대의 민주주의에서는 언제부터인가 주권자 국민은 단순한 유권자로 전락하고, 주권은 선출된 정치인들이 실질적이고 독점적으로 행사하는 이상한 현상이 자리 잡았다. 이런 상황은 좋은 민주주의의 모습이 아니고 비민주적이다.

따라서 민주시민교육은 단순한 유권자 교육이 아니라 실질적인 주권자 교육이어야 한다는 점이 이 글의 핵심 주장이다. 민주시민교육은 수동적이고 무관심한 시민이 아니라 능동적이고 적극적인 시민을 키우는 교육이고, 시민 개개인이 자신과 자신이 속한 공동체의 실질적인 주인이 되게 만드는 교육이다. 민주시민교육은 공동체 공동의 일에 적극 참여하고, 공공선(公共善)을 실현하기 위해 주인의식을 지니고 노력하는 시민을 양성하는 교육인 것이다. 자신의 주권을 대의 정치인에게 위임하기도 하지만, 실질적인 주권자로서 자신의 주권을 직접 행사하기도 하는 능동적인 주인의식을 지닌 시민을 양성하는 교육이 바로 민주시민교육이어야 한다는 것이다. 주권자 시민이 자신의 주권을 직접 행사하는 경우는 직접 민주주의, 참여 민주주의, 심의 민주주의, 광장 민주주의, 풀뿌리 민주주의 등에 의해서 이루어진다.

민주시민교육이 유권자가 아니라 주권의 명백한 소유자이자 실질적인 행사자로서의 시민을 양성하는 교육이라는 주장은 주권이론에 대한 추가적인 설명을 필요로 한다. 국민주권론과 인민주권론을 구별하는 것이 중요하다(진시원·홍익표 2016, 362-365). 국민주권론은 대의 민주주의의 기초가 되는 주권이론으로 주권은 국민에게 있지만 주권의 행사는 국민의 대리인인 선거를 통해 선출된 정치인이 한다는 이론이다. 간접 민주주의 즉 대의 민주주의를 떠받치는 주권이론인 것이다. 반면, 인민주권론은 직접 민주주의의 기초가 되는 주권이론으로 주권은 국민에게 있으며 주권의 행사도 국민이 직접 행사해야 한다는 이론이다. 직접 민주주의와 참여 민주주의, 광장 민주주의, 풀뿌리 민주주의 등을 떠받치는 주권이론 것이다.

민주시민교육은 국민주권론과 인민주권론을 균형감 있게 양자 공히 추구하는 교육이다. 민주시민은 주권의 명백한 소유자이며 주권의 간접 행사자뿐 아니라 주권의 직접 행사자도 되어야 한다는 것이다. 이 말은 민주시민교육에서 간접 민주주의와 직접 민주주의 간의 균형이 필요하다는 주장이고, 엘리트 민주주의와 대중 민주주의 간의 견제와 균형도 필요하다는 주장과 연계된다. 인구가 많고 영토가 그리스 도시국가보다 넓은 대다수 현대 국가에서 직접 민주주의를 수행하기는 어렵다. 현대 국가에서 대의 민주주의는 불가피한 측면이 존재하는 것이다. 하지만 대의 민주주의의 문제는 주권자 국민을 단순한 유권자로 제한한다는 점이다. 따라서 대의 민주주의의 문제점인 주권자의 유권자로의 등치와 동일시 문제를 해결하기 위해 대의 민주주의에 직접 민주주의와 참여 민주주의, 심의 민주주의, 광장 민주주의, 풀뿌리 민주주의 등을 보완하는 노력이 필요하다. 대의 민주주의가 오작동하여 국민이 단순한 유권자로 전락할 경우 직접 민주주의와 참여 민주주의 등이 대의 민주주의를 보완하고 견제하여 주권자 국민을 명백한 주권의 소지자이자 실질적인 행사자로 다시 자리매김하는 것이 중요하다는 것이다. 민주시민교육은 이러한 인식과 태도를 지닌 민주시민을 양성하는 교육이어야 한다. 민주시민교육에서 국민주권론과 인민주권론을 함께 균형감 있게 가르쳐야 하는 이유가 여기에 있는 것이다.

둘째, 민주시민교육은 시민을 '치자(治者)이자 피치자(被治者)로 만드는 교육'이어야 한다. 민주시민은 스스로의 정체성을 수동적인 피치자로 규정하지 않는다. 민주시민은 자신을 자신 스스로의 주인이자 공동체의 주인이라는 주권자 의식을 지닌 시민이다. 또 민주시민은 공동체 공동의 일에 적극적으로 참여하는 시민으로 정책결정과정에 직간접적으로 참여하는 시민이다. 민주시민은 주권의 소지자이면서 주권의 직간접적인 행사자여야 하는 것이다. 따라서 민주시민교육은 시민을 단순한 피치자로 만드는 교육이 아니며 일방적인 치자로 만드는 교육도 아니다. 민주시민교육은 치자이자 피치자로서의 능동적이고 적극적인 주권자 시민을 만드는 교육인 것이다.

셋째, 모든 시민은 공동체 공동의 일에 '치자이자 피치자'로서 참여해야 하지만, 치자로서 참여할 때도 '비지배적 지배'를 견지하는 태도를 지녀야 한다. 민주시민교육은 지배에 있어서 '지배적 지배'가 아닌 '비지배적 지배'를 지향하는 시민을 양성하는 교육이어야 하는 것이다. 만인은 똑같은 인권을 지닌 존재로서 동등하게 소중하다. 따라서 사람 위에 사람이 있을 수 없고 사람 아래 사람이 있을 수 없다. 민주시민은 시민 간의 동등성을 그 무엇보다 중시하는 시민인 것이다. 그런데 이러한 시민 간의 동등성은 자신이 치자로서 지배에 참여하는 경우에도 절대 침해되어서는 안 되는 가치다. 따라서 시민 누군가에 의해서 지배가 이루어지더라도 시민들이 모두 동등한 가운데 그 지배가 이루어져야 한다. 치자든 피치자든 간에 시민들 간의 특권과 기득권을 배제한 동등성 확보를 공동체 운영의 핵심 준칙으로 삼아야 하고, 시민들은 이 핵심 준칙을 암묵적이든 명시적이든 간에 서로 합의하고 반드시 지키고 따라야 하는 것이다. 이것이 바로 '비지배적 지배'의 개념이다.

비지배적 지배는 민주주의 사회에서 법 앞 평등과 경제적 평등, 그리고 기회의 평등 등에 의해서 확보될 수 있다. 법 앞 평등이 무너지고 경제적 불평등이 강하게 존재하며 기회의 불평등이 광범위하게 존재하는 공동체에서는 '지배적 지배'가 팽배하고 '비지배적 지배'는 찾아보기 어렵게 된다. 비민주적인 사회가 되는 것이다. 동등하게 소중한 시민은 인권의 동등성과 함께 법 앞 평등과 경제적 평등 그리고 기회의 평등이 확보될 때 비로소 만들어질 수 있다. 특권층과 기득권층이 경제적 우위와 법적 특권 그리고 기회의 독점을 지니고 이것들을 자신들의 사익을 위해 사용할 때 시민들 간의 동등성은 무너지고 민주사회는 붕괴된다. 그리고 이런 사회에서 민주시민교육은 더 이상 할 일이 없다. 따라서 민주시민교육은 동등하게 소중한 시민들 간의 비지배적 지배가 이루어지는 사회를 만드는 교육이어야 한다.

넷째, 민주시민교육은 '민주적인 공동체를 만드는 교육'이기도 해야 한다. 민주시민교육은 민주시민만을 양성하는 교육이 아니다. 민주시민교육은 위에서 살펴본 대로 주권자 의식을 지닌 시민과 치자이자 피치자로서의 정체성을 지닌 시민, 시민 간의 비지배적 지배를 지향하는 시민을 양성하는 교육이지만, 이것만으로는 충분하지 않다. 사람은 사회적 동물이고 공동체 내에서 살아간다. 따라서 민주시민교육은 민주시민뿐 아니라 민주적인 사회 즉 민주 공동체를 만드는 교육이기도 해야 한다. 이렇게 본다면 민주시민교육은 '민주적인 시민뿐 아니라 민주적인 공동체를 만드는 교육'이기도 한 것이다.

민주시민에 대한 다양한 정의는 <표 4>와 같이 정리할 수 있다.

<표 4> 민주시민교육의 정의

기존의 정의	- 민주시민을 양성하는 교육 - 민주시민이 지녀야 할 역량 즉, 민주주의와 관련된 지식, 기술, 태도, 가치, 신념을 키우는 교육 - 민주주의에 대한 지식을 지니고 민주적인 가치와 태도를 체화하고 민주주의를 향한 자신의 신념을 실천하는 민주시민을 양성하는 교육
새로운 정의	- 시민을 유권자가 아니라 주권자로 만드는 교육 - 주권의 명백한 소유자이자 실질적인 행사자로서의 시민을 양성하는 교육 - 시민을 수동적인 '피치자(被治者)'가 아니라 '치자(治者)이자 피치자'로 만드는 교육 - 치자든 피치자든 간에 시민들 간의 특권과 기득권을 배제한 동등성 확보를 공동체 운영의 핵심 준칙으로 삼는 시민을 육성하는 교육 - 치자로서 공동체 공동의 일에 참여할 때도 '비지배적 지배'를 견지하는 태도를 지닌 시민을 양성하는 교육 - 민주적인 시민뿐 아니라 민주적인 공동체도 만드는 교육

Ⅲ. 민주시민교육의 필요성

그러면 이러한 민주시민교육은 왜 필요한 것일까? 이에 대한 대답은 크게 두 가지이다. 첫째, 우리 정치의 문제 때문이다. 정치는 다양한 이해관계의 대립과 갈등을 조정하고 최종결정을 내리는 일이다. 그런데 우리 정치는 이런 기능을 수행하지 못하고 있다. 대립과 갈등을 조정하고 최종결정을 하는 것이 아니라, 오히려 대립과 갈등을 조장하고 최종결정을 미루는 양상을 보여 온 것이다. 이 결과 우리 정치는 국가 공동체가 나아가야 할 방향과 비전을 제시하지 못하고 오히려 퇴행적으로 국가와 사회발전의 발목을 잡으며 장애물로 작용하고 있다.

상황이 이렇다보니 정치에 대한 국민들의 신뢰 수준은 심각하다. 2020년 4월 28일 보건사회연구원의 '한국인의 행복과 삶의 질에 관한 종합 연구 보고서'에 의하면, 정당과 국회를 신뢰한다는 우리 국민들의 응답은 24%에 불과했고 신뢰하지 않는다는 응답은 76%였다(매일경제 2020년 4월 28일자 기사). 대의 민주주의 국가인 우리나라에서 정당과 국회에 대한 국민들의 이와 같은 불신은 우리의 대의 민주주의가 위기에 빠져있음을 의미한다. 대의 민주주의가 오작동하면서 정쟁과 갈등에만 빠져 있는 우리 정당과 의회정치에 대한 국민들의 냉소와 무관심이 커지고 있는 것이다. 정당과 국회가 대화와 타협의 정치를 하지 못하고 합의한 것도 번복하고 다수결 결정에도 승복하지 않는 정치문화에 대한 국민들의 당연한 문책성 반응인 것이다.

우리 사회는 1987년 절차적 민주화 이후 아시아에서 가장 좋은 민주주의 국가를 만들었지만, 우리의 민주주의가 문제에 봉착해 있는 것이다. 특히 절차적 민주주의 제도는 어느 정도 갖추어졌으나, 존중과 배려 그리고 대화와 타협을 실천하는 생활태도로서의 민주주의는 대의 정치인이나 국민들에게 체화되어 있지 않다. 배제의 정치와 갈등의 정치가 팽배하지만 합의의 정치와 포함의 정치는 자리 잡지 못하고 있는 것이다. 더욱이 절차적 민주주의 외에 실질적 민주주의를 위한 불평등 해소 등의 문제에 있어서 우리 사회는 전혀 진전을 이루지 못하고 있다.

따라서 지금은 우리의 민주주의 제도를 더욱 민주적으로 공고히 하고 절차적 민주주의를 실질적 민주주의로 업그레이드하는 노력이 필요하다. 그리고 이런 상황에서 정치인과 국민들의 가치와 태도와 신념을 민주적으로 만드는 민주시민교육의 필요성에 대한 사회적 합의가 확산되고 있는 것이다.

둘째, 우리 교육의 문제 때문이다. 즉, 민주시민교육의 필요성은 우리 정치의 문제뿐 아니라 우리 교육의 문제에서도 찾아 볼 수 있는 것이다. 우리 정치 즉 우리 정치인과 국민들이 존중, 이해, 배려, 대화, 설득, 타협, 절충, 합의, 다수결과 소수자 보호 등과 같은 민주적 생활태도를 지니지 못하고 있는 근본원인은 다름 아닌 민주시민교육의 부재에서 찾을 수 있다. 지난 기간 동안 사회과교육과 일반사회교육, 윤리교육이 좋은 시민을 만들기 위한 교육을 제대로 수행해오지 못한 것이다. 민주시민교육을 어릴 때부터 배우고 체화했다면 우리의 민주주의는 지금과는 다른 보다 성숙한 모습을 보였을 가능성이 높다. 따라서 민주시민교육을 어린 나이부터 배우고 익히고 실천하는 노력이 필요하고, 이에 대한 우리 사회의 요구와 합의가 점차 확산되고 있는 것이다. 민주적 생활태도를 지닌 정치인과 국민들이 운영하는 한국 민주주의는 한 단계 더 좋은 방향으로 성장할 것이기 때문이다.

참고문헌

김용찬. 1999, "이론적 맥락에서 본 정치교육과 정치사회화의 개념과 성격." 『교육논총』 제16집.
______. 2007. 『사회과교육과 강한 정치교육』. 서울: 교육과학사.
______. 2010. 『21세기 민주시민교육을 위한 정치교육과 법교육』. 서울: 교육과학사.
사카가미 노부오·이진원·고선규·중앙선거관리위원회 선거연수원. 2006. 『현대사회와 정치교육』. 서울: 대한인쇄사.
왕한식. 1998. "정치교육과 교육적 실천." 인천교육대학교 『교육논총』 제15권.
우영호. 1994. "정치교육: 철학적 분석." 『교육철학』 제12권.
유석렬. 1986. "민주시민으로서 한국정치교육의 방향." 『한국정치학회보』. 제20권 2호.
이경태. 1999. "중고등학교 정치교육의 방향." 『사회과학연구』 제6집 1호.
장은주. 2019. "한국의 민주시민교육: 사회적 합의의 방향과 제도화의 과제." 심성보 외. 『학교 민주시민교육의 세계적 동향과 과제』. 서울: 살림터.
진시원·홍익표. 2016. 『왜 시민주권인가?』. 부산: 부산대학교출판부.
차미란. 2000. "오우크쇼트의 정치교육론." 『도덕교육연구』 제12권 2호.
한국민주주의연구소. 2016. "시민교육 연구보고서 2016. 시민사회의 시민교육체계 구축과정 연구: 독일, 프랑스, 스웨덴, 미국, 영국을 중심으로." 서울: 경성문화사.
허영식·신두철. 2007. 『민주시민교육 핸드북』. 서울: 도서출판 오름.
홍득표. 1998. "서양의 정치교육 체계와 내용: 미국 영국을 중심으로." 『인하교육연구』 제4호.

Ahmad. Iftikhar. 2006. "Teaching Government in Social Studies: Political Scientists' Contributions to Citizenship Education." *The Social Studies*. January/February 2006.
Cheung, Chi-Kim and Leung, Margaret, "From Civic Education to General Studies: The Implementation of Political Education into the Primary Curriculum." *Journal of Comparative Education*. Vol. 28. Issues 1.
Frazer, Elizabeth. 1999. "Introduction: The Idea of Political Education." *Oxford Review of Education*. Vol. 25. No. 1-2.
Pring, Richard. 1999. "Political Education: Relevance of the Humanities." *Oxford Review of Education*." Vol. 25. No. 1&2.

3장

민주시민교육의 기초교육: 정체성교육, 인권교육, 인성교육

| 진시원 |

민주시민교육은 혼자 스스로 독립적으로 존재하는 교육이 아니다. 민주시민교육은 다른 교육과 연계해서 추진해야 더 좋은 민주시민교육이 될 수 있다. 독자적이 아니라 다른 교육과 연계해서 시행할수록 민주시민교육은 더 효과적일 수 있는 것이다. 민주시민교육은 민주주의에 대한 지식을 지니고 민주적인 가치와 태도를 체화하고 민주주의를 향한 자신의 신념을 실천하는 시민을 양성하는 교육이다. 하지만 좋은 시민이 되기 위해서는 민주주의에 대한 지식과 민주적 가치와 태도, 민주주의를 향한 신념만으로는 불충분하다. 민주시민은 자신의 정체성을 민주시민으로 규정하고 그 정체성에 맞는 역할과 행동에 나서는 시민이다. 정체성교육이 필요한 것이다. 또 민주시민은 인권의 소중함을 알고 모든 시민이 인권을 지닌 동등하게 소중한 존재라는 점을 인지하고 실천하는 시민이다. 민주시민교육은 인권존중을 가르치는 인권교육이기도 해야 하는 것이다(사카가미 노부오·이진원·고선규·중앙선거관리위원회 선거연수원 2006, 17; 정상우·강은영 2019). 이외에도 민주시민은 좋은 인성을 지닌 시민이고 인간다운 심성을 지닌 시민이다. 따라서 민주시민교육은 사람과 사람 사이에서 중요한 좋은 인성과 바른 인성을 양성하는 교육이어야 한다. 민주시민교육의 또 다른 기초는 인성교육인 것이다(사카가미 노부오·이진원·고선규·중앙선거관리위원회 선거연수원 2006, 25).

이렇게 본다면, 민주시민교육은 독자적으로 시행하기보다 정체성교육과 인권교육, 인성교육과 함께 연계해서 가르치는 노력이 필요하다는 것이 이 글의 주장이다. 그렇다면 왜 민주시민교육은 정체성교육과 인권교육, 인성교육의 기초적 토대 위에서 서로 연계해서 추진해야 하는 것일까?

Ⅰ. 정체성교육

정체성은 나는 누구인가와 관련된 개념으로 나라는 주체의 정신적, 신체적, 물질적, 사회적인 특징과 연관되어 있다. 하지만 정체성이 무엇인지에 대한 이론적 접근은 하나가 아니다. 정체성을 이해하는 시각은 크게 두 가지로, 하나는 전통적인 시각이고 다른 하나는 비전통적인 시각이다. 전통적인 시각은 주체의 정체성을 일관되고 통일되고 고정적이며 불변적인 것으로 연속성과 동일성을 지닌 것으로 파악하지만, 비전통적인 시각은 주체의 정체성을 변화하고 유동적인 것으로 비일관성과 비연속성을 지닌 것으로 파악한다(고미숙 2003, 5; 김인옥 2008, 140). 전통적인 시각은 정체성을 고정 불변의 결과적인 성질의 것으로 이해한다면, 비전통적인 시각은 정체성을 만들어지고 변화하는 사회 구성주의적인 과정상의 성질로 이해하는 것이다. 그런데 여기서 중요한 점은 정체성교육이 전통적인 시각이나 비전통적인 시각 중에서 어느 하나를 선택할 필요가 없다는 것이다. 사실 주체의 정체성은 전통적인 시각과 비전통적인 시각이 주장하는 내용을 모두 지니고 있다. 개인의 정체성은 변화하기도 하고 불변하기도 한다. 또 개인의 정체성은 사회구성주의적으로 상호주관적인 과정 속에서 다양하게 변화하기도 하지만, 변화하지 않고 실체적인 일관성과 동질성을 유지하기도 한다. 정체성을 이해하기 위해서는 두 가지 시각이 모두 필요한 것이다.

교육은 기본적으로 개인의 정체성을 좋은 방향으로 변화시켜 나가는 것이다. 교육은 개인이 지니는 자신 만의 일관되고 불변적인 개성을 더 좋게 개선해 나가는 역할을 수행해야 하지만, 개인이 지닌 나쁜 정체성을 좋게 바꾸어 나가는 역할도 수행해야 한다. 따라서 정체성교육은 민주시민교육에서 중요하다. 자신이 누구인지에 대한 정체성 규정은 그 사람의 사고와 가치와 신념과 행동에 큰 영향을 미치기 때문이다.

개인의 정체성 발달과정과 상태에 대한 연구 중 가장 널리 알려진 내용은 마르시아(Marcia)의 논의다. 마르시아는 개인의 자아 정체성이 머물 수 있는 상태를 <표 1>과 같이 4가지로 구분했다(Bilsker & Marcia 1991; 김동기 2011, 91에서 재인용).

<표 1> 자아 정체성의 4가지 상태

		자신의 확고한 정체성을 추구하기 위한 헌신(commitment) 여부	
		Yes	No
정체성을 찾는 과정에서 위기(crisis)를 경험했는지 여부	Yes	성취(achievement) 자신의 확고한 정체성을 찾으려는 노력으로, 위기를 극복하고 자신만의 정체성을 찾은 상태	유예(moratorium) 자신의 확고한 정체성을 찾으려는 노력 없이, 정체성의 위기나 변화를 겪고 있는 상태
	No	유실(foreclosure) 자신만의 확고한 정체성을 주체적으로 찾는 대신, 타인의 정체성을 자신의 것으로 받아들여 정체성 위기가 없는 상태	혼미(diffusion) 자신의 확고한 정체성을 찾으려는 노력도 없고 타인의 정체성에도 관심이 없어, 정체성의 위기조차 경험하지 못하고 있는 상태

<표 1>에서 보는 것처럼, 마르시아는 자신의 확고한 정체성을 찾으려는 헌신이 있는지 여부 그리고 자신의 정체성을 찾는 과정에서 혼란과 위기를 경험했는지 여부를 근거로 성취 상태, 유예 상태, 유실 상태, 혼미 상태로 정체성의 상태를 구분하였다. 물론 이 중에서 가장 안 좋은 상태는 '혼미' 상태고 가장 좋은 상태는 '성취' 상태인 반면, '유예'나 '유실' 상태는 헌신이나 위기 중 하나를 결여한 불완전한 상태다.

예컨대, 민주시민교육의 시각에서 바라봤을 때, 민주시민으로서 자신의 정체성을 찾으려는 노력도 없고 정체성의 위기조차 경험하지 못한 채 정치에 대한 무관심으로 그럭저럭 자신의 공동체적 삶을 유지하는 시민은 정체성의 '혼미'에 빠진 시민이다. 민주시민교육의 기초적 토대가 되어야 하는 정체성교육은 시민들이 자신의 정체성을 민주시민이라고 확고히 '성취'하는데 기여하는 교육이 되어야 한다. 민주시민으로서 자신의 확고한 정체성을 찾으려고 노력하고, 그 과정에서 정체성의 위기를 경험하더라도 결국에는 민주시민으로서의 정체성을 성취한 시민이 만들어지는데 기여하는 교육이 바로 민주시민교육이라는 것이다.

마르시아의 논의를 좀 더 단순화 하면 개인이 자신의 정체성과 관련하여 머무를 수 있는 상태는 네 가지로 구분 가능하다. 첫째는 정체성을 '탐색'하는 상태다. 이 상태는 개인이 자신의 정체성을 모른 채 자신의 정체성이 무엇인지를 탐구하고 찾는 상황이다. 둘째는 자신의 정체성을 '예단'한 상태다. 성급하고 섣부르게 자신의 정체성을 미리 규정한 상태로 자신의 정확한 정체성을 모르고 자신에 대한 잘못된 정체성을 지닌 상태인 것이다. 셋째는 정체성이 '혼미'한 상태로 자신의 통합된 정체성이 무엇인지 모르고 오히려 자신이 누구인지 상당히 혼란스러워하는 상태인 것이다. 넷째는 자신의 정확한 정체성을 '성취'

한 상태로 자신이 누구인지 자신의 정체성을 명확하게 찾은 단계인 것이다.

민주시민은 자신의 정체성을 민주적인 지식, 기술, 태도, 가치, 신념을 지니고 이를 체화하고 실천하는 사람으로 스스로 규정하고 있는 시민이다. 그리고 민주시민교육은 시민들이 민주시민으로서 자신의 정체성을 명확하게 '성취'하도록 돕는 교육이다. 민주주의가 나와 상관없다는 사람, 민주주의가 밥 먹여주냐며 민주주의에 냉소적인 사람, 민주주의는 전제주의보다 비효율적이라는 사람, 가부장적이고 남성중심주의적이며 권위주의인 사람, 나는 남보다 우월하기 때문에 만인의 동등성을 부정하고 자신만의 특권과 기득권을 강조하는 사람은 민주시민이 아니다. 민주시민교육은 이런 사람들을 양성하는 교육이 아니라 민주적인 정체성을 지닌 사람을 양성하는 교육인 것이다.

자신이 누구인지 정체성을 안다는 것은 나를 아는 것이고 바른 나와 좋은 나를 형성해가는 시발점이다. 또 자신이 누구인지를 안다는 것은 '자기애'의 시작이다. 자신의 정체성을 잘 파악하고 있는 사람은 자신의 소중함을 잘 알기 때문이다. 자기애를 형성하는데 자신의 정체성을 파악하는 작업이 선결과제인 것이다. 그런데 자기애를 지닌 사람만이 타인을 이해하고 사랑할 수 있다. 자기애가 없는 사람이 타인을 이해하고 사랑하기는 어렵기 때문이다. 이렇듯 자기애는 이타심의 전제조건이기도 하다. 이렇게 본다면 모든 교육의 기본은 자신의 정체성과 자기애를 찾고 그것을 바탕으로 타인을 이해하고 사랑하는 사람을 양성하는 것에 있다.

특히 민주시민교육은 너와 나 개인과 공동체의 관계 속에서 좋은 민주시민을 양성하고 그것을 통해 민주사회를 만들어가는 교육이라고 볼 때, 개인의 정체성교육과 자기애 교육 그리고 이를 바탕으로 한 이타심 교육은 민주시민교육의 첫 내용이 되어야 한다. 민주시민교육은 너와 나 개인과 공동체의 관계 속에서 개인의 정체성과 이타심을 가르치는 교육에서부터 시작해야 하는 것이다.

사람은 사회적 동물이다. 따라서 개인의 정체성은 사회적 관계망 속에서 본래적으로 단일하지 않고 중층적이다. 개인은 자기 자신이며 가족의 구성원이며 학급의 급우이며 지방의 주민이자 시민이다. 또 개인은 이외에도 국가의 국민이며 지역시민이며 세계시민이기도 하다. 이렇듯 개인은 여러 가지 정체성을 지니는데, 정체성은 개인에게 각각의 역할을 부여한다. 역할은 개인에게 주어진 자기 자신과 공동체의 기대이다. 개인은 자기 자신과 학급과 지방과 국가와 지역과 세계가 부여하는 역할이 있고 이를 수행하는 것이다. 따라서 자신의 중층적인 다중 정체성을 규정한다는 것은 자신의 역할을 먼저 파악하고 자신에게 주어진 사회적 역할을 함께 규정한다는 점을 의미한다.

기존의 반공교육이나 국민윤리교육은 우리 국민 개개인에게 반공과 국가에의 충성을 최우선적으로 요구한 교육이다. 반공교육과 국민윤리교육에서 우리 국민의 정체성은 반공주의자와 애국주의자였으며, 우리 국민의 역할은 반공과 국가에의 충성이었다. 또 기존의 일반사회교육이나 역사교육, 지리교육, 윤리교육은 한민족 구성원이자 대한민국 국민 정체성을 지닌 국민을 양산하는데 초점이 맞추어져 있었다(김국현 2014, 43; 방지원 2015, 81; 강진웅 2017, 45). 이런 교육에서 국민 개개인이 민주적인 가치와 신념과 태도를 지닌 민주시민으로서의 자신의 정체성과 역할을 찾기는 근본적으로 불가능했다.

또 지난 기간 우리 교육은 일반사회교육과 사회과교육의 틀 안에서 민족주의자 정체성을 강하게 형성해왔다. 식민지와 해방 이후 분단과 배고픔을 경험한 나라에서 민족주의와 중상주의(경제 민족주의) 정체성으로 무장한 국민을 양성하는 것은 필요한 일이다. 하지만 과도한 배타적 민족주의 교육은 좋은 교육이 아니다. 특히 우리와 더불어 이웃국가인 일본이나 중국이 함께 도입한 과도한 민족주의 교육은 한중일 간의 영토분쟁과 역사분쟁이 과열되고 치열한 군비경쟁이 벌어지는 결과를 가져왔다. 배타적 민족주의가 서로 충돌하고 경쟁 중인 동북아 지역에서 국가 간 평화건설과 협력은 쉽지 않다. 군비경쟁, 미세먼지와 해양오염, 탈북난민 등과 같은 동북아 지역 공동의 이슈를 해결하는데 있어서 과도한 민족주의 경쟁은, 한중일 간의 협력을 어렵고 하고 이들 지역 공동의 이슈를 해결하기 어려운 상황을 야기해 온 것이다. 민주시민은 과도한 국가주의와 배타적인 민족주의를 경계한다. 과도한 국가주의와 배타적 민족주의 정체성은 민주시민의 형성을 저해하고 시민의 민주적 태도와 가치와 신념을 가로막는다.

이러한 예들은 정체성교육이 왜 중요한지를 보여준다. 우리 학생들은 포스트모던 시기를 맞아 다중 정체성을 지닌 민주시민이 되어야 한다. 동북아 지역이 더 이상 국가들 간의 현실주의적인 힘의 각축장이 되어서는 곤란하다. 또 동북아 지역이 과도한 민족주의 경쟁에 빠져 환경오염과 인권문제 등과 같은 지역 공동의 이슈를 해결하지 못하고 방치하는 것은 더 이상 곤란하다. 따라서 동북아 지역에서 필요한 정체성교육은 기존의 국민 정체성교육에 더해 동북아시민 정체성교육과 세계시민 정체성교육을 추가하는 것이다. 한중일 국민들이 자신이 거주하는 지방 시민, 한중일 국민, 동북아시민, 세계시민이라는 정체성을 지닐 때, 한중일은 서로 선의의 경쟁을 하면서도 환경이나 인권, 다문화 현상과 같은 동북아 지역과 세계의 이슈를 평화적이고 협력적으로 함께 해결할 수 있기 때문이다. 그렇다면 왜 다중 정체성교육이 필요한 것일까?

Ⅱ. 다중 정체성교육

우리가 사는 시대는 모던(modern) 즉, 근대 시기에서 포스트모던(postmodern) 시기로 바뀌고 있다. 근대 시기 국제사회는 국민국가 중심의 시기였다. 하지만 지금 우리가 살고 있는 시기는 국제사회에서 국민국가의 중심성이 약화되고 있는 포스트모던 시기다. 시대가 바뀌면 교육도 바뀌어야 한다. 민주시민교육도 포스트모던 시기를 맞아 그 내용에 있어서 변화해야 하는 것이다.

근대 시기의 국제사회는 영토, 주권, 국민을 지닌 200여 개의 국민국가(nation-state)가 자국의 국익을 위해 서로 경쟁하고 협력하는 국민국가 중심의 국제사회였다. 이 시기 개별 국가의 사회과교육이나 정치교육, 민주시민교육의 목적은 일국 차원의 국민을 양성하는데 있었으며, 내셔널리즘(민족주의, 국민주의)으로 무장한 자국 국민을 양성하는데 있었다. 정치적으로는 내셔널리즘으로 무장한 애국주의자를 양성하고 경제적으로는 자국의 경제적 이익을 최우선시하는 국민을 양성하는데 사회과교육과 정치교육, 민주시민교육이 기여해온 것이다. 하지만 포스트모던 시기의 국제사회에서는 국민국가의 중심성이 약화되고 있다. 세계화와 지역주의, 지방분권자치, 다문화, 글로벌 이슈의 등장은 기존의 국민국가 중심의 국제사회에 큰 변화를 가져오고 있다. 국민국가들은 이제 포스트모던 시기를 맞아 탈영토, 탈주권, 탈국민 현상을 경험하고 있으며, 이런 새로운 현상에 맞추어 사회과교육과 정치교육, 민주시민교육의 내용을 새롭게 제조정해야 하는 상황에 직면해 있는 것이다.

포스트모던 시기의 국제사회는 크게 세 가지 점에서 근대 시기의 국제사회와 차이가 있다. 첫째, 통치체제 즉, 거버넌스의 변화와 사람들의 정체성의 변화다. 근대 국민국가 시기의 거버넌스는 '중앙정부 중심의 거버넌스'였다. 각국은 자국의 영토 안에서 중앙정부가 독점적이고 중앙집권식으로 통치하는 구조를 만들었던 것이다. 하지만 포스트모던 시기에 세계화, 지역주의, 지방분권자치가 활성화되면서 중앙정부는 더 이상 과거와 같은 독점적이고 중앙집권화 된 통치력을 행사하기 어려워졌다. 지방분권자치가 활성화되면서 중앙정부에 비해 지방정부의 영향력이 상대적으로 강화되고 있고, 지역주의가 확대·심화되면서 유럽연합(EU)과 같은 지역 거버넌스가 활성화 되고 있다. 또 지역주의와 세계화는 국민국가의 영토, 주권, 국민 개념의 변화와 약화를 가져오고 있다. 탈영토, 탈주권, 탈국민 현상이 세계화와 지역주의의 이름으로 활성화되고 있는 것이다.

예컨대, 지역주의가 확대·심화되어 온 유럽연합(EU)은 포스트모던 국제사회의 전형을 보여주고 있다. 유럽연합 역내에서 재화, 서비스, 자본, 사람의 자유이동이 가능해지면서 유럽연합 회원국들의 영토, 주권, 국민 개념은 커다란 변화를 맞이했다. 무역자유화 즉, 재화의 역내 자유이동이 이루어지면서 수출입에 대한 관세 및 비관세 장벽 등 회원국들의 전통적인 국경 관리자(gatekeeper)로서의 역할을 약화되었다. 국민국가의 탈영토 현상이 확대되고 있는 것이다. 또 금융자유화와 유로존의 등장은 금융통화정책과 금융이동에 대한 회원국 정부의 전통적인 금융통화주권을 약화시키며 금융과 통화의 탈주권 현상을 야기하고 있다. 이외에도 유럽연합 내 인구이동의 증가는 종교와 피부색과 문화와 전통이 다른 다문화 사회를 유럽연합 역내 전역에서 확산하면서 전통적인 일국 국민정체성에 변화를 야기하고 있다.

근대 국민국가 시기 즉, 유럽통합이 심화되기 전 시기의 유럽인들은 일국 국민정체성을 강하기 지니고 있었다. 영국 국민, 프랑스 국민, 독일 국민과 같이 일국 국민정체성이 강했던 것이다. 하지만 포스트모던 시기 즉 지방분권자치와 지역통합과 세계화 시대를 맞아 유럽인들의 정체성은 기존의 단일 국민정체성을 벗어나 서서히 다중 정체성으로 변화하고 있다. 이제 스코틀랜드인은 나는 '영국 국민'이라는 단일 정체성이 아니라, 나는 '스코틀랜드인이자 영국 국민이자 유럽연합시민이자 세계시민'이라는 다중 정체성을 지닌 사람으로 변화한 것이다. 세계화는 유럽연합과 같은 지역통합 움직임이 전 지구적 차원으로 확대되는 현상이다. 세계화는 근대 국민국가의 전통적인 영토, 주권, 국민 개념에 포스트모던적인 탈영토, 탈주권, 탈국민 개념이 가미되고 있는 현상인 것이다.

둘째, 국제사회 행위자의 변화다. 근대 국제사회에서는 국민국가가 중심적인 행위자였다면, 포스트모던 시기의 국제사회에서는 국민국가 이외의 다양한 행위자들이 영향력을 키우고 있다. 국민국가의 영향력은 포스트모던 시기에 들어서도 큰 틀에서는 유지되고 있지만, 이제 국제기구, 국제 NGO, 지역기구, 다국적기업, 세계적인 금융회사와 언론사 등의 커진 영향력을 고려하지 않고서는 국제사회를 제대로 이해하기 어렵다.

셋째, 국제사회 주요 이슈의 변화다. 근대 국민국가 시기에는 상위정치(high politics) 즉, 국민국가의 군사안보가 가장 중요한 이슈였지만, 포스트모던 시기에는 상위정치인 군사안보뿐 아니라 경제, 환경, 다문화, 테러, 전염병, 난민, 기아, 개발, 인권 등과 같은 하위정치(low politics) 영역도 중요한 이슈로 자리잡았다.

문제는 이러한 시대적 변화가 민주시민교육의 내용에도 변화를 요구하고 있다는 점이다. 민주시민은 이제 근대 시민이 아니라 포스트모던 시기의 시민이어야 한다. 첫째, 나는 '일국 국민'이라는 단일 정체성이 아니라, 나는 '지방시민이자 일국 국민이자 지역시민이자 세계시민'이라는 다중 정체성을 지닌 민주시민이 되어야 하는 것이다(권효숙 2003, 109, 홍원표 2011, 6). 근대 국민국가 시기의 민주시민은 일국 차원의 민주시민을 의미했다면, 포스트모던 시대의 민주시민은 일국 차원뿐 아니라 국제적인 차원에서도 민주시민이 되어야 한다. 민주시민교육이 단일 정체성이 아니라 다중 정체성을 양성해야 하는 시기가 도래한 것이다. 다중 정체성을 지닌 시민은 자신이 거주하는 여러 층위 즉, 지방, 국가, 지역, 세계의 여러 이슈에 공동의 관심을 갖고 그 문제를 해결하는데 민주적으로 사고하고 참여하는 역량을 지녀야 한다. 예컨대, 포스트모던 시기에 민주적인 다중 정체성을 지닌 사람은, 자신이 사는 지방의 분권자치에도 관심이 있으면서 자신의 나라에 대한 애국심을 지니는 동시에 환경이나 인권과 같은 글로벌 이슈에도 관심을 갖고 실천하는 시민이어야 한다[13].

13 우리 사회과 교육과정은 어떤 시민을 양성할 것인지와 관련하여 역사적으로 초점이 변해왔다. 해방과 미군정 시기 그리고 군사정부 시절을 거치면서 우리 사회과 교육과정은 반공과 애국심으로 무장한 국민 정체성을 지닌 수동적 시민을 양성하는데 초점을 맞춰왔다면, 1987년 민주화 이후 우리 사회과 교육과정은 민주시민과 통일을 지향하는 통일시민을 양성하는데 주력했다. 그리고 2007 개정 교육과정 이후에는 세계화와 다문화 시대에 걸맞은 세계시민과 다문화 시민을 양성하는데도 노력을 기울여 왔다(강진웅 2017). 하

둘째, 포스트모던 시기의 민주시민은 사고하고 참여하는데 있어서 자신이 속한 지방이나 국가에 대한 일체감과 충성심에만 매몰되지 않는다. 포스트모던 시기의 민주시민은 가치와 신념을 공유하는 국제 NGO나 국제 언론사 등의 입장에도 인식을 함께하고 정체성의 일체감과 충성심을 지닌다. 예컨대, 포스트모던 시기의 민주시민은 환경문제나 난민, 기아, 다문화 같은 글로벌 이슈와 관련하여 자신이 속한 국가에 대한 이기적인 충성심만 지닌 게 아니라, 보편적인 세계시민주의 가치를 추구하는 국제 NGO나 국제여론과도 강한 일체감과 충성심을 공유하는 시민이다.

하지만 민주시민교육은 답이 정해진 교육이 아니다. 민주시민교육은 학생들의 정체성을 국가나 교사가 일방적으로 답을 정해 놓고 강요하는 교육이 되면 안 된다. 민주시민교육은 다중 정체성을 지닌 시민을 양성하는 교육이어야 한다. 재차 강조하지만 민주시민교육은 자신의 정체성을 개인 - 가족 구성원 - 학교 구성원 - 지방 주민과 시민 - 대한민국 국민 - 동북아 지역 시민 - 세계시민이라는 중층적인 구조 속에서 파악하는 시민

지만 이러한 역사적 변화에도 불구하고 우리 사회과 교육과정이 목표로 하는 시민상이 국민 정체성을 지닌 시민에서 민주시민과 세계시민과, 다문화시민으로 완전히 질적으로 변화했다고 보기는 어렵다. 우리 사회과 교육과정이 추구하는 시민상은 아직도 국가와 민족 정체성에 강하게 경도된 시민이라는 것이 필자의 판단이다.

을 양성하는 교육이어야 하는 것이다[14].

하지만 여기서 중요한 점은 다중 정체성에 대한 오해를 해소하는 것이다. 다중 정체성을 지닌 시민은 자신의 중층적인 정체성을 모두 기계적으로 균등하게 중시하는 시민이 아니다. 다중 정체성 시민은 자기애와 이타심과 국민 정체성을 자기 정체성의 중심에 두고 자신의 나머지 다중 정체성도 함께 고려하고 실천하는 시민이어야 한다. 예컨대, 다중 정체성을 지닌 시민을 육성하면서 대한민국 국민 정체성과 국가에 대한 자발적인 애국심을 경시하거나 무시하는 시민을 만들어서는 곤란하다. 개

14 이러한 다중 정체성을 지닌 민주시민을 양성하기 위해 부산시교육청의 중학생 대상 인정교과서인 『함께 살아가는 민주시민』은 다음과 같은 목차를 지니고 있다. Ⅰ장은 나는 다중 정체성을 지닌 사람이라는 내용을 담고 있고, Ⅱ장은 민주주의와 민주시민, 민주적 생활태도를 설명하고 있다. Ⅲ장은 우리 헌법의 내용을 원리와 기본권을 중심으로 소개하고 있고, Ⅳ장은 남북통일의 필요성을 다루고 있다. Ⅴ장은 지방분권자치와 학생자치 내용을 정리하고 있고, Ⅵ장은 국제사회를 바라보는 시각인 현실주의와 자유주의를 평화학과 함께 설명하고 있다. 그리고 Ⅶ장은 다문화 사회를 살아가는 태도를 다루고 Ⅷ장은 세계시민의 자세를 탐구하고 있다(진시원 외 2021).

Ⅰ장	나와 공동체는 함께해요.
Ⅱ장	나는 민주주의를 실천해요.
Ⅲ장	나는 헌법의 주인이에요.
Ⅳ장	남과 북이 함께 번영해요.
Ⅴ장	우리 일은 우리가 결정해요.
Ⅵ장	국제사회의 평화, 나로부터 시작해요.
Ⅶ장	행복한 다문화 사회, 우리 함께 만들어요.
Ⅷ장	나는 세계시민이에요.

인에게 국가는 단순히 태어난 곳이 아니라 다른 구성원들과 정치적 이상을 공유하고 개인과 인류를 이어주는 매개체다(장문석 2017, 259). 애국심의 중요성에 대한 주세페 마치니(Giuseppe Mazzini)의 주장은 인용할 만 하다(모리치오 비롤리 2006, 12-13에서 재인용).

> 마치니에 따르면 인류 전체라는 대의를 위하여 애국을 포기해야 할 필요는 없다. 오히려 반대로 그러한 대의를 위해서는 자신들의 나라를 먼저 건설하는 것이 효과적이다. 개인 자격으로 우리나라에 속하지 않은 사람들을 도와줄 수 있는 게 거의 없기 때문이다. 개인으로서는 잘 해봐야 좋은 이웃으로서 동정의 표시나 선의를 베푸는 일밖에는 할 수 없으며, 어떤 공동의 작업에서 힘을 모을 수 없다. 그래서 개인과 인류 전체 사이에는 어떤 매개체가 필요하다. 바로 나라들과 그 속에 건설된 자유공화국인 조국들이 그 매개체이다... 우리는 그래서 자유공화국인 조국에서 우리의 과업을 시작해야 한다. 우리는 우리나라를 먼저 돕지 않고서는 인류 전체에 봉사하는 것을 꿈조차 꿀 수 없기 때문이다.

더욱이 현재의 국제사회가 포스트모던 시대에 들어선 것은 사실이지만 아직까지 국제사회의 핵심 행위자는 국민국가들이다. 국가 간의 경쟁과 대결은 포스트모던 시대에서 지속되고 있는 것이다. 따라서 일본이 근거 없이 주장하는 독도 영유권문제를 무조건 평화지향적인 세계시민 관점에서 해결하자고 일방적으로 가르치는 것은 민주시민교육이 아니다. 대한민국 국민의 입장에서 일본의 역사와 영토 왜곡에 대응하는 국민을 만드는 것도 민주시민교육의 목표이자 일환이 되어야 한다. 이렇듯 민주시민교육은 기본적으로 다중 정체성을 추구하지만 다중 정체성의 핵심은 자기애와 이타심과 국민 정체성이라는 점을 명확히 하는 교육이어야 한다.

Ⅲ. 인권교육

인권은 인간이면 누구나 천부적으로 지니고 향유할 수 있는 보편적 권리를 말한다(이준일 외 2017, 13). 그런데 여기서 중요한 것은 바로 '권리' 개념이다(마이클 프리먼 2005, 92-93). 인권은 도덕적 의무나 자비심의 대상이 아니라 개인의 권리다. 권리는 무엇을 누릴 정당한 자격이 있다는 점을 의미하는 것으로 도덕적 의무나 자비심과는 다르다. 예컨대, A라는 사람이 B에 대한 권리를 지니는데 그 권리를 누리지 못하고 있다면, 그 상황은 옳지 않은 상황이면서 A에게는 나쁜 상황이다. 이 경우 A는 B에 대한 자신의 권리를 정당하게 요구할 특별한 자격이 생긴다. 이 점이 바로 권리 개념이 지닌 뛰어난 가치다.

인권교육은 일반적으로 인권을 가르치고 배워, 인간의 존엄성 실현을 공동체와 공동체 구성원들의 핵심 운영원리이자 상호작용의 규범적 근거로 작동할 수 있게 만드는 교육을 의미한다. 하지만 여기서 중요한 것은 바로 권리 개념이다. 따라서 인권교육은 인간의 존엄성을 강조하는 교육이기도 해야 하지만, 인간으로서 지니는 당연한 권리를 누리지 못할 경우 그 권리에 대한 정당한 요구를 할 수 있는 주체적 인간을 만드는 교육이기도 해야 한다.

1948년 국제연합(UN)이 선포한 세계인권선언(Universal Declaration of Human Rights)의 제1조는 다음과 같이 쓰고 있다. "만인은 자유롭고 존엄과 권리에 있어서 동등하게 태어났다. 또 만인은 이성과 양심을 지닌 존재로 형제애로 서로를 대해야 한다." "All humans beings are born free and equal in dignity and rights. They are endowed with reason and conscience and should act towards one another in a spirit of brotherhood." 이 말은 모든 사람은 자연권이자 천부권인 인권을 똑같이 지니고 있기 때문에 서로 동등하게 소중하고, 따라서 만인은 서로를 동등하게 대해야 한다는 점을 의미한다.

그런데 만인이 동등하게 소중하다는 것은 인권교육 측면에서 두 가지 태도를 의미한다. 첫째는 모든 사람이 타인을 대할 때 서로 이해하고 존중하고 배려하고, 그래도 차이가 있을 때는 서로 대화하고 설득하고 토론하여 합의하거나 절충하는 태도다. 둘째는 합의나 절충이 어려울 경우, 다수의 전제를 막아내고 소수를 먼저 보호하면서 최후의 수단으로 다수결에 의존하는 태도다.

그런데 이러한 두 가지 태도는 다름 아닌 민주시민의 태도다. 생활태도로서의 민주주의인 것이다. 민주주의는 정부형태로서의 민주주의와 정치 이데올로기로서의 민주주의 그리고 생활태도로서의 민주주의로 구분할 수 있는데, 인권교육은 민주적 생활태도를 키우는 교육인 것이다. 모든 사람이 동등하다는 것은 지위, 재산, 남녀, 연령, 인종, 지역, 종교, 언어, 학력, 이데올로기 등의 차이를 떠나 모두가 동등하게 소중한 인권을 지닌 사람들이라는 점을 의미한다. 동등하게 소중한 사람들끼리 무시하고 경시하고 차별할 수는 없다. 또 동등하게 소중한 사람들은 서로 대화하고 설득하고 토론하고 절충하고 합의하고, 이게 안 될 경우 마지막으로 다수결로 차이를 조정할 수밖에 없다. 결국 민주시민의 태도는 이해, 존중, 배려, 대화, 설득, 토론, 합의, 절충, 소수자를 보호하고 다수의 전제를 거부하는 다수결 등을 의미한다.

이러한 인권교육은 민주시민교육, 다문화교육, 국제이해교육, 세계시민교육, 평화교육의 이론적 기초로 작용한다. 민주시민교육과 다문화교육, 국제이해교육, 세계시민교육, 평화교육은 결국 서로 다양한 차이를 지닌 개인, 집단, 국가들이 모든 차이를 떠나 모두 동등하게 소중하다는 인식을 지니고 서로 이해하고 존중하고 배려하고 대화하고 설득하고 토론하고 합의하고 절충하고 그래도 차이가 조정이 안 되면 소수자 보호를 우선하고 다수의 전제를 거부하는 다수결로 최종결정을 내리는 교육에 다름 아니기 때문이다.

이렇듯 민주시민교육의 시작은 인권교육에서 시작해야 한다. 인권교육의 내용은 인권이 무엇인지를 가르치는 '지식' 중심의 교육과 동등하게 소중한 인권을 지닌 사람들 간의 이해, 존중, 배려, 대화, 설득, 토론, 합의, 절충, 소수자를 보호를 우선하고 다수의 전제를 거부하는 다수결과 관련된 기술과 태도, 가치와 신념 중심의 교육으로 나누어 볼 수 있다.

먼저 '지식'으로서의 인권교육은 인권은 인간이 인간답게 살 권리이며, 서양에서는 자연이나 하늘로부터 받는 천부권이라는 자연권 사상에서 연원하고 사회계약론으로 더욱 발전해온 개념이라는 점, 그리고 우리나라에서는 홍익인간(널리 인간을 이롭게 한다)과 인내천(사람이 곧 하늘) 사상이 인권 사상의 핵심을 이룬다는 점을 가르친다. 여기서 자연권(natural rights)은 인간이 태어날 때부터 인위적인 아닌 자연적으로 가지는 천부적인 권리로서, 인간이기 때문에 시대와 장소를 불문하고 항상 누릴 수 있는 보편적이고 항구적인 권리라는 점을 학생들에게 이해시키는 것이 중요하다.

또 '지식'으로서의 인권교육은 인권은 이론적으로는 자연권이지만 현실적으로는 자연적으로 주어진 것이 아니라 실정법에 의해서 보장되어야 하며, 인권이 실정법 중 최고법인 헌법에 보장된 것이 바로 기본권이라는 점을 강조해야 한다. 기본권은 헌법이 보장하는 국민의 기본적인 권리로서 자유권, 평등권, 참정권, 청구권, 사회권 등이 있다는 점을 가르치는 것도 중요하다.

'지식'으로서의 인권교육에는 기본권 설명 이외에도 프랑스 법학자 바자크(Carel Vasak)의 분류도 소개하는 것이 필요하다. 바자크는 프랑스 혁명의 3대 이념인 자유, 평등, 박애(형제애)를 기준으로 인권을 세 가지 세대로 구분했다(이미식 2015, 342). 제1세대 인권은 시민적·정치적 권리(civil and political rights), 제2세대 인권은 경제적·사회적·문화적 권리(economic, social and cultural rights), 제3세대 인권은 연대권(solidarity rights)이다.

제1세대 인권은 자유권(생명권, 언론, 출판, 집회, 결사의 자유, 종교의 자유, 사유재산권), 참정권, 재판권(신속하고 공정한 재판을 받을 권리), 고문 받지 않을 권리 등을 포괄하며, 제2세대 인권은 국가에 대한 개인의 생활보장 요구와 사회권적 기본권을 포함한다. 그리고 제3세대 인권인 연대권은 국제사회의 박애와 관련된 권리로 발전의 권리(경제성장과 세계무역 등으로부터 혜택을 받을 권리), 식량에 대한 권리, 평화적 생존권, 환경권(맑은 공기와 깨끗한 물 등의 환경을 누릴 권리), 인류문화유산을 향유할 권리, 인도적 조력을 받을 권리 등을 의미한다. 연대권은 일국 차원에서 실현하기 어렵고 국제사회의 협력이 필요하기 때문에 연대의 권리라고 지칭한다.

특히, 제3세대 인권은 국제사회의 정의실현을 추구하는 권리로 모든 인류의 인간다운 생활을 보장하기 위한 인권이다.

이러한 목표를 이루기 위해 제3세대 인권은 초국가적 접근과 국제사회의 공조가 필요하며, 제3세대 인권 개념은 지금도 계속 그 내용이 확대 중이라는 점을 학생들에게 설명하는 게 필요하다. 제3세대 인권은 포스트모던 시대에 당면한 글로벌 이슈를 해결하기 위한 인권 개념이라는 점을 강조하여 가르치는 것이 중요하다. 예컨대, 전지구가 당면한 글로벌 이슈인 빈곤, 저발전, 실업, 차별, 산모건강, 질병, 환경파괴 이상기후 등과 같은 구조적 폭력 영역에서 인권을 보호하고 신장하기 위한 권리가 바로 연대권인 것이다.

인권에 대한 '기술, 태도, 가치, 신념' 중심의 교육은 다름 아닌 민주적 생활태도를 가르치는 교육이다. 동등하게 소중한 사람들끼리 차이를 조정하는 방법은 갈등과 충돌, 폭력과 전쟁이 아니라 상호 이해, 존중, 배려, 대화, 설득, 토론, 합의, 절충 그리고 소수자를 보호하고 다수의 전제를 거부하는 다수결이라는 점을 학생들이 충분히 인지하게 만드는 것이 중요하다. 민주시민은 타인의 인권을 나의 인권과 동등하게 소중히 여기고, 상호 이해와 존중, 배려, 대화, 설득, 토론, 합의, 절충 그리고 소수자를 보호하고 다수의 전제를 거부하는 다수결을 자신의 기술과 태도, 가치와 신념으로 삼고 체화하여 이를 잘 실천하는 사람이다. 민주시민교육은 이와 같은 민주시민을 양성하는 교육인 것이다.

Ⅳ. 인성교육

민주시민교육에서 왜 인성교육이 필요하냐는 질문이 나올 수 있다. 하지만 인성교육은 정체성교육, 인권교육과 더불어 민주시민교육의 또 다른 기초가 되어야 하는 교육이다. 인권교육과 인성교육은 다르다. '인권'은 서양에서 민주주의 사상과 함께 발전해온 개념으로 인간이면 누구나 지니는 권리이지만, '인성'은 사람의 본성과 사람 됨됨이를 다루는 개념이다. 또 인성교육은 인간을 인간답게 만드는 교육으로 동양의 전통적인 유교적 맥락에서 추구해온 교육이다. 민주시민교육에서 왜 인권교육이 필요한지는 이미 살펴보았다. 하지만 인권교육을 제대로 받는다 해도 인성이 좋지 않으면 인권교육이 성공할 수 없다. 인성이 안 좋으면 인권교육뿐 아니라 민주시민교육도 목표한 바를 달성하기 어렵다. 이러한 이유로 인해 민주시민교육에서 인성교육이 하나의 기초교육으로 중요한 것이다.

서양에서는 인권교육을 제대로 받는 것이 민주시민교육의 핵심적인 기초가 되겠지만, 그것만으로 만족스럽고 충분한 것은 아니다. 민주시민교육에서 인권교육은 인성교육으로 보완되어야 한다. 인권의 소중함을 가르치고 너와 내가 모두 동등한 인권의 소유자이기 때문에 서로 이해하고 존중하고 배려하고, 대화하고 토론하고 타협하고 절충하고 합의하고, 그래도 서로의 차이가 조정이 안 될 경우 다수결로 차이를 해결해야 한다는 인권교육과 민주적 생활태도를 가르치는 것은 중요하다. 하지만 이것만으로는 부족하다. 인권 이외에도 사람으로서 추구해야 하는 가치와 신념은 다양하고, 동양에서도 서양의 인권교육이나 민주적 생활태도와 유사한 내용이 존재한다. 동아시아에 위치한 국가이자 동양의 유교문화에 전통적으로 영향을 받아온 국가로서, 동서양을 아우르는 측면에서 인권교육과 인성교육을 민주시민교육의 기초교육으로 함께 가르치는 것이 우리 교육에 필요한 것이다.

인성(人性)은 문자 그대로 '사람의 성질'을 의미한다. 하지만 유교에서 말하는 성(性) 개념은 단순한 '성질'을 의미하는 것이 아니다. 유교에서 말하는 성은 인간이 타고나면서 본래적으로 하늘로부터 부여 받은 속성, 즉 본성(本性)이나 천성(天性)을 의미한다.

유교는 인간의 타고난 속성을 두 가지로 본다. 하나는 생리적인 성이고 다른 하나는 윤리적인 성이다(신창호 2012, 75). 생리적인 성은 고단함보다 편함을 찾고 춥고 배고픈 것보다 따뜻하고 배부른 것을 추구하는 사람의 본성을 의미하는 반면, 윤리적 성은 도덕적 삶과 연관된 사람의 본성을 의미한다. 사람은 동물과 다르게 생리적인 본성만 있는 것이 아니라 윤리적인 본성도 지니고 있다는 것이다. 그런데 생리적인 본성을 강조하면 사람은 선해 보이기 어렵다. 사람의 욕구는 제한적이지 않은데 그 욕구를 충족시켜줄 자원과 자리는 한계가 있기 때문에 사람들은 서로 경쟁하고 싸우기 마련이기 때문이다. 하지만 반대로 윤리적인 본성을 강조하면 사람은 선한 존재로 보이기 쉽다. 윤리적인 사람은 도(道)를 알고 도를 실천하는 사람이다. 유교에서 도(道)는 사물의 당연한 이치이자 진리의 근원이며 인간이 당연히 추구해야 할 지향적 목표 등 다양한 의미를 지니지만, 윤리적인 성과 관련된 도(道)는 인간이 인간답기 위해서 당연히 실천해야 해야 할 최상의 선(善)을 의미한다(성균관대학교유학과 교재편찬위원회 1986, 64). 이러한 인간의 생리적이고 윤리적인 성(性)에 대한 유교의 주장은 결국 성선설(性善說)과 성악설(性惡說)로 귀결되었다(성균관대학교유학과 교재출간위원회 1986, 121; 강성률 2009, 35).

하지만 좀 더 정확히 말하면 유교의 인간 본성에 대한 주장은 성선설과 성악설이 아니라 선단설(善端說)과 악단설(惡端說)로 구분해야 한다(신창호 2012, 85). 여기서 말하는 단(端)은 실마리나 단서 혹은 가능성을 뜻한다. 맹자나 순자는 사람의 본성이 선하거나 악하다고 단정해서 말한 것이 아니다. 사람의 본성에는 선할 수 있는 실마리도 있고 악할 수 있는 실마리도 있는데, 맹자와 순자의 차이는 그 선과 악의 실마리 중에서 누가 어느 쪽 가능성을 더 강조했느냐의 차이였다. 이런 차원에서 맹자는 인간으로서 지니고 추구해야 할 도덕적 삶을 강조하면서 선단설을 강조했다면, 순자는 인간의 자연적인 타고난 생리적 본성을 강조하면서 악단설을 강조한 것이다.

여기서 중요한 것은 유교적 인성교육의 핵심내용은 맹자의 선단설에 기초해야 한다는 것이다. 순자의 악단설에 기초하면 사람은 언제든지 악(惡)으로 빠질 수 있는 생리적인 본성을 지닌 존재이기 때문에 예(禮)나 법(法)으로 순치하고 교화해야 한다(신창호 2012, 89). 하지만 인성교육은 예나 법을 통한 순치와 교화만을 의미하지 않는다는 점에서 순자의 악단설에 기초하여 인성교육을 실시하기는 어렵다. 반면에 맹자는 인간의 천성에는 본래적으로 선한 속성이 있기 때문에, 그 타고난 선함을 잘 길러 실천하게 만드는 수양(修養)이 중요하다고 보았다. 타고난 선함을 교육을 통해 배우고 익혀 잘 발현시켜야 한다고 본 것이다. 이러한 맹자의 주장은 우리 시대의 인성교육이 지향해야 할 방향을 보여준다. 맹자가 사람의 천성이 선하다고 주장한 근거는 인의예지(仁義禮智)의 네 가지 단서(四端)인 측은지심(惻隱之心), 수오지심(羞惡之心), 사양지심(辭讓之心), 시비지심(是非之心)이다(최진기 2012, 342; 윤홍식 2018, 23).

결국 민주시민교육의 기초교육으로서 유교적 인성교육의 핵심은 유교에서 말하는 좋은 인성의 내용인 인의예지신(仁義禮智信)과 충서(忠恕), 성경(誠敬) 같은 가치를 학생들이 배우고 익히고 실천하는 데 있다. 동양의 유교에서 추구하는 학문과 교육의 목표는 '사람다운 사람'과 '인간다운 사람'을 양성하는 데 있고, 이를 위해 인의예지신, 충서, 성경 등의 가치와 덕(道)을 배우고 익히는 데 있는 것이다.

덕은 사회적 동물인 인간이 다른 사람들과 여러 관계를 형성하면서 요청되는 당위(當爲)를 의미한다. 덕은 인간으로서 '당연히 해야 하는 것'을 의미하는 것인데, 인간이 인간답기 위해서 '당연히 해야 하는 것'은 '좋은 것'이자 '옳은 것'으로 이해할 수 있다. 그리고 그것은 다름 아닌 인의예지신과 충서, 성경과 같은 가치와 덕들이다. 인자하고 정의롭고 예의가 있고 지혜롭고 신의가 있는 사람은 좋은 개인과 좋은 공동체를 만들기 위한 필요조건인 것이다.

특히 공자에 의하면 덕 중에서 가장 중요하고 나머지 모든 덕을 포괄하는 덕은 다름 아닌 인(仁)이다. 인은 사람(人)이 둘(二)이 있다는 것을 형상화한 문자로 기본적으로 사람 사이의 관계를 설정하는 의미를 지닌 문자다. 『중용(中庸)』에서는 인(仁)을 사람(人)이라고 했다(仁者人也). 그런데 여기서 말하는 사람은 그냥 사람이 아니라 인간다운 사람, 사람다운 사람을 의미한다. 인갑답지 않고 사람이 아니라는 말을 듣는 사람은 옳지 않은 사고와 나쁜 행동을 하는 사람이다. 결국 인은 '어짊'과 '사랑'과 '인간다움'을 의미한다. 인자(仁者)는 어진 사람, 남을 사랑하는 사람, 그리고 인간다운 사람을 의미하는 것이다(김교빈·이현구 1998, 35; 김경일 2004, 66).

공자의 인 개념을 물려받은 맹자는 양자(楊子)의 극단적인 개인주의와 묵자(墨子)의 극단적인 박애주의를 극복하기 위해서 인(仁)과 더불어 의(義)를 중시하였다(최상용 2009, 26). 의는 이(利)와 대비되는 개념으로 사람과 공동체가 마땅히 가야하는 길을 의미한다. 사람과 공동체가 이익만을 쫓다보면 사람과 공동체는 사람 살만한 곳이 되기 어렵기 때문에 정의로운 길을 가는 것이 중요하다는 것이다. 따라서 『맹자』 이루편(離婁篇)에서 "인은 사람이 편히 사는 집(人之安宅)이고, 의는 사람의 바른 길(人之正路)"이라고 주장했다(이민수 1994, 105).

이렇듯 민주시민교육에서 말하는 민주시민은 공자와 맹자의 유교적 맥락에서 바라보면 다름 아닌 인자(仁者)이자 의자(義者)를 의미한다. 민주사회에서 민주시민은 인의예지신을 사람이 걸어가야 하는 길(道)로 알고 그 길을 따르는 사람이며, 이 중에서 특히, 어진 사람, 타인을 사랑하는 사람, 인간다운 사람, 그리고 의로운 사람인 것이다. 유교적 시각에서 바라보면 민주시민교육은 다름 아닌 인의예지신, 충서, 성경이라는 가치와 덕을 배우고 익히고, 측은지심, 수오지심, 사양지심, 시비지심과 같은 태도를 체화하고 실천하는 시민을 양성하는 교육인 것이다.

측은지심은 곤경이나 어려움에 처한 사람을 측은하게 여기고 당연히 도와주는 심성으로 인(仁)과 연계된다. 천부인권 사상에서 바라보면 즉, 이론적으로 바라보면 만인은 모두가 동등하게 소중한 존재이지만, 실질적으로 모든 사람들이 사회 속에서 동등하지는 못하다. 우리가 사는 사회에는 사회경제적인 약자나 정신적인 약자 그리고 신체적인 약자와 같이 실질적으로는 동등하지 못한 대우를 받는 사람들이 존재한다. 민주시민은 이들과 같이 실질적으로 동등하지 못한 대우를 받는 사람들에 대한 배려와 도움을 기꺼이 마음으로부터 제공하는 시민이다. 민주시민교육은 상대방의 입장을 역지사지의 입장에서 배려하고 이해하는 측은지심의 태도를 지니고 인(仁)의 가치를 추구하고 실천하는 시민을 양성하는 교육인 것이다.

또 민주시민은 자신의 잘못을 부끄러워하고 남의 잘못을 미워하는 마음 즉, 수오지심의 태도를 지니는 사람이다. 자기 스스로 성찰할 줄 알고 부끄러움을 느끼고, 정의롭지 못한 사람을 미워하는 시민이 민주시민인 것이다. 스스로 성찰하여 떳떳하지 못한 사람은 의(義)를 추구하기 어렵다. 의로운 사람은 먼저 스스로 떳떳한 사람이어야 한다. 스스로 떳떳하지 못한 사람이 사회 정의를 외친다면 그것은 공허하고 거짓이다. 그리고 거짓 정의를 외치는 사람은 결국에는 공동체에 해악을 끼친다. 부정부패로 물든 사람이 정치를 하고 경제를 운영하는 경우 사회의 정의로움은 무너지고 공동체는 공공선을 상실하고 표류하게 되기 때문이다.

이외에도 민주시민은 사양지심, 즉 겸손하고 양보하는 마음을 지닌 시민이다. 나도 중요하지만 타인도 동등하게 중시하는 마음은 겸손과 양보를 필요로 한다. 그리고 동등하게 소중한 시민들 간에 서로 자신의 우선성을 강조할 경우 공동체 공동의 일은 원만하게 해결되기 어렵다. 사람들은 모두가 동등하게 소중하기 때문에 서로 겸손하고 사양하는 마음이 필요한 것이다. 그래서 예(禮)를 갖추어 타인에게 겸손하고 먼저 양보하는 마음을 지닌 시민이 바로 민주시민인 것이다. 사양지심은 동등하게 소중한 시민들 간에 사익을 우선시하여 싸우지 않고 서로 양보하고 배려하고 존중하는 민주적 생활태도를 의미한다.

민주시민은 또 시비지심을 지닌 지혜로운(智) 시민이다. 민주시민은 공동체의 주요 쟁점으로 떠오른 문제에 대해서 무엇이 옳고 바른 일인지를 잘 판단하고 선택하는 지혜로운 시민인 것이다. 예의를 알고 지혜로운 시민은 서로의 차이를 갈등이나 충돌로 내몰지 않고 서로 양보하고 배려하고 존중하고 대화하고 토론하고 합의하고 절충하는 민주적 생활태도를 지닌 시민인 것이다.

충(忠)과 恕(서) 개념 역시 민주적 생활태도와 깊은 연계성을 지닌다. 충은 가운데 중(中)에 마음 심(心)이 붙은 글자로, 마음 속에 중심이 하나인 상태, 즉 마음에 흔들림이 없는 상태를 의미한다(김교빈·이현구 1998, 40). 충과 반대되는 개념은 환(患)으로, 이는 마음속에 두 개의 중심이 있는 상태를 의미한다(김교빈·이현구 1998, 40). 마음에 중심이 두 개면 마음이 항상 흔들리고 불안하고 근심스러운 상태에 머물게 된다. 유교에서 충 개념은 인의예지신이라는 덕과 가치를 마음의 흔들림이 없이 일관되게 실천하여 실현하는데 활용하는 방법론적 태도다. 예컨대, 민주시민은 자신과 공동체를 두 개가 아닌 하나로 이해하고 이를 실천하는 시민이다. 자신과 공동체에 대한 애정을 함께 지닌 시민은 이와 같은 충(忠) 개념을 지닌 시민인 것이다. 반면, 자신과 공동체를 별개의 둘로 이해하는 순간 개인과 공동체는 분리되어 갈등하는 관계를 형성한다. 환(患)의 상태가 되는 것이다. 민주시민은 개인주의에 치우치지 않고 과도한 공동체주의에도 치우치지 않으면서, 자신의 마음가짐을 흔들림 없이 일관되게 지니고 자신과 공동체를 하나로 보는 마음(忠)을 지닌 사람인 것이다.

서(恕)는 같을 여(如)와 마음 심(心)이 붙은 글자다. 나와 남의 마음을 같게 한다는 뜻으로, 역지사지의 마음으로 남을 나와 같이 이해하고 배려하고 존중하고 공감한다는 의미인 것이다. 민주시민은 서로 이해하고 배려하고 존중하는 민주적 생활태도를 지닌 사람이다. 서(恕) 개념을 체화하고 실천하는 시민이 바로 민주시민인 것이다.

하지만 우리 사회와 교육계가 현재 추진 중인 인성교육은 지금까지 살펴 본 유교적 인성교육만을 의미하는 것이 아니다. 유교에서의 인성은 지금까지 살펴본 것처럼 선천적인 것이지 후천적으로 만들어지는 것은 아니다(성균관대학교유학과 교재 편찬위원회 1986, 85). 하지만 인성은 유교에서 주장하듯 인간이 선천적으로 타고난 천성이나 본성만을 의미하지 않는다. 오히려 현재 우리 사회와 교육계가 추진 중인 인성교육에서 바라보는 인성 개념은 타고난 천성뿐 아니라 교육을 통해 후천적으로 습득되는 개인의 성향도 포함한다. 즉, 현재적 의미의 인성교육은 타고난 선천적인 인성뿐 아니라 교육을 통해 만들어진 후천적인 인성을 모두 교육의 대상으로 포괄하는 것이다(국회 인성함양자문위원회 2016, 6). 따라서 현재적 의미의 인성교육은 개인이 선천적으로 타고난 좋은 성품을 수양하고 개발하는 교육이기도 하고, 개인이 학교교육이나 평생교육을 통해 후천적으로 배우고 체화하는 좋은 성품을 개발하는 교육이기도 하다.

지난 2015년 공포된 인성교육진흥법은 인성교육의 중요성을 고려하여 제정되었지만, 학생들의 인성교육이 제대로 실현되고 있는 상황은 아니다. 민주시민교육의 틀 안에서 인성교육을 강화하는 노력이 필요한 것이다. 민주시민교육에 인성교육이 포함되면 일반사회교육뿐 아니라 윤리교육도 민주시민교육에 참여하고 기여할 수 있게 된다.

그런데 인성교육이 민주시민교육의 기초교육이 되어야 한다는 주장은 인성이 무엇인지 살펴보는 작업을 먼저 필요로 한다. 인성은 '개인적 인성'과 '공동체적 인성' 그리고 개인과 공동체를 이어주는 '교량적 인성'으로 구분할 수 있다. 민주시민교육의 기초교육으로서의 인성교육은 학생들이 '개인적 인성'과 '공동체적 인성' 그리고 '교량적 인성'을 모두 균등하게 배우고 익히고 실천하게 만드는 교육이어야 한다.

인성 = 개인적 인성 + 교량적 인성 + 공동체적 인성

개인적 인성	- 자기애, 이타심, 선함, 근면, 성찰, 책임감 등 - 인의예지신, 충서, 성경 등
교량적 인성	- 서로에 대한 이해, 존중, 배려, 관용, 공감, 대화, 토론, 소통, 설득, 합의, 타협, 절충 등
공동체적 인성	- 공동체 공동의 일에 대한 관심과 참여, 공공선과 공익 추구, 봉사, 의무, 협력, 정의롭지 못한 일에 대한 비판과 분노와 저항과 개선 등

'개인적 인성'은 자기애, 이타심, 선함, 근면, 성찰, 책임감 등과 같은 태도를 의미한다. 그리고 개인적 인성은 이외에도 인의예지신과 충서 그리고 성(誠, 성실하고 참되고 진실됨)과 경(敬, 경건하고 공경하고 겸손함)을 모두 포함한다. 반면, '공동체적 인성'은 공동체 공동의 일에 대한 관심과 참여, 공공선과 공익 추구, 봉사, 의무, 협력, 정의롭지 못한 일에 대한 비판과 분노와 저항과 개선 등의 태도를 포함한다. 그리고 개인과 공동체를 이어주는 '교량적 인성'은 상대방에 대한 이해, 존중, 배려, 관용, 공감, 대화, 토론, 소통, 설득, 합의, 타협, 절충 등의 태도를 지칭한다. 이러한 개인적 인성과 공동체적 인성 그리고 교량적 인성을 모두 포괄하여 교육시키는 것이 바로 인성교육이고 시민교육이고 민주시민교육인 것이다.

이러한 인성에 대한 필자의 구분은 영국과 미국 그리고 우리 한국교육개발원이 제시한 민주시민의 자질과 유사하다(전선일 2009, 25-26). 영국 시민교육위원회가 제시한 민주시민의 자질은 토론, 참여, 책임감, 협동과 팀워크, 옳지 않은 일에 저항감, 타인을 잘 대표하는 것, 자신의 입장을 잘 표현하는 것 등이다. 그리고 미국 사회과교육학과가 제시한 민주시민의 자질은 참여, 민주적 지식, 민주적 가치에 대한 헌신 등이고 미국 시민교육센터가 제시한 민주시민의 자질은 시민성, 책임감, 자율, 타협, 다양성에 대한 관용, 국가에 대한 충성, 헌법에의 헌신 등이다.

반면 한국교육개발원이 제시한 민주시민의 자질은 인권 존중, 자유와 평등 추구, 충성, 공공질서 준수, 차이 존중, 근면, 절제, 참여, 대화를 통한 갈등해결, 비판적이고 개방적인 태도, 합의 등이다.

그런데 서양의 민주시민교육과 우리의 기존의 민주시민교육은 인성과 민주시민의 자질을 다루는데 있어서 개인적 인성과 자질, 공동체적 인성과 자질, 개인들을 이어주는 교량적 인성과 자질에 대한 구분이 부재하다. 더욱이 서양의 민주시민교육과 기존의 우리 민주시민교육은 '개인적 인성' 특히 자기애, 이타심, 선함, 근면, 성찰, 인의예지신, 충서, 성경 등에 대한 교육에 상당히 취약했다. 민주시민교육에서 개인적 인성 즉 개인의 인간다움과 사람다움의 중요성을 경시하거나 무시한 것이고, 개인적 인성을 육성하는 노력 또한 경시하고 게을리 한 것이다. 그런데 문제는 '개인적 인성'이 확보되지 않으면 '공동체적 인성'과 '교량적 인성'을 지니기가 쉽지 않다는 점이다. 바로 이 지점에서 민주시민교육의 인성교육 필요성이 부각되는 것이다.

민주시민교육은 민주시민을 양성하는 교육이고, 민주시민으로서 지녀야 할 지식, 기술, 태도, 가치, 신념을 체화하여 실천하게 만드는 교육이다. 또 민주시민교육은 국민을 명백한 주권자의 소지자이자 주권의 실질적인 행사자로 만드는 교육이다. 한마디로 민주시민교육은 개개 시민을 자기 자신과 자신이 소속된 공동체의 진정한 주인이 되게 만드는 교육인 것이다. 인성교육은 이러한 민주시민교육에 중요한 기초교육이 될 수 있고 반드시 그렇게 되어야 한다. 인성교육의 시각에서 바라보면, 민주시민교육은 인성의 중요성을 알고 인의예지신과 충서, 성경이라는 가치와 덕과 태도를 배우고 익히고 실천하는 시민을 기르는 교육이다. 그리고 민주시민교육은 수신제가치국평천하(修身齊家治國平天下)를 실현하는 교육이기도 하다. 먼저 자기 자신을 스스로 갈고 닦고 나서 가정과 국가와 세계 공동체의 공동의 일에 적극적으로 참여하고 주도하는 시민을 양성하는 교육이 것이다.

인격적으로 완성되지 못한 사람이 공동체 공동의 일을 맡고 나서는 것은 공동체를 혼란과 불안정으로 이끈다. 공동체에의 공민(公民)이 되기 전에 스스로 성숙한 인격체를 만드는 교육이 우선시되어야 한다는 점에서 인성교육은 민주시민교육의 기초교육으로 반드시 필요하다. 개인의 권리 중심의 인권교육만으로는 좋은 시민과 민주시민을 만드는데 한계가 있다. 좋은 시민과 민주시민은 공동체 공동의 일에 적극 참여하는 것도 중요하지만, 개인 스스로에 대한 성찰과 내적 성숙을 필요로 하기도 한다. 민주시민교육의 성과 측면에서도 인성교육이 필요한 것이다. 이러한 이유로 인성교육은 민주시민교육에 포함되어야 한다. 더욱이 인성교육이 민주시민교육에 포함되는 것은 한국적 맥락에서 민주시민교육을 재구성하는 효과도 가져올 수 있다. 민주시민교육이 인권과 민주주의 등 서양에서 발전된 개념과 내용만을 가르치는 상황을 한국적 맥락에서 보완될 필요가 있는 것이다.

참고문헌

강성률. 2009.『청소년을 위한 동양철학사』. 서울: 평단.

강진웅. 2017. "중등 사회 교육과정과 국가 정체성교육의 변천사."『사회과교육』제56권 1호.

고미숙. 2003. "정체성교육의 새로운 접근: 서사적 정체성교육."『한국교육』제30권 1호.

국회 인성함양자문위원회. 2016.『인성보감』, 서울: 메디치.

권효숙. 2003. "세계화 시대의 정체성과 사회과 인류학교육."『사회과교육』제42권 3호.

김경일. 2004.『사서삼경을 읽다』. 서울: 바다출판사.

김교빈·이현구 1998.『동양철학 에세이』. 서울: 동녘.

김국현. 2014. "도덕과 국가정체성 교육의 시대별 내용분석과 교육과제."『도덕윤리과교육』제44호.

김동기. 2011. "Marcia의 청소년 자아정체성 발달 모형에 따른 가톨릭 청년의 종교적 자아 정체성과 종교성 관계 연구."『종교교육학연구』제37권.

김인옥. 2008. "학교교육 현장에서 학생들의 반응을 통해서 본 정체성교육의 실제."『한국교육학연구』제12권 1호.

마이클 프리먼 저. 김철효 역.『인권: 이론과 실천』. 서울: 아르케.

모리치오 비롤리 저. 김경희·김동규 역. 2006.『공화주의』, 경기도 고양시: 인간사랑.

방지원. 2015. “국민적 정체성 형성을 위한 교육과정에서 주체적 민주시민을 기르는 교육으로: 향후 역사교육과정 연구의 진로모색.” 『역사교육연구』 통권 22호.

사카가미 노부오·이진원·고선규·중앙선거관리위원회 선거연수원. 2006. 『현대사회와 정치교육』. 서울: 대한인쇄사.

성균관대학교유학과 교재편찬위원회. 1986. 『유학원론』. 서울: 성균관대학교출판부.

윤홍식. 2018. 『인성교육: 인문학에서 답을 얻다』. 서울: 봉황동래.

이미식. 2015. “제12장 인권.” 부산대학교 사범대학 국제이해교육연구팀. 『국제사회의 이해』. 부산: 부산대학교출판부.

이민수. 1994. 『해설 사서삼경』. 서울: 홍신문화사.

이준일·김정혜·유승익·박진아·이승택·노진석. 2017. 『인권 길라잡이』. 서울: 국가인권위원회.

장문석. 2017. “주세페 마치니와 애국심.” 『서양사론』 135권.

전선일. 2009. 『성숙한 민주주의를 위한 민주정치교육 전략』. 서울: 도서출판 엠애드.

정상우·강은영. 2019. “인권교육과 민주시민교육의 관계 및 조화방안 고찰.” 『법교육연구』 제14권 3호.

진시원·정상희·주종진·구대철·송승철·김동규·고은이·민정희·류경민. 2021. 『중학교 함께 살아가는 민주시민』. 부산시교육청 인정교과서.

최상용 외. 2009. 『인간과 정치사상』. 경기도 고양시: 인간사랑.

최진기. 2012. 『인문의 바다에 빠져라』. 서울: 스마트북스.

홍원표. 2011. “글로벌·다문화 시대에 적합한 정체성교육의 내용영역 구안 및 교과교육과의 연계방안 탐색.” 『교육과정평가연구』 제14권 3호.

Bilsker, D. & Marcia, J. E. 1991. "Adaptive Regression and Ego Identity." *Journal of Adolescence*. Vol. 14. No. 1.

4장

민주시민교육의 새로운 내용

| 진시원 |

이 글의 목적은 민주시민교육의 새로운 내용을 정리하는데 있다. 그런데 민주시민교육은 기본적으로 민주적인 시민을 양성하는 교육이다. 따라서 민주시민교육이 무엇이고 어떤 내용을 담고 있어야 하는지를 살펴보기 위해서는 무엇이 '민주적'이고 왜 '시민'이며 어떤 '교육'이 필요한지를 살펴보아야 한다. '민주주의'와 '시민'과 '교육'이라는 세 가지 주제에 대해서 구체적으로 하나씩 살펴보는 작업이 필요한 것이다. 이를 위해서 이 글은 Ⅰ장에서는 먼저 민주시민교육이 어떤 '민주주의'를 왜 가르쳐야 하는지를 논의하고, Ⅱ장에서는 왜 '국민'이 아니라 '시민'인지 그리고 어떤 시민이 좋은 시민이고 이런 시민은 어떻게 양성할 수 있는지를 탐구한다. 그리고 마지막 Ⅲ장에서는 민주시민교육은 어떻게 '교육'하는 것이 민주적이고 효과적이고 좋은 교육인지를 차례대로 살펴본다.

Ⅰ. 민주주의

민주시민교육은 민주주의를 배우고 가르쳐서 민주주의에 대한 지식과 민주적인 기술, 태도, 가치를 체화화고 이를 자신의 신념으로 삼아 직접 실천하는 시민을 양성하는 교육이다. 그렇다면 민주주의는 무엇이고 어떤 민주주의를 왜 가르쳐야 하는가?

1. 민주주의의 정의

민주주의는 국민주권을 실현하는 정부형태이자 이데올로기다. 또 민주주의는 시민들이 서로 이해하고 배려하고 존중하고 대화하고 토론하고 합의하고 타협하는 민주적 생활태도를 의미하기도 한다. 하지만 민주주의에 대한 이들 정의는 민주주의가 무엇인지 정확히 설명해주지 못한다. 민주주의는 그 정의에 있어서 더 복잡하고 광범위하고 논쟁적이고 서로 경쟁적이기까지 하다(앤드류 헤이우드 2007, 139; 홍익표·진시원 2015, 208).

민주주의에 대한 정의는 네 가지 방향에서 접근 가능하다. 하나는 비민주적인 정부형태를 민주주의와 비교하는 것이고, 둘째는 민주주의의 어원을 통해 민주주의의 정의를 시도하는 것이다. 그리고 셋째는 민주주의의 발전 정도를 구분하여 민주주의를 정의하는 것이고, 넷째는 민주주의를 다른 다양한 유형의 정부형태와 비교해서 설명하는 것이다.

첫째, 민주주의는 전제주의나 권위주의, 전체주의와 같은 비민주적인 정부형태와는 다른 정부형태다. 전제주의(despotism)는 단일 개체 즉 개인이 절대적이고 독점적인 권력을 장악하고 이를 바탕으로 자의적인 통치를 행사하는 정부형태다. 한마디로 독재 정부인 것이다. 반면에 권위주의(authoritarianism)는 정치적 다원주의를 거부하며 중앙집중화 된 강한 권력을 활용하여 정치적인 현상유지를 추구하고, 법에 의한 지배와 권력분립 그리고 민주적인 선거에 상당한 제약을 가하는 비민주적인 정부형태다. 이에 비해 전체주의(totalitarianism)는 개인의 자유를 일체 허용하지 않고 국민들의 공적이고 사적인 삶을 철저하게 국가에 종속시키고 통제하는 정부형태로, 실질적인 일당체제 속에서 반대정당을 금지하고 개인의 국가에 대한 일체의 반대도 차단하는 정치체제를 의미한다. 민주주의는 전제주의, 권위주의, 전체주의 정부형태와는 대척점에 서있는 다른 정부형태로 정치적 다원주의, 법치주의, 권력분립, 공정하고 주기적인 선거, 개인의 자유, 정당과 의회정치, 자유언론 등을 중시하는 정부형태인 것이다. 민주시민교육은 전제주의와 권위주의, 전체주의와 같은 비민주적인 정부형태를 거부하고 민주적인 정부형태를 신봉하고 추구하는 시민을 양성하는 교육이다. 민주시민교육은 전제주의적, 권위주의적, 전체주의적 시민을 양성하는 교육이 아니라 민주적인 시민을 양성하는 교육인 것이다.

둘째, 민주주의(democracy)의 어원은 고대 그리스어 demos(people, 인민)와 kratos(rule, 지배)가 결합된 말에서 찾을 수 있다. 민주주의는 어원으로 보면 모든 사람 즉 인민에 의한 지배인 것이다. 이 말은 민주주의는 모든 사람이 동등하게 지배하는 정부형태이자 그러한 정부형태를 추구하는 이데올로기라는 점을 의미한다. 하지만 이러한 어원적 설명이 민주주의에 대한 충분히 합의된 정의를 제공하는 것은 아니다. 특히 합의가 어려운 지점은 민주주의를 논의하면서 '인민'과 '지배'를 어떻게 해석하느냐의 문제다. 이 문제는 고대 그리스부터 시작해서 현재까지 지속되어온 민주주의를 둘러 싼 핵심 논쟁거리다.

'인민'을 '모든 사람'으로 볼 것인지 아니면 능력 있는 '엘리트'로 한정해서 볼 것인지 그리고 '지배'를 '직접 지배'로 볼 것인지 아니면 '간접 지배'로 볼 것인지에 대한 명확한 합의가 현재까지도 존재하지 않는다(김범수 2008, 177; 홍익표 2013, 58). 이러한 이견의 존재는 민주주의가 무엇인지를 정의하는데 있어서 다양한 주장과 이견이 존재한다는 점을 의미한다. 인민을 '모든 사람'으로 보고 지배를 '직접 지배'로 본다면 democracy는 '직접 민주주의'를 의미하지만, 인민을 '능력 있는 엘리트' 즉 '인민의 대표'로 보고 지배를 이들에 의한 '간접 지배'로 본다면 democracy는 '간접 민주주의' 즉 '대의 민주주의'를 의미하게 된다. 따라서 민주주의가 무엇인가에 대한 정의는 반드시 직접 민주주의와 대의 민주주의 간의 경쟁과 갈등을 유발한다.

셋째, 민주주의의 발전 정도에 따라서도 민주주의를 정의할 수 있다. 민주주의는 발전 정도에 따라 절차적(형식적, 정치적) 민주주의와 실질적 민주주의, 최소주의적 민주주의와 최대주의적 민주주의로 구분할 수 있다(홍익표·진시원 2015, 196-198). 절차적 민주주의는 최소주의적 민주주의라고도 하며, 공정하고 주기적인 선거가 있고 권력을 얻기 위한 자유롭고 공정한 경쟁이 존재하며 시민들의 자유권과 참정권이 보장되면 그 사회는 민주주의 사회라고 보는 시각이다. 절차적 민주주의자들과 최소주의적 민주주의자들은 특정 국가에서 선거, 경쟁, 자유권과 참정권이 보장되고 있으면 그 사회는 민주화(democratization) 되었다고 보는 것이다.

반면에 실질적 민주주의자들과 최대주의적 민주주의자들은

절차적이고 최소주의적인 민주주의만으로는 좋은 민주주의가 아니고 충분치 못한 부족한 민주주의라고 주장하는 사람들이다. 실질적 민주주의와 최대주의적 민주주의를 추구하는 사람들은 경제적인 민주주의도 중시하고, 시민들이 민주적인 태도와 가치를 체화하고 실천하는 것도 좋은 민주주의를 위한 중요한 조건이라고 인식하는 사람들이다. 국민주권론과 보통선거권, 주기적 선거, 권력쟁취를 위한 자유경쟁, 자유권과 참정권이 보장되더라도, 이런 것들만으로는 좋은 민주주의가 되기에 불충분하고 미흡하다는 것이다. 따라서 실질적 민주주의자들과 최대주의적 민주주의자들은 국민주권론과 보통선거권, 주기적 선거, 권력쟁취를 위한 자유경쟁, 자유권과 참정권 이외에도 경제 민주화와 사회권 확대, 민주시민의 태도와 가치와 신념을 지닌 시민의 존재 등을 강조한다. 이런 것들이 다 성취되어야 좋은 민주주의라는 것이다.

민주시민교육과 관련해서 중요한 점은 실질적 민주주의자들과 최대주의적 민주주의자들이 절차적 민주주의자들과 최소주의적 민주주의자들과는 다르게 민주시민교육의 필요성을 강조하고 있다는 점이다. 이들은 민주적인 태도와 가치를 체화하고 이를 자신의 신념으로 삼아 실천하는 시민이 존재하지 않는다면 그 어떤 국가 공동체에서도 좋은 민주주의가 작동하기 어렵다고 보고 있는 것이다. 좋은 민주주의는 민주적인 제도뿐 아니라 민주적인 시민을 동시에 요구한다(전선일 2009, 21). 민주시민을 기르는 민주시민교육의 필요성이 바로 여기에 있는 것이다.

넷째, 민주주의를 다른 유형의 정부형태와 비교해서 설명하는 것으로 대표적인 사례는 고대 그리스 플라톤과 아리스토텔리스의 시도다. 먼저 플라톤은 자신의 『국가론』에서 사물의 배후에 존재하는 이데아를 인식 가능한 가장 현명한 철학자가 주도하는 정치, 즉 철인정치를 최상의 정부형태라고 주장했지만, 다시 철인왕이 실제로 존재하기 불가능하다고 인식하고 현실정치에서 실재하는 정부형태는 군인정, 과두정, 민주정, 참주정이고 이들이 서로 순환한다고 보았다(최상용 2012, 101).

플라톤은 자신의 철학에 있어서 노년기에 큰 변화를 맞았다. 노년기 이전에는 비교적 이데아와 철인왕을 중심으로 이상적이고 추상적인 철학에 치중했다면, 노년기에는 법을 강조하면서 현실적이고 구체적인 철학을 펼친 것이다(조지 세이빈·토마스 솔슨 1992, 140-141). 예컨대, 플라톤은 자신의 노년기 저작인 『정치가론』에서 정부형태를 법의 유무를 기준으로 6가지로 구분했다. 『국가론』에서 주장한 철인왕 정치가 어렵다고 보고, 대신에 법의 지배를 중시하기 시작한 것이다. 지배자가 1인인 정부형태는 유법(有法) 군주정과 무법(無法) 참주정, 지배자가 소수인 정부형태는 유법 귀족정과 무법 과두정, 그리고 지배자가 다수인 정부형태는 유법 민주정과 무법 민주정으로 나눈 것이다(조지 세이빈·토마스 솔슨 1992, 127-128). 플라톤은 이들 6가지 정부형태를 유법 군주제→유법 귀족제→유법 민주제→무법 민주제→무법 과두제→무법 참주제의 순으로 최선에서 최악으로 구분하였다(최상용 2012, 109-110). 유법 군주제가 최선이고 무법 참주제가 최악의 정부형태라는 것이다.

플라톤은 또 다른 노년기 저작인 『법률론』에서 철인왕 같은 계몽군주정이 아니라 법의 지배를 계속 강조하면서, 군주정의 지혜와 민주정의 자유 간의 조화를 이루는 혼합 정부형태를 강조했다. 참주제의 나쁜 요소를 극복한 군주정과 중우정치의 나쁜 요소를 극복한 민주정을 혼합한 정부형태가 최선의 정부형태라고 주장한 것이다(조지 세이빈·토마스 솔슨 1992, 132-133). 하지만 플라톤이 주장한 군주정과 민주정의 혼합 정부형태는 현대 민주주의 국가에서는 실현이 불가능하다는 한계가 있다. 현대 민주주의 국가에서는 군주가 형식적으로 존재하는 입헌군주제가 대부분 존재할 뿐 전통적인 군주정은 거의 존재하지 않기 때문이다.

플라톤의 철학, 특히 노년기 철학에 영향을 받아 사람에 의한 지배가 아니라 법에 의한 지배를 강조한 아리스토텔레스는 정부형태를 <표 1>과 같이 구분하였다.

<표 1> 민주주의의 유형에 대한 아리스토텔레스의 구분

<table>
<tr><th colspan="2" rowspan="2"></th><th colspan="3">지배자의 수</th></tr>
<tr><th>1인(one)</th><th>소수(few)</th><th>다수(many)</th></tr>
<tr><td rowspan="2">정부형태</td><td>좋은 정부형태
(법에 의한 지배,
공동의 이익 추구)</td><td>군주정
(monarchy)</td><td>귀족정
(aristocracy)</td><td>민주정
(polity)</td></tr>
<tr><td>나쁜 정부형태
(법에 의하지 않은 지배,
지배자의 이익 추구)</td><td>참주정
(tyranny)
(폭군정)</td><td>과두정
(oligopoly)</td><td>중우정
(democracy)
(빈민정, 우민정)</td></tr>
</table>

아리스토텔레스는 자신의 저서 『정치학』에서 지배자의 수와 정부형태의 좋고 나쁨에 따라 정부형태를 6가지로 구분했다. 좋은 정부형태는 법의 지배가 이루어지고 그것에 의해 공동의 이익(common interest)을 추구하는 반면, 나쁜 정부형태는 법에 의하지 않고 지배자의 사익을 우선시하는 것으로 정의하고, 이를 다시 지배자의 수에 따라 6가지로 세분한 것이다(조지 세이빈·토마스 솔슨 1992, 159). 좋은 정부형태에는 군주정, 귀족정, 민주정이 존재하고, 나쁜 정부형태에는 참주정, 과두정, 중우정이 존재한다는 것이다.

여기서 민주시민교육과 관련하여 우리가 주목해야 할 점은 민주정(polity)은 다수가 법의 지배 하에서 공동체 구성원 공동의 이익을 추구하는 좋은 정부형태로 구분한 반면, 민주정이

타락한 형태인 중우정(democracy)은 다수가 각자 자신의 사익을 추구하는 나쁜 정부형태로 구분한 것이다. 아리스토텔레스는 중우정에서는 중산층이 붕괴되고 가난한 사람과 가진 자가 양극화 되어 빈부격차가 크게 존재하고, 가난한 사람의 이익만을 대변하여 평등 가치만이 강조된다고 규정했다. 아리스토텔레스는 중산층이 많아야 공동체 구성원 공동의 이익을 추구할 수 있고 그래야 안정적인 국가가 존재 가능하다고 본 것이다. 하지만 여기서 중요한 점은 아리스토텔레스는 민주정(polity)을 가장 이상적인 정부형태로 간주한 것이 아니라 혼합정부(mixed government)를 가장 이상적인 정부로 간주했다는 것이다. 혼합정부는 법의 지배를 바탕으로 귀족정과 민주정(polity)을 서로의 중간 정도에서 중용적으로 결합한 정부를 의미한다.

아리스토텔레스가 주장한 이상적인 정부형태로서의 혼합정부는 우리가 사는 현대 민주주의에 많은 시사점을 준다. 민주시민교육에서도 마찬가지다. 민주시민교육에서 가르치는 민주주의는 혼합 민주주의여야 한다는 것이다. 아리스토텔레스는 '소수에 의한 좋은 지배'와 '다수에 의한 좋은 지배'를 잘 결합한 혼합정체가 가장 이상적인 정부형태라고 주장했다. 이 말을 현대 민주주의에 적용하면, 대의 민주주의와 직접 민주주의를 잘 결합하는 것이 좋은 정부형태라는 말로 해석될 수 있다.

대의 민주주의는 주권자 국민이 선거를 통해 선출한 자신의 대표에게 임기 동안 주권을 위임하는 민주주의다. 주권은 국민이 소유하지만 주권의 행사는 선출된 대표에게 위임하는 것으로 '소수에 의한 지배'를 의미하는 것이다. 반면 직접 민주주의는 주권자 국민이 자신의 주권을 남에게 위임하지 않고 직접 행사하는 민주주의로 '다수에 의한 지배'나 '주권자 국민 모두에 의한 지배'를 의미한다. 직접 민주주의는 국민이 주권의 소지자이자 직접 행사자로 작동하는 민주주의인 것이다.

하지만 대의 민주주의와 직접 민주주의가 문제가 없는 것은 아니다. 먼저 대의 민주주의와 직접 민주주의는 모두 공동체 구성원이 합의해서 만든 법에 의한 지배가 이루어져야 좋은 민주주의가 된다. 특권층과 기득권층의 '자의적 지배'와 '지배적 지배'가 이루어지는 민주주의는 나쁜 민주주의다. 여기서 말하는 '지배적 지배'는 '비지배적 지배'와 대비되는 개념이다. 지배적 지배는 동등하지 못한 시민들 사이에, 즉 특권층과 일반 시민들 간의 수직적이고 위계적인 지배가 이루어지는 상황을 의미하는 반면, 비지배적 지배는 동등한 시민들이 서로 합의해서 만든 법에 의한 지배가 이루어지는 상황을 의미한다. 천부인권을 지닌 동등하게 소중한 시민들 간에 '지배적 지배'가 일어나는 상황은 민주적인 상황이 아니다. 시민들 간에 법 앞 평등과 기회의 평등이 무너지고 과도한 빈부격차가 존재하는 민주주의는 나쁜 민주주의인 것이다. 대의 민주주의는 선출된 대표들이 위임 받은 권력을 공동체 공동의 이익을 위해 활용하지 않고 자신들만의 사익을 위해 활용하는 경우에 나쁜 민주주의로 전락한다.

직접 민주주의도 마찬가지다. 다수의 국민들이 공동체 공동의 이익을 추구하지 않고 자신만의 사익을 추구하는 경우 직접 민주주의는 나쁜 민주주의로 전락한다. 특히 직접 민주주의에서 아리스토텔레스가 말하는 빈자와 부자간의 양극화가 극대화되고 절대적인 평등만을 강조하는 상황이 발생할 경우, 그런 민주주의는 좋은 민주주의 아니다. 그리고 직접 민주주의가 중우정치, 빈민정치, 우민정치로 타락할 수 있는 가능성에 대한 우려는 아리스토텔레스 이후 여러 정치사상가들의 지속적인 관심사였고, 지금도 마찬가지다. 인민 다수가 성숙한 민주시민이 된다면 직접 민주주의의 부작용과 악화는 차단할 수 있지만, 인민 다수가 성숙한 민주시민이 되기는 쉽지 않다. 따라서 직접 민주주의의 활성화를 위해서도 민주시민교육은 제도화되고 활성화되어야 하는 것이다.

결국 민주시민교육에서 가르쳐야 하는 좋은 민주주의는 공동체 공동의 이익을 위해서 작동하는 혼합정체다. 그리고 그 혼합정체는 좋은 대의 민주주의와 좋은 직접 민주주의를 중용(中庸)의 의미에서 조화롭게 잘 결합한 것이다. 예컨대, 대의 민주주의와 직접 민주주의, 참여 민주주의, 심의 민주주의, 광장 민주주의, 풀뿌리 민주주의를 잘 혼합한 민주주의가 좋은 정부 형태인 것이다. 사실 대의 민주주의는 국민수가 많고 영토가 넓은 현대 국가에서는 채택하지 않을 수 없는 측면이 존재한다. 고대 그리스 폴리스 같은 작은 소국에서는 직접 민주주의가 가능하지만, 영토가 넓고 국민수가 많은 국가에서는 직접 민주주의를 도입하기 불가능한 측면이 존재하기 때문이다. 하지만 현대 대의 민주주의는 주권자 시민을 단순한 유권자로 만드는 심각한 결함이 존재한다. 주권자 국민들이 선거철에만 주권자가 되고, 평상시에는 선출된 대표들이 위임받은 주권을 독과점적이고 사익추구적으로 활용하기는 측면이 존재하기 때문이다. 따라서 현대 대의 민주주의는 주권자 국민들의 직접접인 주권행사로 보완될 필요가 있다. 대의 민주주의와 직접 민주주의 그리고 위임된 대표와 주권자 국민 간의 팽팽한 견제와 균형이 필요한 것이다.

이렇듯 민주시민교육은 민주시민을 양성하는 교육으로 유권자가 아닌 주권자 의식과 실천으로 무장한 시민을 기르는 교육이다. 민주시민교육은 시민 개개인이 자신의 정체성을 주권의 명백한 소지자이자 실질적인 행사자로 규정하고, 이를 체화하고 실천하는 시민을 양성하는 교육인 것이다. 주권자 시민은 대의 민주주의 하에서 자신의 주권을 선출된 대표들에게 위임하기도 하지만, 대의 민주주의가 제대로 작동하지 않을 경우 혹은 대의 민주주의를 보완하기 위해서 자신의 주권을 직접 행사하기도 하는 시민이다. 민주시민교육은 이렇듯 공동체 공동의 일에 능동적으로 참여하는 주권자 의식을 지니고, 사익이 아닌 공동의 이익을 실현하기 위해 적극적으로 노력하는 시민을 양성하는 교육인 것이다.

2. 왜 민주주의? 어떤 민주주의?

민주시민교육에서 왜 민주주의를 가르쳐야 하나? 민주주의를 가르쳐야 하는 이유는 간단하다. 민주주의가 다양한 유형의 정부형태 중에서 가장 좋은 정부형태이기 때문이다. 민주시민교육에서 권위주의나 전제주의나 전체주의를 이상적인 정부형태로 가르치는 것은 상상하기 어렵고 해서도 안 된다.

민주주의와 관련하여 민주시민교육이 반드시 고려해야 하는 점은 민주주의는 하나가 아니라 다양한 유형이 존재한다는 것이다. 따라서 민주시민교육에서 어떤 민주주의를 가르쳐야 하느냐의 문제가 중요하다. 민주주의는 <표 2>와 같이 이데올로기에 의한 분류, 참여방식에 의한 분류, 그리고 참여주체에 따른 분류로 구분해볼 수 있다.

<표 2> 민주주의의 여러 유형

	민주주의의 유형
이데올로기에 의한 분류	자유 민주주의, 사회 민주주의, 공화 민주주의, 생태 민주주의 등
참여방식에 의한 분류	대의 민주주의, 직접 민주주의, 참여 민주주의, 심의 민주주의, 합의 민주주의, 풀뿌리 민주주의, 결사체 민주주의, 전자 민주주의, 광장 민주주의 등
참여주체에 다른 분류	엘리트 민주주의, 대중 민주주의, 인민 민주주의 등

민주주의는 이데올로기에 의해 분류할 경우 자유 민주주의, 사회 민주주의, 공화 민주주의, 생태 민주주의 등으로 구분 가능하고, 참여방식에 의해 분류할 경우 대의 민주주의, 직접 민주주의, 참여 민주주의, 심의 민주주의, 합의 민주주의, 풀뿌리 민주주의, 결사체 민주주의, 전자 민주주의, 광장 민주주의 등으로 구분 가능하다. 또 참여주체에 따라 분류할 경우 민주주의는 엘리트 민주주의, 대중 민주주의, 인민 민주주의 등으로 구분 가능하다. 이렇듯 민주주의는 다양하다. 그렇다면 민주시민교육에서는 이들 다양한 민주주의 유형 중에서 어떤 민주주의를 선택하고 가르쳐야 하는가?

여기에 대한 답은 쉽지 않다. 어떤 민주주의를 선택해서 가르쳐야 하는지에 대해 우리 사회의 합의가 존재하지 않기 때문이고, 보수와 진보가 바라보는 시각이 서로 다르기 때문이다. 이런 상황에서는 어떤 민주주의를 가르쳐야 하는지와 관련된 어떠한 주장도 자의적이고 일방적인 주장으로 보일 수밖에 없다. 따라서 현재 우리 일반사회교육과 사회과교육에서 민주주의를 어떻게 가르치고 있고 어떤 문제점을 지니고 있는지를 살펴보는 작업이 먼저 필요하다. 이를 통해 민주주의 교육의 대안과 개선점을 찾을 수 있기 때문이다.

먼저 민주시민교육에서 가르치는 민주주의는 특정 민주주의로 한정되어서는 곤란하다. 민주시민은 다양한 유형의 민주주의가 지니는 장단점을 비교해서 인지하고 이를 통해 좋은 민주주의를 스스로 선택하고 실천할 수 있어야하기 때문이다. 그런데 현재 우리 초중고 '사회' 교과서와 '정치와 법' 교과서는 민주주의의 다양한 유형을 균형감 있게 가르치지 않고 있다. 자유 민주주의와 대의 민주주의를 주되게 가르치고 있고, 대의 민주주의의 문제를 해결하기 위해 직접 민주주의와 참여 민주주의, 전자 민주주의, 풀뿌리 민주주의 등을 보완적으로 활용해야 한다고 가르치고 있다(김수식·진시원·오승호 2013).

여기서 드러나는 우리 민주주의 교육의 문제점은 몇 가지다. 첫째, 자유 민주주의를 중점적으로 강조하면서 사회 민주주의와 공화 민주주의 그리고 생태 민주주의 등을 잘 가르치지 않고 있다. 둘째, 대의 민주주의를 중심적으로 가르치면서 대의 민주주의의 문제점에 대해서는 잘 설명하고 있지 않다. 대의 민주주의의 문제점을 명확히 설명하는 대신 대의 민주주의 하에서 시민들의 정치참여가 부족한 문제를 보완하기 위해 직접 민주주의, 참여 민주주의, 심의 민주주의, 전자 민주주의, 풀뿌리 민주주의 등을 보완적으로 활용해야 한다고 간단하게 부연 설명하고 있다. 그리고 이런 논의에서 합의 민주주의와 결사체 민주주의, 광장 민주주의에 대한 설명은 거의 부재하다. 셋째, 엘리트 민주주의 즉 대의 민주주의를 집중적으로 가르치면서 대중 민주주의나 인민 민주주의에 대한 설명이 아예 부재하다.

이러한 우리 민주주의 교육의 문제점은 크게 두 가지 개선점을 요구하고 있다. 첫째, 이데올로기에 의해 분류할 수 있는 자유 민주주의, 사회 민주주의, 공화 민주주의 등을 가르치는데 있어서, 자유 민주주의에 대한 과도한 편향성을 극복하고 이들 간의 균형감 있는 교육이 필요하다. 민주주의가 추구하는 대표적인 가치는 자유, 평등, 인간의 존엄이다. 여기서 자유는 소극적 자유와 적극적 자유 그리고 비지배적 자유로 구분할 수 있다. 이사야 벌린(Isaiah Berlin)은 자신의 저서 『두 개의 자유 개념(Two Concepts of Liberty)』에서 소극적 자유와 적극적 자유 개념을 구분했다. 소극적 자유는 '국가로부터의 자유' 즉, 국가 공권력으로부터 '간섭'받지 않을 개인의 자유권을 의미한다. 개인의 자유를 위해 국가 공권력의 제한을 요구하는 자유가 바로 소극적 자유인 것이다. 반면에 적극적 자유는 '국가에의 자유'와 '국가에 의한 자유'로 구분할 수 있다. 국가에의 자유는 개인이 국가 공동체의 정책결정과정에 참여할 수 있는 참정권을 의미하며, 국가에 의한 자유는 인간답게 살 권리 특히 사회권을 국가에 의해서 보장받을 수 있는 개인의 권리를 의미한다(최상용 2009, 368-369).

한편, 비지배적 자유는 공화주의적 자유 개념이다. 비지배적 자유는 시민 간에 주종관계나 예속관계가 없는 상태를 의미한다(모리치오 비롤리 2006, 99-100). 노예는 관대한 주인을 만나 간섭이 없는 상태를 누리더라도 결코 자유롭지 못하다. 또 전제주의 하에서는 독재자의 자의적 권력에 의해 언제든지 자유를 간섭받을 수 있기 때문에 잠시 간섭받지 않을지라도 완전히 자유로운 것은 아니라는 것이 공화주의자들의 기본 생각이다. 자유는 주종관계나 예속관계가 없는 시민들 간의 동등성이 확보되어야 누릴 수 있다고 본 것이다. 이렇듯 마키아벨리를 포함한 공화주의자들은 자신들의 공화주의 사고를 비지배적 자유를 중심으로 설명한다. 비지배적 자유를 바탕으로 국가를 운영하는 기본원칙을 추구하는 이데올로기가 바로 공화주의라고 본 것이다. 비지배적 자유는 모든 사람은 동등하게 소중하고 사람 위에 사람 없고 사람 아래 사람 없다는 주장에 다름 아니다. 공화국은 구성원들이 합의한 '법에 위한 지배'에 의하지 않고서는 그 누구도 타인의 지배를 받지 않는 동등한 시민들의 정치 공동체인 것이다. 그리고 공화국에서 '법에 의한 지배'는 법 위에 사람 없고 법 아래 사람 없다는 원칙에 충실해야 한다. 법이 권력층이나 부유층이나 법관들의 사익과 특권을 추구하는 사적 도구로 활용되어서는 안 된다는 것이다. 공화국의 법은 공적인 목적으로 동등한 시민들이 서로 합의해서 만든 공동의 규범이어야 하고, 공동체가 지향하는 공동선을 담고 있어야 하는 것이다.

이에 반해 평등은 '형식적 평등'과 '실질적 평등'으로 구분할 수 있다. 형식적 평등은 모든 사람을 절대적이고 획일적으로 동등하게 대우하는 것으로 국민주권론과 1인 1표로 표현되는 보통선거권 등을 사례로 들 수 있다. 민주주의 국가에서는 국민주권론과 참정권이 바로 형식적 평등의 표현인 것이다. 반면에 실질적 평등은 사람 간의 실질적인 차이를 인정하고 이를 극복하기 위해 적극적이고 비례적으로 평등을 추구하는 것이다. 예컨대 누진세나 성과급, 여성할당제 등이 있으며, 기본권 중에서는 사회권이 존재한다. 사회권을 구성하는 교육권, 노동 3권, 복지권, 환경권 등은 실질적 평등이 강화되는 데 기여하는 기본권이다.

그런데 민주주의가 추구하는 자유와 평등 가치와 관련된 또 다른 중요한 가치가 바로 정의(justice)다. 정의는 사회 정의와 법적 정의로 구분가능하다. 법적 정의는 민주주의 국가에서 헌정주의와 법치주의, 자유권[15]과 법 앞 평등 등으로 표현되지만, 분배 정의를 의미하는 사회 정의를 바라보는 시각은 자유 민주주의와 사회 민주주의가 크게 다르다. 사회 정의는 판단하는 기준과 원칙에 따라 그 내용과 결과가 달라진다. 사회 정의를 바라보는 기준과 원칙은 크게 공적(merit) 원칙과 필요(need) 원칙으로 나눌 수 있다(홍익표·진시원 2015, 137). 공적 원칙은 자신이 노력해서 얻은 만큼 가져가는 것 즉, 자신의 이룬 공적에 비례해서 그만큼의 보상을 받는 것이 정당하고 그것이 사회 정의라고 보는 반면, 필요 원칙은 사람으로서 인간답게 살기 위해 필요한 의식주 등을 충족시키는 것이 정당하고 그것이 사회 정의라고 본다. 공적 원칙은 공적주의(meritocracy)로 표출되어 사람들 간의 경쟁을 가져오고 결국에는 능력과 운에 따른 사회 불평등을 야기하는 측면이 존재하지만, 필요 원칙은 경쟁보다는 서로 나누는 것에 가깝고 사회 불평등을 해소하는 측면이 존재한다. 이러한 이유에서 자유 민주주의는 사회 정의에 있어서 공적 원칙에 기초해 있고, 사회 민주주의는 필요 원칙에 기초

---

15 여기서 말하는 자유권은 신체의 자유를 의미하는 것으로 법률에 의한 체포와 구속, 죄형 법정주의, 적법절차의 보장, 진술거부권과 묵비권, 영장제도, 변호인의 조력을 받을 권리, 연좌제 금지, 형사피고인의 무죄추정, 형사보상청구권 등을 의미한다(김동석·김희철 2008, 141).

해 있는 것이다. 이렇듯 사회 정의는 그 국가 공동체가 어떤 이데올로기를 지향하는 민주주의를 운영하느냐 따라 그 내용과 결과가 달라진다. 소극적 자유와 형식적 평등, 사유재산권, 자유시장, 최소국가를 선호하는 자유 민주주의 국가에서 사회 정의는 기본적으로 '기회의 평등'을 의미하는 것으로 한정되지만, 적극적 자유와 실질적 평등, 사회적 소유권, 사회적 시장경제, 팽창국가를 선호하는 사회 민주주의 국가에서는 복지국가를 통해 인간이 인간답기 위한 '필요'를 충족시키는 방향으로 사회 정의를 실현하는 것이다.

자유와 평등 이외에 또 다른 민주주의의 가치인 인간의 존엄성은 만인은 천부인권을 지닌 존재로서 모두가 동등하게 소중하다는 인식에 기초하며, 민주주의 국가에서는 헌법에서 실정법인 기본권을 통해 보장하고 있다.

이렇듯 민주주의는 자유와 평등과 인간의 존엄성이라는 가치를 추구하고 실현하고자 하는 정부형태이자 이데올로기고 생활태도다. 그런데 다양한 민주주의 유형은 소극적 자유, 적극적 자유, 비지배적 자유, 형식적 평등, 실질적 평등 그리고 인간의 존엄이라는 가치를 추구하는데 있어서 저마다의 차이를 지니고 있다. 여러 민주주의 유형은 저마다 다른 입장에서 다양한 유형의 자유와 평등과 인간의 존엄이라는 가치를 추구하고 있는 것이다. 예컨대, 소극적 자유는 자유 민주주의와 친화적이고 적극적 자유는 사회 민주주의와 친화적인 반면, 비지배적 자유는 공화 민주주의와 친화적이다. 또 자유 민주주의는 형식적 평등에 친화적인 반면 실질적 평등 특히 경제적 평등과는 친화적이지 않지만, 사회 민주주의는 형식적 평등뿐 아니라 실질적 평등과도 친화적이다.

그리고 공화 민주주의 역시 시민들 간의 동등성뿐 아니라 비지배적 지배를 실현하기 위한 정치적 평등과 법 앞 평등, 경제적 평등을 모두 강조한다는 점에서 형식적 평등뿐 아니라 실질적 평등과도 친화적이다. 공화 민주주의가 시민들 간의 경제적 평등을 강조하는 이유는 경제적으로 어려운 시민들은 정치에 참여할 수 있는 여력이 없다고 보기 때문이다. 경제적 불평등이 정치적 평등마저 훼손할 수 있다고 판단하는 것이다. 공화 민주주의는 사회주의처럼 절대적인 경제적 평등인 결과적 평등을 추구하지 않는다. 또 공화 민주주의는 고전적 자유주의나 신자유주의, 자유지상주의처럼 신성시된 절대적 사유재산권을 추구하지도 않는다. 공화주의는 일정 정도의 경제적 평등이 시민들에게 주어져야 시민들 간의 정치적 평등도 이룰 수 있다고 보는 것이다.

이렇게 본다면 이데올로기와 관련된 민주주의를 가르치는 데 있어서 자유 민주주의뿐 아니라 사회 민주주의, 공화 민주주의도 함께 가르치는 것이 당연히 좋은 정치교육이고 좋은 민주시민교육이라고 볼 수 있다. 하지만 우리의 교육현실은 다르다. 자유 민주주의만을 과도하게 중점적으로 가르치면서 사회 민주주의와 공화 민주주의에 대해서는 언급이 없는 것이다. 특히 자유 민주주의는 경제적 측면에서 바라보면 사유재산권 민주주의고 자유시장 민주주의다(앤드류 헤이우드 2007b, 313). 소극적 자유와 형식적 평등을 강조하는 자유 민주주의적 사고에서 복지권의 확대는 개인의 사유재산권에 대한 국가의 침해로 인식되기 때문에, 자유 민주주의는 기본적으로 사회권 특히 복지권의 발전에 소극적으로 대응해왔다(이근식 2009, 243). 대표적인 자유 민주주의 국가인 미국의 사회복지 수준이 다른 선진국에 비해 뒤쳐져 있는 상황은 자유 민주주의의 이러한 측면을 잘 보여준다. 반면에 적극적 자유와 실질적 평등을 추구하는 사회 민주주의는 복지권의 확대에 적극적이다.

민주시민교육은 과거 권위주의 정부 시기의 반공교육이나 국민윤리교육이 아니다. 민주시민교육은 시민들에게 일방적으로 국가가 정한 특정 민주주의와 특정 이데올로기를 강요하는 교육이 아니고 그래서도 안 된다. 민주시민교육은 다양한 민주주의 유형을 균형감 있게 교육하고, 이를 통해 학생들이 스스로 자신들이 선호하고 지향하는 민주주의 유형을 결정하게 만드는 것이 중요하다. 따라서 이 부분에 대한 개선책은 명확하다. 자유 민주주의와 사회 민주주의, 공화 민주주의를 편향성 없이 균형감 있게 가르치는 것이다.

물론 이와 관련하여 우리 헌법에서 규정하고 있는 '자유민주적 기본질서'와 '민주적 기본질서'가 무엇인지를 가르치는 것도 중요하다. 우리 헌법은 대한민국의 국가 정체성을 규정하는 데 있어서 '자유민주적 기본질서'와 '민주적 기본질서'를 혼용해서 쓰고 있다. 그리고 이 두 가지 국가 정체성 중에서 어느 것이 더 정확한 우리나라의 국가 정체성인지에 대해서는 헌법학이나 정치학을 전공하는 학자들 사이에 이견이 존재한다(진시원·홍익표 2016, 41-47). 자유민주적 기본질서를 강조하는 사람들은 '자유 민주주의 국가'가 우리나라의 국가 정체성이라고 주장하고, 민주적 기본질서를 강조하는 사람들은 우리나라의 국가 정체성이 '민주주의 국가'라고 보고 여기에는 자유 민주주의와 사회 민주주의가 모두 포함된다고 주장한다(은지용·정필운 2014, 36-38). 국가 정체성이 자유 민주주의 국가인지 아니면 자유 민주주의와 사회 민주주의를 모두 포함하는 민주주의 국가인지 논쟁이 존재하는 것이다. 국가 정체성을 명확하게 규정하는 것이 필요하다. 헌법 상 국가 정체성이 균열되어 있다면 국가 공동체도 국가의 정체성과 권력의 구성원리와 시장의 운영원리를 놓고 균열되기 쉽기 때문이다(진시원·홍익표 2016, 41-47). 따라서 이 부분에 대한 국민 모두의 합의가 필요하고 헌법 개정도 필요하다.

둘째, 참여방식에 의한 민주주의를 가르치는데 있어서도 우리 민주주의 교육은 문제점을 지니고 있다. 일반사회교육과 사회과교육에서 실행하고 있는 우리 민주주의 교육은 대의 민주주의를 중심적으로 가르치고 있다(김수식·진시원·오승호 2013). 그리고 대의 민주주의에서 발생하고 있는 엘리트주의와 정치적 무관심과 혐오, 참여의 저조 등을 극복하기 위해서 직접 민주주의, 참여 민주주의, 심의 민주주의, 전자 민주주의, 풀뿌리 민주주의 등으로 대의 민주주의를 보완해야 한다고 가르치고 있다. 그런데 이러한 교육은 틀린 것은 아니지만 충분한 것도 아니다. 대의 민주주의의 문제점은 복합적이다.

먼저 대의 민주주의는 제한적이고 간접적인 민주주의다(헤이우드 2007, 150). 그리고 대의 민주주의는 엘리트 민주주의다(진시원 2019, 156). 선출된 대표들로 운영되는 간접 민주주의라는 점에서 엘리트 민주주의인 것이다. 그런데 엘리트 민주주의는 충분한 민주주의가 아니다. 현대 사회의 대중은 과거의 신민이 아니다. 보편교육과 고등교육이 일반화되었으며 선출된 정치인들 보다 더 전문성을 지닌 시민들이 많이 존재한다. 그리고 우리나라의 경우 대의 민주주의의 오작동을 직접 민주주의와 참여 민주주의, 광장 민주주의를 통해 극복한 성숙한 촛불시민이 다수 존재한다. 따라서 이들 성숙한 주권자 시민들의 높은 정치의식과 민주주의 요구를 대의 민주주의와 엘리트 민주주의만으로 해소하기는 어렵다. 대의 민주주의의 엘리트 민주주의 성격은 성숙한 주권자 시민들이 참여하는 직접 민주주의, 참여 민주주의, 심의 민주주의, 광장 민주주의, 풀뿌리 민주주의 등으로 강하게 견제 받고 균형을 이루어야 하는 것이다. 그런데 우리 민주주의 교육은 대의 민주주의의 엘리트 민주주의 성향과 그것의 부작용을 충분히 설명하지 않고 있다. 이 부분에 대한 개선이 필요한 것이다.

대의 민주주의의 가장 큰 문제점은 대의 민주주의가 기본적으로 다수결 민주주의로 운영되고 있다는 점이다(Outhwaite et al. 1993, 142; 정원규 2017, 89; 진시원 2019, 157). 우리 교과서에서는 다수결을 민주주의의 원리 중에 하나라고 가르치고 있다. 하지만 다수결 민주주의는 민주주의의 원리가 아니다. 다수결 민주주의는 민주주의의 최후의 수단일 뿐이다. 다수결 보다 중요하고 우선시되어야 하는 것은 민주적 생활태도다. 즉, 이해당사자들이 서로 이해하고 배려하고 존중하고, 차이가 존재할 경우 대화하고 토론하고 설득하고 합의하고 타협하고 절충하는 태도가 더 중요한 것이다. 하지만 이러한 민주적 생활태도에도 불구하고 이해당사자 간의 차이가 해소되지 않을 경우, 최후의 수단으로 활용할 수 있는 것이 다수결이다. 그리고 이 경우에도 다수결은 무작정 다수 우위를 관철시키는 것이 아니라 다수의 전제를 거부하고 소수자 보호를 우선해야 한다.

이렇듯 민주주의의 기본은 만인이 자연권이자 천부권인 인권을 지닌 동등하게 소중한 존재라는 점이고, 그렇기 때문에 서로 이해하고 배려하고 존중하고, 차이가 존재할 경우 대화하고 토론하고 설득하고 합의하고 타협하고 절충하는 태도가 더 중요하다는 것이다. 바로 이 지점에서 심의 민주주의와 합의 민주주의의 중요성이 부각된다. 동등하게 소중한 시민들끼리 서로 합리적으로 심의하고 합의하는 것은 무작정 다수결로 의사결정을 내리는 것보다 훨씬 더 민주적이다.

그런데 우리 민주주의 교육에서 가장 심각한 문제는 합의 민주주의에 대한 설명이 아예 부재하다는 것이다. 합의 민주주의는 다수결 민주주의와 대척점에 서 있는 민주주의다(홍익표·진시원 2015, 218-220). 다수결 민주주의가 '배제의 정치'와 '갈등의 정치'를 야기하기 쉬운 반면, 합의 민주주의는 '포함의 정치'와 '타협의 정치'를 가져오기 쉽다. 미국과 영국 그리고 우리나라의 민주주의가 다수결 민주주의라면, 서유럽과 북유럽 사회 민주주의 복지국가의 민주주의는 합의 민주주의다. 합의 민주주의의 틀 안에서 이들 나라는 갈등과 충돌의 정치보다는 대화와 합의의 정치, 권력으로부터의 배제보다는 권력에의 포함, 권력독점보다는 권력분점과 공유의 정치를 펼침으로써 동등하게 소중한 시민 그 누구도 정치과정에서 배제되지 않는 상황을 만들기 위해 노력하고 있다(홍익표 2004, 180; 최태욱 2010, 224). 우리 민주주의 교육도 대의 민주주의와 다수결 민주주의만을 집중적으로 가르칠 것이 아니라 심의 민주주의와 합의 민주주의도 강조해서 함께 가르쳐야 하는 것이다.

지금까지 살펴본 것처럼 민주시민교육에서 민주주의가 무엇이고 어떤 민주주의를 가르쳐야 하는지도 중요하지만, 민주시민교육을 시행하는데 있어서 우리가 반드시 개선해야 할 점이 몇 가지 더 있다.

첫째, 우리 시민들은 스스로 민주주의를 잘 알고 있다고 생각하거나 민주주의의 소중함에 대해서 가볍게 여기는 측면이 있다. 민주주의에 대해서 잘 알지 못하거나 민주주의를 경시하는 시민들이 존재한다는 것이다. 사실 우리 시민들은 초중고 과정에서 민주주의가 무엇인지 제대로 충분히 교육받지 못하고 있다. 공통과목인 '사회' 과목이나 선택과목인 '정치와 법' 과목에서 짧은 수업시간에 그것도 간단하게 민주주의에 대해 배우고 있는 것이 우리 민주주의 교육의 현실이다. 따라서 민주주의 교육을 학교에서 확대하고 강화하는 노력이 반드시 필요하다.

둘째, 우리 시민들은 자유 민주주의와 대의 민주주의 그리고 다수결 민주주의가 민주주의의 모든 것이라고 오해하고 있는 측면이 있다. 우리 시민들은 특히 사회 민주주의와 공화 민주주의, 합의 민주주의에 대해서 초중고 학교에서 배울 기회를 거의 갖지 못하고 있다. 민주시민교육을 통해 이들 민주주의 유형에 대한 교육도 보완해야 하는 것이다.

셋째, 민주주의에 관심이 없고 자신은 민주주의와 무관하다고 생각하는 시민이 존재한다. 이들 시민은 자신이 공동체 공동의 일에 참여하지 않아도 누군가가 대신 해줄 것이라고 생각하는 시민들이다. 주인의식인 주권자 정체성을 지니고 이를 실천하는 민주시민을 양성하는 민주시민교육의 필요성이 이 지점에서 다시 확인되는 것이다.

넷째, 민주주의는 퇴행하지 않고 시민들의 애정과 참여가 없이도 잘 유지되고 발전한다고 믿는 시민들이 존재한다. 하지만 이런 믿음은 명백한 오해다. 민주주의는 주권자 시민들의 주인의식과 참여가 없으면 권위주의나 독재로 퇴행한다. 이러한 사례는 남미 등 제3세계 지역뿐 아니라 트럼프 미국과 같은 선진 민주주의 국가에서도 발생한다. 따라서 민주시민교육은 민주주의가 퇴행할 수도 있다는 점을 학생들이 이해하게 하고, 그래서 주권자 시민의 주인의식과 참여가 민주주의의 유지와 발전에 반드시 필요하다는 점을 인식하게 만드는 교육이어야 한다.

다섯째, 내가 선호하는 민주주의 유형이 절대 진리적인 민주주의라고 생각하는 시민들이 존재한다. 사유재산권과 자유시장을 최우선시하는 자유 민주주의를 최우선시하거나 절대화하고, 사회정의를 강조하여 사회적 시장경제와 균형발전과 복지권을 중시하는 사회 민주주의를 적대시하여 나쁜 민주주의로 인식하는 것은 민주시민의 태도가 아니다. 또, 사유재산권과 자유시장을 일방적으로 무시하고 사회주의적인 인민 민주주의를 주장하는 것은 우리 헌법정신과 부합하지 않는다. 사유재산권과 분배정의를 다루는 사회정의와 관련된 이와 같은 문제에 대해서도 균형감 있는 교육을 추구하는 것이 좋은 민주시민교육인 것이다.

이렇듯 민주시민교육은 민주주의와 관련된 시민들의 잘못된 인식이나 오해를 개선하는 교육이기도 해야 한다. 특히 민주시민교육은 자신이 관심과 애정을 가지고 참여해야 민주주의가 유지되고 발전한다는 인식을 지닌 시민을 양성하는 교육이어야 하고, 자신이 선호하는 민주주의 유형만이 절대적인 진리가 아니라 다른 시민들이 선호하는 민주주의도 존중해야 한다는 관용의 태도를 지닌 시민을 만드는 교육이어야 한다. 또 민주시민교육은 개인의 자유와 공동체의 공공선이 서로 조화를 이루는 민주주의가 좋은 민주주의이며, 자유 민주주의와 대의 민주주의, 다수결 민주주의의 한계를 극복하기 위해 다양한 민주주의를 보완적으로 활용해야 한다고 인식하고 실천하는 시민을 양성하는 교육이어야 한다.

Ⅱ. 시민

민주시민교육은 민주국민교육이 아니다. 또 민주시민교육은 민주백성교육, 민주신민교육, 민주대중교육, 민주민중교육, 민주공민교육, 민주인민교육도 아니다. 민주시민교육은 '시민' 교육인 것이다. 그렇다면 왜 백성(百姓)이나 신민(臣民), 대중(大衆), 민중(民衆), 공민(公民), 인민(人民)이 아닌 시민이고, 민주시민교육에서 어떤 시민을 양성해야할까?

1. 왜 시민?

왜 '시민'인지에 대한 설명은 몇 가지로 정리 가능하다. 첫째, '시민'은 시민사회 중심 개념이고, '국민'은 국가 중심 개념이다(유석렬 1986, 193). 사회 공동체에서 국가중심주의가 강할수록 국민이라는 용어가 선호되고, 시민사회 중심주의가 강할수록 시민이라는 용어를 선호된다. 국가는 개인들이 모인 공동체이다. 따라서 개인이 먼저인지 아니면 공동체가 먼저인지에 대한 고민은 정치사상사에서 오랜 논쟁거리로 이어져왔다. 공동체보다 개인을 우선시하면 개인주의(individualism)를 강조하는 자유주의 이데올로기와 친화적이고, 개인보다 공동체를 강조하면 공동체의 우선성을 강조하는 공동체주의(communitarianism)와 친화적이다. 이 말은 자유주의와 개인주의 성향이 강한 사회에서는 '시민'이라는 용어가 잘 쓰이고, 공동체주의나 국가주의 성향이 강한 사회에서는 '국민'이라는 용어가 잘 쓰인다는 점을 의미한다.

우리나라는 한국전쟁 이후 권위주의적인 정치 리더와 강한 민족주의 그리고 강한 군대와 관료를 중심으로 빠른 조국 근대화를 위한 국가중심주의가 압도적으로 우세하게 형성되어 온 나라다. 우리나라는 전통적이고 역사적으로 '강한 국가' 성향을 지닌 나라인 것이다. 반면에 시민들의 자유로운 공간인 시민사회는 우리나라에서는 1987년 절차적 민주화가 이루어진 이후에 본격적으로 성장하기 시작했다(홍익표 2018, 65). 강한 국가의 역사와 전통은 길고 강고한 반면 시민사회의 역사와 전통은 짧고 약한 모습을 지녀온 것이다. 이러한 역사적 맥락은 우리나라에서 국가중심주의와 '강한 국가'가 오랜 기간 존재해온 주요 배경으로 작동해왔고, '시민'보다는 '국민'이라는 용어가 더 잘 쓰이고 있는 상황을 야기해왔다.

하지만 1987년 절차적 민주화 이후 시민사회가 꾸준히 성장해왔고, 한국 민주주의 또한 1987년 민주화 이후 2016-17년 촛불집회 등을 거치며 크게 발전하면서 우리사회에도 성숙한 민주적 시민성을 지닌 사람들이 광범위하게 등장하기 시작했다. 그리고 우리가 누리고 있는 현재의 민주주의는 국가가 주도해서 만든 것이 아니라 시민과 시민사회가 주도해서 만든 성과물이다. 한국 민주주의를 성취한 주체가 이렇듯 국가가 아니라 시민이라는 점에서 민주국민교육이 아닌 민주시민교육이라는 용어를 사용하는 것은 당연한 일이다. 현재 우리 사회에서는 국가보다 시민사회 그리고 국민 정체성보다 시민 정체성의 영향력이 확산되고 있다. '국민'이라는 용어가 역사적으로 오랜 기간 사용되어 오면서 지금도 상당 부분 굳어진 용어로 사용되고 있지만, '시민' 이라는 용어가 활용도에 있어서 점차 힘을 얻어 가고 있는 것이다. 민주시민교육은 일종의 관성화 된 용어인 '국민'을 서서히 '시민'으로 대체하고 있는 것이다.

둘째, 국민 개념은 근대 국민국가 시기에 유용하고 적합한 용어인 반면, 시민 개념은 포스트모던 시기에 적합하고 유용한 개념이다. 근대 국민국가 시기에는 국민국가의 국민 개념이 단일하게 유용했다면, 포스트모던 시기에는 단일한 국민 정체성만으로는 부족하다. 이미 앞에서 살펴본 대로 포스트모던 시기의 민주시민교육은 다중 정체성 교육에 기초해야 한다. 세계화와 지역주의, 지방분권자치, 다문화 현상이 지구적 차원에서 확산되고 있는 포스트모던 시기에 맞는 개인의 정체성은 개인 - 가족 구성원 - 지방시민(부산시민) - 국가 국민(대한민국 국민) - 지역시민(동북아 시민) - 세계시민 등으로 이어지는 다중 정체성을 지녀야 하는 것이다. 그런데 국민이라는 용어는 이러한 다중 정체성에 어울리지 않고 적합하지도 않다. 지방 국민, 지역 국민, 세계 국민이라는 용어는 근본적으로 활용이 불가능하기 때문이다. 반면에, 시민 용어는 지역시민, 세계시민이라는 용어로 활용이 가능하다.

셋째, 시민 용어는 다른 용어들에 비해 민주주의 시대에 적합하다. 먼저 백성이나 신민은 봉건 왕조시대의 용어로 민주주의 시대에 적합한 용어가 아니다. 지금도 우리는 민심이나 민생이라는 용어를 자주 사용하고 있지만, 이들 용어는 민주주의 사회에 적합한 용어는 아니다.

또 '대중(mass)'이라는 용어는 원래 '수많은 사람들의 무리'라는 가치중립적인 뜻을 지니고 있지만, 대중 민주주의라는 용어는 중립적인 의미를 지닌 게 아니다. 먼저 대중 민주주의는 역사적으로 부르주아 민주주의와는 대비되는 개념으로 사용되었다. 보통선거권이 부르주아에서 노예나 노동자, 여성 등으로 확산되면서 부르주아만의 대의 민주주의가 아니라 대중 전체의 대의 민주주의 시대가 온 것을 알리는 용어였던 것이다. 하지만 대중 민주주의는 현대 사회에 들어서 비판적인 의미에서 사용되고 있다. 대중은 깨어 있는 시민이 아니라 거대 자본과 매스미디어에 의해서 일방적으로 지배받고 있는 무기력하고 무비판적인 사람들로 이해되고 있는 것이다. 따라서 대중 민주주의는 좋은 민주주의가 아니라 나쁜 민주주의로 인식되고 있는 것이다. 대중 민주주의의 함의가 이렇게 부정적인데, 긍정적인 함의를 지닌 민주시민교육이라는 용어 대신에 민주대중교육이라는 용어를 사용하기는 어렵다. 더욱이 대중이라는 용어는 시민이라는 용어보다 우리 사회에서 광범위하게 사용되고 있지 않다. 민주대중교육이라는 말은 아예 사용되지도 않고 있는 것이다.

'민중'은 한자로는 백성(民)의 무리(衆)라는 의미로 국민이나 인민과 비슷한 말로 쓰이기도 했지만, 대부분 노동자와 농민, 빈민 등 '기층 민중'이라는 용어로 사용되며 사회의 피지배층을 일컫는 말로 주로 활용되었다. 민중이라는 용어는 우리의 산업화와 민주화 시절에 피지배층을 지칭하고, 이들의 자유와 해방과 투쟁을 추구하는 운동적 성격이 강한 용어로 자리 잡았던 것이다. 하지만 1990년대 이후 민중이라는 용어는 그 사용에 있어서 점차 빈도가 줄어들면서 현재는 폭넓게 사용되고 있지 않다. 민주민중교육이라는 용어는 일절 쓰이지 않고 있는 것이다. 따라서 민중이라는 용어를 사용하는 사람들의 시각에서 바라보면, 민주시민교육은 계급성을 상실한 교육으로 이해될 수 있다. 하지만 그러한 시각은 정확한 시각이 아니다. 민주시민교육은 피지배층 중심의 계급교육이 아니다. 계급갈등을 다루는 교육이 아닌 것이다. 민주시민교육은 민주적인 시민을 양성하고, 이를 통해 다양한 사회 갈등을 시민 서로가 이해하고 존중하고 배려하고 토론하고 설득하고 절충하고 타협하고 합의하여 해소하는 민주주의 사회를 지향하는 교육이다. 민주시민교육은 갈등과 투쟁의 교육이 아니라 이해와 합의의 교육인 것이다.

'공민'은 개인보다 공동체를 우선시하는 시민을 의미한다. 공민 개념은 개인의 사적(私的) 이익보다 공동체의 공적(公的)인 이익과 공동(共同)의 이익을 중시하는 시민인 것이다. 따라서 공민 개념은 개인주의 성향의 자유주의자들이 선호하는 용어가 아니라 공동체주의자나 공화주의자들이 선호하는 용어다(김용찬 2007, 40). 그런데 다원주의화 된 민주주의 국가에서 시민은 다양한 정치 이데올로기 성향을 지닌다. 따라서 시민은 그 사람의 이데올로기 성향에 따라 보수주의적 시민, 진보주의적 시민, 자유주의적 시민, 공동체주의적 시민, 공화주의적 시민, 사회 민주주의적 시민 등으로 구분할 수 있다. 그런데 이 중에서 공민(公民)은 특히 공동체주의적 시민이나 공화주의적 시민에 가깝다. 따라서 민주공민교육은 공동체주의적 시민이나 공화주의적 시민만을 양성하는 교육으로 한정될 수 있다. 민주시민교육은 보수주의적 시민, 진보주의적 시민, 자유주의적 시민, 공동체주의적 시민, 공화주의적 시민, 사회 민주주의적 시민 등을 모두 포괄하여 양성하는 교육인 반면, 민주공민교육은 공동체주의나 공화주의적 시민만을 양성하는 교육으로 한정되는 문제가 있는 것이다. 민주적인 개인과 공동체를 만드는 교육이라는 의미를 모두 담아내는 데 있어서 '민주시민교육' 용어가 '민주공민교육' 용어보다 더 적합한 것이다.

'인민(people)'은 '사람들' 혹은 '지배자가 아닌 피지배자들'을 의미한다. 인민이 사람들을 지칭하는 경우 그것은 가치중립적인 용어다. 예컨대, 국가중심주의 용어인 '국민'보다 '사람들'이라는 의미를 지닌 인민 개념이 더 가치중립적이다. 하지만 인민이 '피지배자들'을 의미하는 경우 상황은 달라진다. 이 경우 민주인민교육은 '민주적인 피지배자'를 양성하는 교육이 되기 때문이다. 반면에 민주시민교육은 지배자나 피지배자를 구분하지 않고 모든 시민을 대상으로 하는 교육이라는 점에서, 민주인민교육보다 민주시민교육이라는 용어가 더 적합하다. 더욱이 인민이라는 용어는 북한에서 선점해서 사용하고 있는 용어다. 북한의 국호는 조선민주주의인민공화국이다. 북한은 인민공화국이고 인민 민주주의를 추구하는 나라인 것이다. 이런 상황에서 남한에서 인민이라는 용어를 사용하기는 쉽지 않았다. 인민이라는 용어가 남북분단의 희생양이 되어버린 것이다.

지금까지 살펴본 것처럼 '민주적인 개인과 민주적인 공동체를 만드는 교육'이라는 의미를 가장 적합하고 연관성 있게 담아낼 수 있는 용어는 다름 아닌 '시민'이다. 국민이나 공민, 인민, 민중, 대중이라는 용어는 역사적이고 개념적이고 실천적인 측면에서 각자 저마다의 장단점이 있지만, 용어가 지닌 외연과 내포의 적합도와 활용도 측면에서 판단했을 때, 민주적인 개인과 민주적인 공동체를 만드는 교육이라는 의미를 담아내기에는 한계가 있다. 그리고 언급할 필요도 없지만 민주백성교육이나 민주신민교육이라는 용어는 아예 활용이 불가능하다. 수직적이고 차별적인 계급사회였던 봉건 군주시대의 용어인 백성과 신민은 동등하게 소중한 만인의 자유와 평등과 인권을 추구하는 현대의 민주주의 사회와는 전혀 어울리지 않는 개념이기 때문이다(김용찬 2007, 40). 이런 배경에서 판단했을 때 민주적인 개인과 민주적인 공동체를 만드는 교육은 '민주시민교육'이라는 용어가 가장 적합하다. 민주국민교육이나 민주공민교육, 민주대중교육, 민주민중교육은 아닌 것이다[16].

---

16 그런데도 우리는 아직 국민(國民), 국회(國會), 민의(民意), 민생(民生), 민심(民心)이라는 용어를 자주 사용하고 있다. 민주시민교육은 우리 일상 언어 속의 이러한 비민주성을 극복하는 노력도 포함한다. '의회'보다 '국회', '시민'보다 '국민'이라는 국가중심주의 용어가 우리 일상 언어에서 많이 사용될수록 민주시민교육은 갈 길이 멀다. 또한 백성을 뜻하는 민(民)자를 활용한 민의, 민생, 민심이라는 용어가 많이 사용될수록 은연중에 그리고 암묵적으로 지배층과 피지배층 간의 수직적 권력구조는 우리 시민들의 정신 속에서 굳어진

2. 어떤 시민?

시민은 다양한 성향을 지닌다. 특히 우리처럼 다원주의화 된 민주주의 국가에서 시민들은 저마다의 다채로운 정체성과 이데올로기와 신념을 지니고 살고 있다. 그렇다면 민주시민교육에서 지향하는 시민은 어떤 시민인가?

먼저 민주시민교육에서 양성하고자 하는 시민은 민주주의에 대한 지식과 민주적 기술과 태도를 지니고 민주주의에 대한 신념을 추구하는 시민이다. 자유와 평등과 인권이라는 민주주의 가치를 추구하고 민주주의를 자신의 신념으로 삼고 이를 실현하기 위해 노력하는 시민인 것이다. 또 민주시민교육에서 지향하는 시민은 공동체 구성원 모두가 인권을 지닌 동등하게 소중한 존재라는 점을 강하게 인식하고, 이를 바탕으로 서로 이해하고 존중하고 배려하고 토론하고 설득하고 합의하고 타협하는 민주적 생활태도를 체화하고 실천하는 시민이다. 그리고 또 민주시민교육에서 육성하려는 시민은 어떤 민주적 생활태도로도 서로의 차이가 조정되지 않을 경우, 최후의 수단으로 다수결에 의지하면서도 소수자를 먼저 보호하고 다수의 독재 가능성을 배제하는 시민이다.

다. 이런 일상 언어 속의 국가중심주의와 비민주성을 극복하는 노력도 민주시민교육의 일환이 되어야 하는 것이다.

이외에도 민주시민교육에서 양성하고자 시민은 '일국 국민 정체성'이 아니라 '다중 시민성'을 지닌 시민이다. '일국 국민'이라는 단일 정체성을 지닌 시민은 포스트모던 시대를 살아가는 데 적합한 시민이 아니다. 예컨대, 포스트모던 시대는 개인 - 가족 구성원 - 학교와 학급 구성원 - 지방 주민이나 시민 - 대한민국 국민 - 동북아 시민 - 세계시민 등으로 구성되는 다중 정체성을 지닌 시민을 요구한다. 포스트모던 시대에는 기존의 대한민국 국민 중심의 정체성에 더해 지방분권자치 시대에 어울리는 지방 시민으로서의 정체성이 필요하고, 이와 더불어 동북아 지역과 지구적 차원에서 발생하는 환경, 난민, 기아, 식량, 인권, 다문화 등과 같은 다양한 글로벌 이슈를 해결하기 위한 동북아 시민 정체성과 세계시민 정체성이 필요하다. 민주시민교육은 기존의 일국 국민 정체성만을 추구하는 교육이 아니라 다중 정체성을 지닌 민주시민을 양성해야 하는 것이다.

하지만 이런 시민만이 민주시민교육이 지향하는 시민이 아니다. 민주시민교육이 지향하는 또 다른 시민은 다양한 이데올로기의 특징과 장단점을 비교해서 잘 이해하고, 자신의 추구하는 이데올로기가 무엇인지를 명확히 알고 있는 시민이다. 예컨대, 민주시민은 보수주의적 시민, 진보주의적 시민, 자유주의적 시민, 공동체주의적 시민, 공화주의적 시민, 사회 민주주의적 시민 등에서 자신이 어떤 성향의 시민인지를 잘 파악하고,

그것을 근거로 정치현상을 잘 파악하고 자신의 정치적 입장을 잘 정리하고 추구하는 시민이다.

따라서 민주시민교육은 이들 다양한 유형의 이데올로기적 시민에 대한 균형 잡힌 교육이 필요하다. 반공주의나 민족주의로 무장한 국민을 양성하는 반공교육이나 민족주의 교육과는 다르게, 민주시민교육은 특정한 이데올로기 성향을 지닌 시민을 기르는 교육이 아니다. 민주시민교육은 학생들로 하여금 다양한 이데올로기 유형의 시민들이 지닌 특징과 장단점을 균형감 있게 객관적으로 파악할 수 있게 돕는 교육이어야 하고, 학생들이 자신은 어떤 유형의 이데올로기적 시민인지에 대해 스스로 고민하고 규정할 수 있는 노력을 돕는 교육이어야 한다.

보수주의적 시민은 과거로부터 내려오는 현존하는 제도와 문화는 좋은 것들과 개선된 것들이 역사적으로 축적되어 내려온 결정체이자 총화로서, 이것들을 급진적으로 개선할 경우 사회는 불안정과 혼돈에 빠지기 쉽다고 생각하는 사람들이다(Roskin et al. 2003: 96). 이렇게 본다면 보수주의적 시민은 정치교육이나 민주시민교육의 목적을 역사적으로 축적되어 현존하는 주도적인 정치제도와 시스템과 이데올로기와 정치 지도층을 급진적이거나 전폭적인 변화 없이 안정적으로 유지하는데 있다고 생각하는 시민이다(Raia and Jason 2012). 근본적으로 기존의 사회구조를 현상유지하려는 시민인 것이다.

이와 다르게 진보주의적 시민은 역사는 앞으로 전진하는 것이라는 신념을 지니고, 이를 위해서 사회구조나 제도의 문제점을 과감히 개선해야 한다는 신념을 지닌 사람들이다. 보수주의적 시민과 진보주의적 시민의 차이는 수용하고 추구하는 변화의 정도와 속도에 따라 드러난다. 점진적인 변화와 관리 가능한 변화를 추구하면 보수주의적 시민이고, 전면적이고 급진적인 변화를 추구하면 진보주의적 시민이다(홍익표·진시원 2015, 169).

자유주의는 고전적 자유주의, 개혁적 자유주의, 신자유주의, 자유지상주의, 평등주의적 자유주의 등으로 구분 가능하다. 이 중에서 고전적 자유주의나 신자유주의, 자유지상주의를 선호하는 자유주의적 시민은 자유주의의 핵심 가치인 개인의 자유, 사유재산권, 법치주의, 자유시장, 최소국가 등을 무엇보다 우선시하는 반면(진시원 2018. 172), 같은 자유주의적 시민이라도 개혁적 자유주의와 평등주의적 자유주의를 선호하는 시민은 기본적으로 개인의 자유와 시장경제를 중시하지만 시장실패와 정부실패가 야기하는 빈부격차와 교육기회의 불평등, 독과점, 공급과 수요의 불일치 문제 등을 해결하기 위한 국가의 역할을 강조한다(진시원 2018. 175). 같은 자유주의적 시민이라도 지향하는 가치와 목표에 차이가 있는 것이다. 따라서 자유주의적 시민은 고전적 자유주의와 신자유주의, 자유지상주의를 추종하는 시민과 개혁적 자유주의와 평등주의적 자유주의를 추구하는 시민으로 크게 양분할 수 있다.

자유주의는 이렇듯 크게 두 진영으로 구분할 수 있는데(이근식 2009, 243), 두 자유주의 진영의 공통점은 국가권력으로부터 개인의 자유를 보호하고자 노력하고 그런 연장선상에서 국가권력의 분립을 중시한다. 그리고 두 진영은 모두 법치주의와 헌정주의를 통한 법 앞 평등과 기회의 평등을 추구한다(Goodwin 1987, 37-47). 이렇게 본다면, 자유주의적 시민은 일반적으로 국가권력으로부터 개인의 자유권을 중시하고 법치주의와 헌정주의를 추구하며 기회의 평등을 추구하는 시민인 것이다(Levinson 1999, 41-42). 하지만 이러한 자유주의적 시민을 양성하는 자유주의적 민주시민교육은 공동체주의나 공화주의적 시민인 공민(公民)을 양성하는 하는 데는 부적합한 한계가 있다(Bull 2008, 449; 장은주 2017, 133-134). 왜 그런지에 대한 이유는 공동체주의와 공화주의에 대한 검토에서 진행한다.

공동체주의는 자유주의가 지닌 과도한 개인주의 성향에 대해 우려하여 개인보다 공동체의 우선성과 중심성을 강조하는 이데올로기다(홍익표·진시원 2015, 183-184). 개인은 하늘에서 떨어진 독자적이고 외재적인 존재가 아니라 자신이 속한 사회와 공동체에 배태되어 있는 존재이기 때문에, 개인은 공동체를 벗어나 사고할 수 없고 존재할 수도 없다는 점을 공동체주의는 강조한다. 그리고 개인주의와 자유주의는 공동체 공동의 일에 대해 무관심하거나 냉소적이며, 공공선이나 공동선에 대한 관심이 떨어진다는 것이 공동체주의의 주장이다. 따라서 공동체주의는 공동체 공동의 일에 적극 참여하고 공동선(共同善)을 실현하기 위해 정치과정에 적극 참여하는 공동체주의적 시민이 좋은 시민이라는 이해한다(Frazer 1999, 12). 하지만 과도한 공동체주의는 전체주의나 다수의 전제로 흐르면서 개인의 자유를 침해할 가능성이 있다(최상용 2009, 227). 자유주의자들이 공동체주의를 비판하는 지점이 바로 이 지점인 것이다.

공화주의적 시민은 공화주의 이데올로기를 추구하는 시민이다. 공화주의는 특히 동등한 시민들 간의 '비지배적 자유'를 강조한다. 공화주의의 어원인 라틴어 res publica는 res privata(개인적인 것)와는 대비되는 개념으로 공공의 일(public affair) 즉, 공적인 일과 공동의 일을 의미한다. 이렇듯 개인의 자유가 아니라 공동체 공동의 일과 공적인 일을 강조한다는 점에서 공화주의는 기본적으로 자유주의보다 공동체주의에 친화적이다(김동수 1994, 277). 하지만 공화주의는 개인과 공동체 사이에서 자유주의나 공동체주의처럼 한쪽으로 일방적으로 치우치지 않고 양자 간의 균형을 추구한다. 먼저, 공화주의는 공공선(公共善)을 중시한다. 여기서 공(公) 개념은 개인의 사적(私的)인 것이 아니라 '공동체 전체의 공적인 것'을 의미하고, 공(共)

은 '개개 사람들이 함께 하는 것'을 의미한다(김경희 2018, 21-24, 230-237). 공공선은 공동체 전체에도 좋은 것이고 사람들 개개인에게도 좋은 것을 의미하는 것이다. 이렇듯 공화주의는 공동체 전체만을 중시하는 것도 아니고 사람들 개개인만을 중시하는 것도 아니다. 공화주의는 전체와 부분, 공동체와 개인 간의 균형과 조화를 추구하는 이데올로기인 것이다.

또 공화주의는 동등한 시민들 간의 공동체를 추구한다. 공화주의는 공동체 내에서 동등한 시민들을 만들기 위해 정치적 평등과 경제적 평등 그리고 법 앞 평등을 추구한다(권용립 2003, 102; 비롤리 2006, 12). 지위고하와 빈부격차를 떠나 모든 시민은 정치과정에 빠짐없이 참여하고 그 안에서 동등하게 정치적 영향력을 미칠 수 있어야 한다. 그리고 공화주의는 시민들 간의 동등한 정치적 효능감을 확보하기 위해 시민들의 경제적 여력도 중시한다. 경제적 여력이 있어야 정치에 참여할 수 있는 여유가 생기기 때문이다. 또 법 앞 평등 개념은 서로 '비지배적 자유'를 누리는 동등한 시민들이 유일하게 서로에게 복종할 수 있는 공동의 법체제를 만드는 것을 의미한다.

이렇듯 공화주의는 정치적이고 경제적이고 법적으로 서로 동등한 시민들을 만들고 이들 동등한 시민들이 더 적극적으로 정치과정에 참여하여, 개인의 사익이 정책으로 받아들여져 공익이 되고, 다시 공익이 개인의 사익이 되는 선순환을 이루는 공동체를 지향한다. 개인과 공동체 그리고 사익과 공익의 유기적인 결합을 추구하는 공화주의는 자의적인 지배에 예속되지 않은 동등한 자유인들의 공동체인 공화국을 지향하고, 선출된 대표가 공적 심의에 참여하더라도 법과 자유로운 시민들의 견제가 이루어지는 정치체제를 추구하는 이데올로기인 것이다 (김선택 2008, 50).

이러한 공화주의의 특징은 자유주의와 차이를 드러낸다. 자유주의, 특히 고전적 자유주의와 신자유주의, 자유지상주의는 개인의 자유와 사유재산권 그리고 자유시장과 최소정부를 최우선시하면서 개인 간의 능력과 성과, 그리고 운의 차이로 인한 빈부격차를 인정하고 용인하는 측면이 존재한다. 또 이들 자유주의는 보통선거권으로 표현되는 정치적 평등과 법치주의를 통한 법 앞 평등 그리고 기회의 평등이라는 평등 장치를 추구하지만, 이들 평등 장치는 공화주의가 추구하는 '동등한 시민'과 '비지배적 자유'라는 평등 장치와는 그 효과 면에서 큰 차이를 드러낸다. 고전적 자유주의와 신자유주의, 자유지상주의는 '동등하지 못한 시민'과 '지배적 자유'를 생산하는 측면이 강하게 존재한다. 반면, 개혁적 자유주의와 평등주의적 자유주의는 빈부격차 해소와 교육기회의 평등 확보, 복지권의 확대 등을 통해 고전적 자유주의와 신자유주의, 자유지상주의가 만들어낸 '동등하지 못한 시민'과 '지배적 자유'의 문제점을 완화하려고 노력한다는 점에서 공화주의적 평등과 유사한 면을 지닌다.

하지만 공화주의가 문제가 없는 것은 아니다. 공화주의는 분명히 개인과 공동체 중에서 개인이 아닌 공동체에 우선성과 강조점을 두고 있는 정치 이데올로기다. 따라서 과도한 공동체주의와 마찬가지로 과도한 공화주의도 항상 전체주의와 '다수의 전제'의 위험성을 지니고 있다(Young 1990, 117; 김동수 1994, 286; 김남국 2005, 111; 전상국 2009, 227-228). 개인에 대한 전체의 우세를 강조하고 강압하려는 성향이 존재하는 것이다. 이러한 전체주의와 다수의 전제 성향은 공화주의의 내재적인 위험 중 하나로 '개인적 자유'뿐 아니라 공화주의가 강하게 추구하는 '비지배적 자유'도 침해하는 측면이 존재한다(장은주 2017, 133-134).

사회 민주주의는 폭력적이고 급진적인 탈자본주의적 혁명을 거부하고, 자본주의 체제 하에서 노동자 정당이 선거에서 승리하고 이를 통해 친노동자 국가를 만들자는 점진적 사회주의의 입장에서 시작된 정치 이데올로기이자 정부형태이다(홍익표·진시원 2015, 171-172). 하지만 서유럽과 북유럽 국가에서 현재 유지되고 있는 사회 민주주의 국가는 집권여당이 보수정당이든 진보정당이든 간에 정도의 차이는 있지만 모두 복지국가의 형태를 띠고 있다는 점에서 공통점이 있다. 사회 민주주의는 고전적 자유주의와 신자유주의, 자유지상주의와는 소유권

(ownership)을 바라보는 시각에서 다르다. 이들 자유주의는 개인의 사유재산권(private ownership)을 중시하지만 사회 민주주의는 그렇지 않고 사회적 소유권(social ownership)을 강조한다. 개인이 소유한 재산은 개인 것이라는 사유재산권 개념과 명확히 대비되게, 사회 민주주의는 개인의 재산은 개인의 노력뿐 아니라 그 개인이 속한 사회적 환경과 맥락 속에서도 영향 받는다는 점을 중시한다. 따라서 개인의 재산은 기본적으로 개인의 것이지만 자신이 속한 사회의 몫도 있다는 점을 사회 민주주의적 시민들은 인정한다. 사회 민주주의의 사회적 소유권 개념은 국유나 공유 개념과는 다르다. 사회 민주주의는 사유재산권을 인정하지만, 사회주의나 공산주의는 사유재산권을 부정하고 생산수단의 국유나 공유를 추구하기 때문이다.

예컨대, 신자유주의적 시민이나 자유지상주의적 시민들은 세금을 사유재산권에 대한 침해로 보는 반면, 사회 민주주의적 시민들은 세금을 통한 사유재산의 공동체로의 기여나 환원을 인정한다. 이처럼 신자유주의적 시민과 자유지상주의적 시민은 사회 민주주의적 시민과 분배정의 즉, 사회정의에 대한 입장에서 서로 명확하게 다르다. 사회 민주주의 국가는 복지국가다. 사회 민주주의적 시민은 복지체제에 대한 긍정적인 가치와 신념을 지닌 시민인 것이다. 이런 점에서 본다면, 개혁적 자유주의와 평등주의적 자유주의가 추구하는 빈부격차 해소와 교육기회의 평등 확보, 복지권의 확대 등은 사회 민주주의가 추구하는 평등 장치와 유사하다. 개혁적 자유주의와 평등주의적 자유주의 성향의 시민은 사회 민주주의 성향의 시민과 유사한 가치와 신념체계를 지니고 있는 것이다. 이렇듯 사회 민주주의적 시민은 시민들 간의 평등과 비차별을 중시하며 이를 위한 복지권 강화에 적극적인 시민이라고 볼 수 있다(Frazer 1999, 16).

이외에도 민주시민교육은 단순한 유권자가 아닌 주권의 명백한 소유자이자 실질적인 행사자로서의 시민을 지향한다(진시원·홍익표 2016, 399). 민주시민은 유권자 시민이 아니라 주권자 시민인 것이다. 또 민주시민교육은 수동적인 피치자(被治者)가 아니라 주인의식과 참여의식을 지닌 '치자(治者)이자 피치자'로서의 시민을 지향하며, 치자든 피치자든 간에 시민들 간의 특권과 기득권을 배제한 동등성 확보를 공동체 운영의 핵심 준칙으로 삼는 시민을 지향한다. 특히 민주시민교육에서 추구하는 시민은 사람들 간의 지위의 수직관계를 인정하는 백성이나 신민의식을 지닌 시민이 아니라 주인의식으로 무장한 주권자 시민이다. 또 민주시민교육에서 만들고자 하는 시민은 국가중심주의와 민족주의에 과도하게 매몰된 국민이나 민족구성원이 아니다. 민주시민교육이 지향하는 시민은 유권자가 아닌 주권자 시민이며 서로 동등한 소중한 시민이며 '비지배적 지배를 견지하는 시민인 것이다.

민주시민교육에서 양성하고자 하는 시민은 이외에도 더 있다. 시민은 서로 이해하고 존중하고 배려하고 토론하고 설득하고 절충하고 타협하고 합의하는 시민이 좋은 시민이다. 하지만 이러한 민주적 생활태도에도 불구하고 결국 차이가 조정되지 않을 경우 시민은 소수자를 보호하고 다수의 전제 가능성을 극복하면서 다수결에 의존하는 시민이 되어야 한다. 하지만 이런다고 다원주의화 된 사회에서 시민들의 다양한 정체성과 이해관계의 차이가 다 조정되는 것은 아니다. 특히 최후의 수단인 다수결이 소수자를 구조적이고 소외시키고 다수가 지속적으로 전제를 이루는 경우 시민들은 비판하고 분노할 줄 아는 시민이어야 한다. 더욱이 반민주적인 정부형태와 정책이 정의롭지 않게 폭력적으로 유지되는 경우 그리고 불평등과 차별과 혐오 같은 사회 구조적인 문제들이 변화 없이 유지·강화되는 경우, 시민들은 분노와 함께 저항하고 개선할 줄 아는 시민이어야 한다. 사회의 부조리와 불합리와 부정의에 대해서 비판하고 분노하고 저항하고 개선할 줄 아는 시민이어야 하는 것이다.

비판하고 분노하고 저항하고 개선하는 시민은 두 가지다. 첫째, 자신의 목소리를 키울 줄 아는 즉, voice up 전략을 구사하는 시민이다. 시민은 자신이 계속 소수자로서 다수의 전제에 피해를 받는 경우 그리고 사회의 구조적인 부조리와 불합리와 부정의로 인해 고통받고 있는 경우 자신과 정체성이나 이해관계를 공유하는 다른 시민들과 이익집단이나 비정부기구(NGO) 등을 결성해서 자신의 목소리를 정책결정과정에서 키우는 노력을 할 수 있다. 둘째, 이도 안 되는 경우, 시민은 피케팅이나 시위 등 직접 행동(direct action)에 나설 수 있어야 한다. 민주시민교육에서 양성하고자 하는 시민은 공동체 구성원이 합의한 규칙을 따르는 시민이지만 자신이 지속적인 소외나 사회 구조적인 피해를 받는 경우 피케팅이나 시위 등과 같은 직접 행동에도 나설 수 있어야 하는 것이다. 특히 민주주의 국가에서 비민주적인 정부가 들어서거나 비민주적인 정책이 정부로부터 자신에게 불합리하게 강요될 때 그리고 사회 불평등이나 부와 지위의 대물림 같은 사회 구조적인 문제가 전혀 개선의 움직임이 없을 경우, 시민은 분노하고 저항하고 개선을 위한 직접 행동에 나설 수 있어야 한다.

분노하는 시민에 대한 스테판 에셀의 글은 인용할 만 하다(에셀 2011, 15-16).

> 나는 여러분 모두가, 한 사람 한 사람이, 자기 나름대로 분노의 동기를 갖기 바란다. 이건 소중한 일이다. 내가 나치즘에 분노했듯이 여러분이 무언가에 분노한다면, 그때 우리는 힘 있는 투사, 참여하는 투사가 된다. 이럴 때 우리는 역사의 흐름에 합류하게 되며, 역사의 도도한 흐름은 우리들 각자의 노력에 힘

> 입어 면면히 이어질 것이다. 이 강물은 더 큰 정의, 더 큰 자유의 방향으로 흘러간다. 여기서 자유란 닭장 속의 여우가 제멋대로 누리는 무제한의 자유가 아니다. 1948년 세계인권선언이 구체적으로 실천방안까지 명시한 이 권리는 보편적인 것이다. 만약 여러분이 어느 누구라도 이 권리를 제대로 누리지 못하고 있는 사람을 만나거든, 부디 그의 편을 들어주고 그가 그 권리를 찾을 수 있도록 도움을 주라.

정리하면, 민주시민교육에서 육성하고자 하는 시민은 지금까지 살펴 본 내용을 종합적으로 체화하고 실천하는 시민이어야 한다. 먼저 민주시민교육에서 추구하는 시민은 민주주의가 무엇이고 왜 중요한지를 알고 민주적 생활태도를 체화한 시민이어야 한다. 그리고 기존의 일국 국민 정체성에만 매몰된 시민이 아니라 포스트모던 시대에 적합한 다중 정체성을 지닌 시민이어야 한다. 또 민주시민교육에서 지향하는 시민은 길들여지고 순응하는 수동적 시민이 아니라 동등하게 소중한 주권자로서 강한 주인의식을 지닌 적극적이고 능동적인 시민이면서, 필요하면 불의한 치자들에게 분노하고 저항할 줄 아는 시민이어야 한다.

하지만 민주시민교육에서 가장 중점을 두고 육성해야 하는 시민은 자신의 이데올로기적 성향이 무엇인지를 파악한 다음 그에 걸맞게 정치활동을 추구하는 시민이다. 시민의 이데올로기적 정체성은 그 시민이 정치현상과 본질을 이해하는 시각, 지지하는 정당과 정책, 자유와 평등과 정의를 바라보는 입장 등에 강하게 영향을 미친다. 그리고 어떤 이데올로기적 성향의 시민이 많으냐에 따라 그 나라의 국가 정체성도 크게 영향 받는다. 예컨대 신자유주의적 시민이 많으면 그 나라는 자유시장 중심의 최소국가가 될 가능성이 높고, 사회 민주주의적 시민이 많으면 그 나라는 사회정의를 추구하는 복지국가가 될 가능성이 높다.

이런 점들을 고려할 때 민주시민교육에서 정치 이데올로기를 가르치는 것은 필수적이다. 지금처럼 자유주의가 무엇이고 공화주의와 사회 민주주의가 무엇인지 정확히 알지 못하는 시민이 존재하는 것은 전혀 좋은 상황이 아니다. 더욱이 보수와 진보 간의 갈등이 심각한 우리 공동체에서 진보주의와 보수주의가 무엇인지에 대한 제대로 된 정치 이데올로기 교육이 없는 상황은 이해하기 어렵다. 시민들이 다양한 정치 이데올로기를 배우고 이를 통해 자신의 이데올로기적 정체성을 규정하는데 민주시민교육이 반드시 기여해야 하는 것이다.

Ⅲ. 교육

민주시민교육은 정해진 답을 제공하고 일방적으로 규정된 특정 정체성을 학생들에게 강요하는 교육이 아니다. 민주시민교육은 좋은 민주주의가 무엇이고 좋은 시민이 어떤 시민인지에 대한 다원주의적인 지식과 정보를 제공하고, 학생들 스스로 그러한 정보를 바탕으로 객관적이고 균형감 있게 자신만의 해답과 정체성을 찾아가게 만드는 교육이어야 한다. 이런 점에서 민주시민교육은 기존의 교육과 다르고 또 달라야 한다. 그렇다면 민주시민교육에서 '교육'은 왜 필요하고 기존의 교육과 어떻게 다른 교육을 실현해야할까?

1. 왜 교육?

민주시민교육에서 '교육'이 왜 필요하고 왜 중요한지에 대한 대답은 간단하다. 첫째, 민주시민은 하루아침에 만들어지지 않기 때문이다. 민주시민으로서의 자질과 태도를 지니고 살아가는 시민은 선천적으로 타고 나는 것도 아니고 하늘에서 외재적으로 뚝 떨어지는 것도 아니다. 민주시민은 교육을 통해서 만들어진다. 학교교육이나 평생교육을 통해서 교육받은 내용을 스스로 배우고 익히고 성찰하고 실천하면서 민주시민은 만들어진다. 민주시민을 양성하는 '교육'이 필요한 것이다.

둘째, 세 살 버릇이 여든까지 가기 때문이다. 어릴 때부터 민주시민교육을 배우고 익힌 학생들은 평생을 민주시민으로 살아갈 가능성이 높다. 더욱이 유아와 청소년기에 접한 민주시민교육이 성인기에 접한 민주시민교육보다 교육의 효과에 있어서 더 긍정적이다. 성인은 쉽게 변하지 않는다. 성인은 이미 자신만의 굳어진 세계관과 지식, 기술, 태도, 가치, 신념 등을 지니고 있기 때문이다. 따라서 민주시민교육의 내용을 새롭게 배우고 익히는데 있어서 성인은 유아나 청소년에 비해 저항감이 있거나 속도 면에서 느릴 수 있다. 민주시민교육은 성인기의 평생교육도 중요하지만 유아와 청소년기의 학교교육이 더 중요한 것이다. 그렇다면 이렇게 필요하고 중요한 민주시민교육은 어떻게 교육해야 할까?

2. 어떤 교육?

민주시민교육은 다원주의화 된 민주주의 사회에서 추구하는 교육이다. 따라서 민주시민교육이 특정 정치집단에 의해서 특정 정치 신념을 일방적이고 강압적으로 가르치는 도구로 활용되어서는 안 된다(Pring 1999). 똑 같은 이유로 민주시민교육을 수행하는 교수자는 자신의 특정 정치 신념을 학습자들에게 여과 없이 일방적으로 강요해서도 안 된다. 학습자들은 자신이 학생이든 성인시민이든 간에 균형 잡힌 입장에서 다원주의적 방식으로 민주시민교육을 받을 권리가 있는 것이다.

이러한 원칙적인 교수학습방식 이외에도 민주시민교육을 어떻게 교육해야 하는지는 몇 가지 차원에서 접근 가능하다. 첫째, 민주시민교육은 지식만을 획득하는 교육이 아니라 주권자 의식을 지닌 민주시민을 양성하는 교육이다. 따라서 민주시민교육은 민주적인 학교 '분위기'에서 시작되어야 한다. 학교와 학급이 민주적으로 운영되지 않는다면 제대로 된 민주시민교육이 이루어지기 어렵기 때문이다. 민주시민은 지식으로 만들어지는 것이 아니라 민주적인 분위기 속에서 사회적으로 만들어진다.

둘째, 보수와 진보 간의 갈등이 큰 우리사회에서 민주시민교육을 어떻게 이데올로기적으로 교육해야 하는지에 대한 사회적 논의와 합의가 필요하다. 기본적으로 민주시민교육은 보수와 진보를 아우르는 교육이어야 하고, 이데올로기의 절대성이 아니라 상대성을 이해하고 실천하는 시민을 양성하는 교육이어야 한다. 이데올로기는 객관적인 과학이 아니라 일종의 신념이자 믿음이고, 합리적인 것이 아니라 당파적이고 주관적이다(칼 만하임 1979; 이충호 1993, 238). 따라서 민주시민교육은 보수와 진보 이데올로기가 정확히 무엇인지에 대한 지식을 제공하고, 내가 추구하는 진보나 보수 이데올로기가 절대적으로 옳은 것이 아니라 서로 상대적인 것이라는 인식과 태도를 지닌 시민을 만드는 교육이어야 한다. 민주시민교육을 급진적인 진보교육이나 좌파교육으로 이해하고 반대하는 보수 성향의 사람들이 존재하고, 민주시민교육이 반공교육이나 국민윤리교육과는 다르게 반드시 진보적인 시민을 만드는 교육이어야 한다고 생각하는 진보 성향의 사람들이 존재하는 한 민주시민교육은 제대로 운영될 수도 없다.

우리나라보다 먼저 민주시민교육을 도입한 독일과 영국, 미국 같은 나라에서는 민주시민교육의 내용을 정하는데 있어서 보수와 진보 간의 많은 갈등에도 불구하고 합의가 우선적으로 이루어졌다. 특히 정치교육을 통해 성공적으로 민주시민을 양성하고 있는 독일의 경우 보수와 진보 간의 보이텔스바흐(Beutelsbacher Konsens) 합의 내용이 우리에게 유익하다. 보이텔스바흐 합의 내용은 세 가지로 교화나 주입식 교육을 하지 말 것(강제성 금지 원칙), 수업에서 실제와 같은 논쟁적 상황을 실현할 것(논쟁성 유지 원칙), 학생 자신의 정치적 상황과 이해관계를 고려한 실천능력을 배양할 것(정치적 행위능력 강화 원칙) 등이 바로 그것이다(신두철 2005, 50-52; 김미경 2009, 43; 권태선 2010). 교사가 자신의 입장에서 학생들에게 일방적으로 교화하고 주입하는 교육을 금지하고, 사회에서 논쟁적인 이슈에 대해서는 논쟁이 왜 벌어지고 있는지를 학생들이 있는 그대로 인지하게 만들고 이를 통해 학생들이 자신의 입장에서 스스로 판단하게 만들어야 한다는 것이다. 또 학생은 자신의 정치적인 상황과 이해관계를 잘 파악하고 그것을 바탕으로 스스로 정치적인 판단과 선택과 참여를 할 수 있도록 교육해야 한다는 것이다.

하지만 보이텔스바흐 합의 내용에 대한 오해가 있으면 곤란하다. 민주시민교육은 민주주의에 대한 지식과 민주적인 기술과 태도, 그리고 자유, 평등, 인권과 같은 민주주의 가치와 이에 대한 굳은 신념을 지닌 민주시민을 양성하는 교육이다. 민주적인 역량을 지닌 시민을 키우는 교육이 바로 민주시민교육인 것이다. 보이텔스바흐 합의 중에서 교화나 주입식 교육을 하지 말라는 강제성 금지 원칙은 학생들이 교사의 도움 없이 혼자 스스로 민주주의에 대한 지식을 습득하라는 말이 아니다. 주요 개념과 사례에 대한 설명은 반드시 필요하고 그것은 분명히 교사의 몫이다. 강제성 금지 원칙은 교사가 설명을 하되 일방적으로 자신의 정치적이고 이데올로기적인 입장에서 교화하거나 주입하지 말고, 학생과 소통하면서 객관적이고 상호주관적으로 하라는 것이다.

또 논쟁성 유지 원칙은 사회적으로 논쟁 중인 이슈에 대해서 교사가 찬반 양 진영의 논리와 주장을 잘 비교해서 학생들에게 설명해야 한다는 점을 의미한다. 교실에서 사회적 쟁점을 둘러싼 논쟁성이 유지되어야 한다는 주장은 논쟁만하고 해답은 찾지 말라는 취지가 아니다. 교사는 객관적인 입장에서 찬반 양 진영의 논리와 주장을 비교해서 잘 설명하고, 학생들은 논쟁적인 찬반 의견을 잘 이해한 다음 자신의 입장을 정리하고 스스로 결정할 수 있어야 하다는 것이다. 정치적 행위능력 강화 원칙은 지식 획득에만 머무르지 않고 자신의 이해관계를 실현하기 위해 정치과정에 적극 참여하는 학생과 시민을 만들어야 한다는 주장이다. 자신의 정치적 입장과 이해관계를 잘 파악하고 이를 실현하기 위해 적극적으로 정치에 참여하는 시민을 만들어야 한다는 주장은 민주시민교육이 개인의 권리교육이자 참여교육이기도 하다는 점을 의미한다.

셋째, 교수학습 방식에서도 민주시민교육은 기존의 교육과 달라야 한다. 교수학습방식은 여러 가지로 구분해 볼 수 있다. 자기 주도식 교육 vs 주입식 교육, 학습자 중심 교육 vs 교수자 중심 교육, 실천 중심 교육 vs 이론 중심 교육, 문제해결 중심 교육 vs 지식 중심 교육, 사례 중심 교육 vs 개념 중심 교육, 협력적 교육 vs 경쟁적 교육, 다원주의적 교육 vs 절대주의적 교육, 서술형 및 논술형 교육 vs 사지선다형 교육, 토론식 교육 vs 강의식 교육, 사유식 교육 vs 암기식 교육 등이 바로 그것이다.

기존의 교육은 기본적으로 주입식, 교수자 중심, 이론과 지식과 개념 중심, 경쟁적, 절대주의적, 사지선다형, 강의식, 암기식 교수학습방식에 많이 치우쳐 있었다면, 민주시민교육은 기존의 이런 교육과는 다르고 달라야 한다. 민주시민교육은 기존의 교수학습방식을 모두 경시하고 부정하는 것이 아니라 기존의 방식을 비판적으로 계승하면서 자기 주도식, 학습자 중심, 실천 중심, 문제해결 중심, 협력적, 다원주의적, 서술형 및 논술형, 토론식, 사유식 교수학습방식도 무게감 있게 함께 추구하는 교육이어야 한다.

<표 3> 민주시민교육의 교수학습방식

교수학습방식의 구분	- 자기 주도식 교육 vs 주입식 교육 - 학습자 중심 교육 vs 교수자 중심 교육 - 실천 중심 교육 vs 이론 중심 교육 - 문제해결 중심 교육 vs 지식 중심 교육 - 사례 중심 교육 vs 개념 중심 교육 - 협력적 교육 vs 경쟁적 교육 - 다원주의적 교육 vs 절대주의적 교육 - 서술형 및 논술형 교육 vs 사지선다형 교육 - 토론식 교육 vs 강의식 교육 사유식 교육 vs 암기식 교육
기존의 교수학습방식	- 주입식, 교수자 중심, 이론과 지식과 개념 중심, 경쟁적, 절대주의적, 사지선다형, 강의식, 암기식 교수학습방식에 많이 치우친 교육
민주시민교육의 교수학습방식	- 기존의 교수학습방식을 비판적으로 계승하면서 자기 주도식, 학습자 중심, 실천 중심, 문제해결 중심, 사례 중심, 협력적, 다원주의적, 서술형 및 논술형, 토론식, 사유식 교수학습방식도 무게감 있게 함께 추구하는 교육

이렇듯 기존의 교수학습방식과 민주시민교육의 교수학습방식은 서로 배타적인 우열관계 속에서 한쪽은 버리고 한쪽은 추구해야할 양자 배제적인 관계가 아니다. 교육은 일방적으로 가르치는 것도 아니고 일방적으로 배우는 것도 아니다. 좋은 교

육은 교수와 학습이 그리고 교사와 학생이 변증법적으로 결합되어 이루어져야 하는 것이다. 따라서 민주시민교육은 기존의 교수학습방식이 한쪽으로 치우쳐 있었다고 해서 그것을 모두 부정해서는 안 된다. 특히 민주시민교육의 교수학습방식에서 교수자와 이론과 지식과 개념의 중요성을 경시하고 배제하는 것은 곤란하다. 민주주의 이론과 민주주의에 대한 지식과 개념을 이해하는 것은 중요하다. 그리고 이들 이론과 지식과 개념을 가르치는데 있어서 학습자의 자기 주도 학습에 전적으로 의존하는 것은 좋은 교수학습방법이 아니다. 교육의 효과 면에서도 효율적이지 못하다. 이론과 지식과 개념을 모르면 좋은 교육이 될 수 없기 때문에 교수자의 설명은 필수적이다. 교수자가 없는 교육은 당연히 제대로 된 교육이 될 수 없는 것이다. 마찬가지로 학생들의 자기 주도적 노력이 없는 교육도 좋은 교육이 될 수 없다. 학생의 자기 주도적 노력이 없는 교육도 제대로 된 교육이 아닌 것이다. 결국 학생과 교수자 간의 상화작용과 교감과 소통이 중요하다. 민주시민교육은 단절적이고 일방적인 교육이 아니라 교수자와 학생 간에 상호주관주의적인 교육이어야 하는 것이다.

넷째, 민주시민교육은 초등학교와 중학교, 고등학교 수준에서 각 단계에 맞게 교육의 무게중심과 내용이 체계적으로 조정되어야 한다. 학생이든 시민이든 학습자는 민주시민교육을 통해 몇 단계의 발전과정을 거칠 수 있다. 민주시민과 관련된 지식, 기술, 태도, 가치, 신념을 배우는 단계 → 민주시민과 관련된 지식, 기술, 태도, 가치, 신념을 이해하는 단계 → 민주시민과 관련된 지식, 기술, 태도, 가치, 신념을 체화하는 단계 → 정치과정에 민주적으로 적극 참여하는 단계 → 자신의 참여에 책임지고 성찰하는 단계가 바로 그것이다. 따라서 초등학교 민주시민교육은 서로 이해하고 존중하고 배려하고 토론하고 설득하고 타협하고 절충하고 합의하는 민주적 생활태도를 배양하는데 무게중심을 두어야 한다면, 중학교와 고등학교로 넘어갈수록 이런 민주적 생활태도는 계속 공고히 해나가면서 민주주의에 대한 학생들의 지식과 가치와 신념을 점차 강화해 나가는 방향으로 교육의 무게중심을 옮기는 게 좋아 보인다(이춘수 2003, 119).

Ⅳ. 결론

이 글은 민주시민교육에서 다루어야 할 내용을 정리한 글이다. 민주시민교육의 틀 아래서 어떤 민주주의를 왜 가르쳐야 하는지, 시민은 왜 시민이고 어떤 시민을 키워야 하는지, 그리고 민주시민을 제대로 육성할 수 있는 교육은 어떻게 해야 하는지를 중점적으로 살펴보았다. 이 글의 내용은 학생들이 모두 알고 숙지해야 하는 것이 아니라 민주시민교육을 주도하는 교사들이 숙지해야 할 것들이다. 학생들은 이런 내용을 모두 배우고 체화할 필요는 없다. 하지만 교사는 학생들을 제대로 지도하기 위해서 민주시민교육과 관련된 모든 내용들을 조망하고 통찰할 수 있어야 하고, 구체적이고 세밀한 내용까지 잘 이해하고 설명할 수 있어야 한다. 학생들은 핵심 내용을 이해하고 체화하여 실천하면 된다. 교사의 도움이 반드시 필요한 것이다.

한국 민주주의는 1987년 절차적 민주화 이후 실질적 민주주의로의 도약을 위한 여정에 놓여 있다. 1987년을 기점으로 독재와 권위주의에서 절차적 민주주의로 이행했으며, 절차적 민주주의에서 실질적 민주주의로 공고화되는 과정에 놓여 있는 것이다. 하지만 한국 민주주의가 1987년 이후 지속적인 발전만 거듭한 게 아니다. 그 여정에는 절차적 민주주의와 국민들의 기본권이 침해당하는 민주주의의 퇴행기도 있었다. 절차적 민주주의는 방치할 경우 뒤로 퇴행하기도 한다는 점을 경험한 것이다. 따라서 한국 민주주의는 절차적 민주주의에 안주해서는 곤란하다. 절차적 민주주의를 공고화하고 실질적 민주주의로 이행하기 위한 민주시민들의 관심과 참여가 필요한 것이다.

정치권력을 향한 개인과 집단들의 열린 경쟁, 주기적인 선거, 참정권과 자유권만으로는 좋은 민주주의가 되기에 충분하지 않다. 한국 민주주의는 이러한 절차적 민주주의에서 실질적 민주주의로의 또 다른 도약을 필요로 하는 시기에 놓여 있다. 한국 민주주의의 재민주화 즉, 절차적 민주주의의 실질적 민주주의로의 전환이 필요한 것이다.

실질적 민주주의로 전환하기 위해 우리 공동체의 몇 가지 노력이 요구된다. 첫째, 주권자 시민들의 직접적인 정치참여를 제도화하고, 대의 민주주의의 문제점을 직접 민주주의와 참여 민주주의, 심의 민주주의, 풀뿌리 민주주의, 광장 민주주의를 활성화해서 보완해야 한다. 둘째, 대의 민주주의가 지닌 배제의 정치와 다수결 정치의 문제점을 극복하기 위해, 포함의 정치와 타협의 정치를 추구하는 합의 민주주의를 도입하고 제도화해야 한다. 셋째, 정치·경제·사회·법적 불평등과 기득권 강화가 야기한 특권층과 일반시민들 간의 '지배적 자유'와 '지배적 지배' 관계를 극복해야 한다. 특히 경제 불평등을 해소하기 위한 경제 민주화가 필요하고, 공동체의 법을 기득권화 하고 사유화하는 법조 카르텔을 해소하기 위한 사법 민주화가 중요하다. 넷째, 민주시민교육을 강화해야 한다. 민주주의는 법과 제도만으로 발전하지 않는다. 시민들의 민주적 심성과 생활태도도 필요하기 때문이다.

실질적 민주주의는 이렇듯 절차적 민주주의에 만족하지 않고 절차적 민주주의의 재민주화를 요구하고 있다. 우리 시대의 재민주화는 동등한 시민들 간의 '비지배적 자유'와 '비지배적 지배'를 공고히 하고 경제적 민주주의와 생활태도로서의 민주주의를 강화할 것을 요구하고 있다.

민주시민교육은 우리 민주주의를 더 좋은 민주주의로 만들기 위한 대한민국 공동체의 교육적 목표이자 과제다. 민주시민교육은 절차적 민주주의를 더욱 공고히 하고 실질적 민주주의를 발전시키는데 기여해야 한다. 보수와 진보의 갈등을 넘어 그리고 학력지상주의와 입시위주의 과도한 경쟁교육을 넘어 우리 시민 개개인과 공동체 전체의 밝고 행복한 미래를 위해 민주시민교육을 제대로 확대하고 강화하는 노력이 지금 필요한 것이다.

참고문헌

권용립. 2003. "현대 미국 정치-신보수의 이해." 권용립 저. 『미국의 정치 문명』. 서울: 삼인.

권태선. 2010. "국가 주도의 시민교육 안 된다." 한겨레신문 권태선 칼럼. 2010년 10월 4일자.

김경희. 2018. 『근대 국가 개념의 탄생: 레스 푸브리카에서 스타토로』. 서울: 까치.

김남국. 2005. "다문화 시대의 시민: 한국사회에 대한 시론." 『국제정치논총』 제45권 4호.

김동석·김희철. 2008. 『법과 현대생활』. 서울: 일조각.

김동수. 1994. "현대 공동체주의의 사상적 기초: 자유주의적 개인주의 비판을 중심으로." 『한국정치학회보』 제26집 3호.

김미경. 2009. "한국과 독일의 정치교육 비교." 『교육문화연구』 제15권 1호.

김범수. 2008. 민주주의에 있어 포용과 배제: 다문화 사회에서 데모스의 범위 설정 문제를 중심으로. 『국제정치논총』 제48권 3호.

김선택. 2009. "공화국 원리와 한국 헌법의 해석." 『법제』 2008년 9월.

김수식·진시원·오승호. 2013. "중등 사회과 민주주의 교육에 대한 비판적 고찰." 『법교육연구』 제8권 1호.

김용찬. 2007. 『사회과교육과 강한 정치교육론』. 서울: 교육과학사.

매일경제 2020. "입법·사법·행정부 신뢰 낮아... 국민 76% 정당·국회 신뢰 안 해." 4월 28일자 기사.

모리치오 비롤리 저. 김경희·김동규 역. 2006.『공화주의』. 경기도 고양시: 인간사랑.

스테판 에셀(Stéphane Hessel) 저. 임희근 역. 2011.『분노하라』. 경기도 파주시: 돌베개.

신두철. 2005. “독일의 정치사회화와 정치교육.”『한독사회과학논총』 제15권 1호.

유석렬. 1986. “민주시민교육으로서 한국정치교육의 방향.”『한국정치학회보』 제20권 2호.

앤드류 헤이우드 저. 조현수 역. 2007.『정치학: 현대정치의 이론과 실천』. 서울: 성균관대학교출판부.

앤드류 헤이우드 저. 이종은·조현수 역. 2007b.『현대정치이론』. 서울: 까치.

은지용·정필운. 2014. “사회과 민주주의 개념과 관련된 국가 정체성 교육 내용에 대한 비판적 고찰.”『시민교육연구』 제46권 4호.

이근식. 2009. “밀의 자유론 출간의 의미.”『지식의 지평』. 7권.

이춘수. 2003. “정치교육의 문제점과 개선방안에 대한 연구.”『시민교육연구』 제35권 2호.

이충호. 1993. “이데올로기의 양면성과 정치적 기능에 관한 소고.”『호남정치학회보』 제5집.

장은주. 2017.『시민교육이 희망이다: 한국 민주시민교육의 철학과 실천모델』. 서울: 피어나.

전상국. 2009. “자유주의와 공동체주의 논쟁.” 최상용 외 저.『인간과 정치사상』. 경기도 고양시: 인간사랑.

전선일. 2009.『성숙한 민주주의를 위한 민주정치교육 전략』. 서울; 도서출판 엠애드.

정원규. 2017.『공화민주주의』. 서울: 도서출판 씨아이알.

조지 세이빈·토마스 솔슨. 1992. 『정치사상사』. 서울: 한길사.

진시원·홍익표. 2016. 『왜 시민주권인가?』. 부산: 부산대학교출판부.

진시원. 2018. "다문화주의에 대한 이데올로기적 검토." 『다문화사회연구』 제11권 1호.

______. 2019. "민주주의와 다문화주의의 관계에 대한 이론적 검토." 『법교육연구』 제14권 3호.

최상용 외. 2009. 『인간과 정치사상』. 경기도 고양시: 인간사랑.

최상용. 2012. 『중용의 정치사상』. 서울: 까치.

최태욱. 2010. "진보적 자유주의 구현을 위한 정치제도의 조건: 합의제 민주주의." 『한국정치연구』 제19권 3호.

칼 만하임 저. 임석진 역. 1979. 『이데올로기와 유토피아』. 서울: 자학사.

홍익표. 2004. "남북한 사회통합의 새로운 지향: 합의제 민주주의를 중심으로." 『통일문제연구』 제16권 2호.

______. 2013. 『한국정치를 읽는 20개의 키워드』. 서울: 도서출판 오름.

______. 2018. 『누가 저 베헤모스를 만들었을까: 한국 권위주의의 기원에 대한 정치적 고찰』. 서울: 도서출판 오름.

홍익표·진시원. 2015. 『세계화 시대의 정치학(개정판)』. 서울: 도서출판 오름.

Bull, Barry L. 2008. "A Politically Liberal Conception of Civic Education." *Studies in Philosophy and Education*. Vol. 27.

Frazer, Elizabeth. 1999. "Introduction: The Idea of Political Education." *Oxford Review of Education*. Vol. 25. No. 1-2.

Goodwin, Barbara. 1987. *Using Political Ideas(Third Edition)*. New York: John Wiley & Sons.

Levinson, Meira. 1999. "Liberalism, Pluralism, and Political Education: Paradox or Paradigm?" *Oxford Review of Education*. Vol. 25. No. 1-2.

Outhwaite, William & Bottomore, Tom & Gelner, Ernst & Nisbet, Robert & Touraine, Alain. 1993. *Twentieth-Century Social Though*. Oxford UK: Blackwell Publisher.

Pring, Richard. 1999. "Political Education: Relevance of the Humanities." *Oxford Review of Education*." Vol. 25. No. 1&2.

Raia, S. and Jason, L. "Citizens for 21st Century: Civics Education Today." *Judges' Journal*. Vol. 51. Issue 3.

Roskin, Michael G. & Cord. Robert I. & Medeiros, James A. & Jones, Walter W. 2003. *Political Science: An Introduction. Eight Edition*. Upper Saddle River: Prentice Hall.

Young, Iris. 1990. *Justice and the Politics of Difference*. Oxford: Oxford University Press.

5장

민주공화국시민교육의 이론과 실제

| 오승호 |

Ⅰ. 시민교육이 가야할 길

1. 민주시민교육에 대한 새로운 논의의 필요성

민주시민교육의 내용과 실천은 시대와 공간에 따라 다르게 전개되었다. 계급적 관점, 이해관계적 관점 등을 포함한 다양한 사회적 맥락의 영향을 받아 온 것이다. 현재도 자신들이 서 있는 사회적 위치나 신념, 그리고 믿음에 따라 민주시민교육을 주장한다. 이러한 주장들 속에서 민주시민교육에 대한 인식의 차이는 갈등으로 변하고, 민주시민교육에 대한 논의는 헤게모니를 둘러싼 다툼으로 변질되기도 한다. 이와 같은 경쟁적 구도는 자유를 중심으로 하는 공적 이상과는 거리가 먼 특정 민주주의의 제도 및 절차의 효율성을 강조하는 방향으로 전개될 위험성이 크다. 예컨대 권위주의 시대는 장식적 민주주의의 제도와 절차를 준수하는 준법적 방향으로 전개되었다. 민주화 이후에는 민주주의의 심화보다는 경제적 자유와 권리를 보장하기 위해 민주주의 절차와 제도를 효과적으로 운영하기 위한 정치 사회화적 관점으로 전개되기도 하였다. 경제적 자유와 권리의 보장의 내용을 크게 2가지로 나눠보면 경쟁을 통한 결과를 철저하게 보장하는 것과 복지 서비스를 보장하는 것이라고 할 수 있다.

한국의 민주시민교육은 해방 이후 미국의 민주주의 교육의 전수로 시작되었다. 하지만 권위주의 정권의 도구로 변질되어 '국민' 또는 '공민' 양성이라는 목적으로 변질되기도 하였다. 당시 반공과 정권의 안정이라는 목적 하에 기형적 자유민주주의가 강조되었던 시기였다. 민주화 이후 민주시민교육은 학교와 사회에서 민주주의를 심화하는데 기여하는 교육으로 강조되었다.

그 결과 개인주의와 자유주의의 심화로 인해 정치 공동체 구성원 간의 연대는 약해지고 이해관계를 둘러싼 경쟁과 갈등은 격화되고 있는 상황이다. 지금까지의 자유민주주의 및 정치체제의 효율성을 강조하는 민주시민교육의 틀을 넘어서는 새로운 기획이 필요한 상황이다.

민주시민교육에 대한 논의는 시대를 초월한 민주주의의 본질적 취지 및 정치 공동체의 맥락에서 시작되어야 할 것이다. 민주공화국의 원형을 제시한 것으로 알려진 아리스토텔레스는 개인의 결핍을 보완하고 이를 통해서 각 개인들이 자유롭게 자신이 추구하는 인생의 목적을 달성할 수 있도록 하는 것이 이상적인 정치공동체라고 주장하였다. 이 주장은 인류가 오랫동안 추구해왔던 세상, 즉 지배와 피지배가 사라진 세상, 온전한 자유가 실현되는 세상과도 일맥상통한다. 이런 세상을 염원하며 등장한 것이 천년왕국운동이었다. 하지만 천년이 지나도 이런 세상은 오지 않았다. 앞으로도 얼마나 가야할지 알 수 없다.

민주시민교육은 이 길을 열어가는 중요한 역할을 할 수 있다. 이 역할을 수행하기 위해서 민주시민교육에 대한 논의에서 자신의 계급적 관점이나 이해관계적 관점과 같은 사익적·부분적·편파적 이익 등을 배제해야 한다. 민주시민교육은 우리의 맥락적 상황을 전제로 하되 인류가 오랜 세월 염원했던 가치와 민주주의가 시공간을 초월해서 가지고 있는 본연의 시대정신을 반영한 공적 가치를 전제로 모색되어야 할 것이다. 한편으로는 민주주의의 자의성으로 인한 폐단을 방지할 수 있는 방향도 고려해야 할 것이다. 이런 점을 고려할 때 민주시민교육은 인권의 신장을 가로막아 불평등한 관계를 형성하는 비민주적 장벽을 개선하고 대한민국이라는 정치공동체와 민주주의를 지속적으로 발전시킬 수 있는데 기여하는 것이야 한다.

우리의 정치, 경제, 사회, 문화는 짧은 시간에 세계 역사상 전무후무한 역동적 발전을 하였다. 정치적 영역에서 보면 제도적 차원에서 형식적 민주주의의 완성을 이뤄냈다. 하지만 사회·경제적 영역에서는 차별을 제도화하여 차이로 둔갑시켜 장벽을 만들어 내는 비민주적인 현상과 제도들이 여전하다. 문화적 영역에서는 대중문화 측면의 민주화가 뚜렷하게 나타나고 있다, 하지만 여전히 해결되지 못한 비민주적 영역이 남아 있다. 교육적 영역에서는 국가적·사회적 요구에 따라 사회의 효율성을 도모하는데 기여하는 방향으로 전개되어 왔다. 그 결과 교육이 한국의 민주화와 그 발전에 중요한 역할을 했음에도 불구하고 비민주적 영역은 잔존하고 있다.

정치적 측면에서 남북 간의 긴장과 대립은 반공을 전제로 하는 결손 된 자유민주주의에 큰 영향을 미쳤다. 이런 이데올로기는 오랜 세월동안 권위주의 정권이 민주화 세력을 탄압하는 도구로 사용되었다. 그 결과 정치 엘리트뿐만 아니라 사회의 다양한 영역의 엘리트들의 가치와 신념을 획일화시키기도 하였다. 학생과 노동자를 중심으로 하는 민주화 운동은 권위주의적 정치문화를 지닌 엘리트들의 탄압에도 불구하고 형식적 민주주의의 이행과 완성을 이뤄내는데 큰 기여를 하였다. 이런 측면에서 우리나라 민주화의 일등 공신은 '교육열'이었다는 평가를 받기도 한다. 하지만 엘리트 간의 협약으로 인한 민주화 이행 과정은 지금까지 많은 문제를 야기하고 있다. 정치권의 비민주적 정치문화는 여전히 만연하고 있다. 또한 시민 사회 내에서도 비민주적 정치 집단들의 민주적 가치를 부인하는 활동들은 여전히 진행 중이다. 이런 상황 속에서 정치권과 언론은 부정확한 정보를 제공하고 국민들을 분열시킨다. 이런 분열은 정치의 효율성을 떨어뜨리는 국민간의 갈등과 대립으로 이어지고 있다. 정치권의 비민주적 정치문화를 개선하고, 언론이 공정한 역할을 할 수 있도록 하는 제도적·실천적 노력이 필요하다. 이런 노력이 지속적으로 이뤄질 수 있도록 시민사회의 민주시민적 역량 또한 필요할 것이다.

경제적 측면에서 보면 2019년 국민소득 3만 불 시대를 열었다. 하지만 불균형 성장으로 인한 성장과 분배의 갈등은 여전히 지속되고 있다. '트리클 다운'의 신화는 무너졌음에도 불구하고 우리 사회의 견고한 경제적 믿음으로 자리 잡고 있다. 경제는 일상의 중요한 부분을 차지하고 있다. 이런 믿음이 여전히 발휘되는 이유는 역시 '경제 민주화'가 제대로 실현되지 못하고 있음을 보여주는 것이다.

사회적 측면에서 보면 서열화와 경쟁을 활용하여 지배적 방식을 유지하는 비민주적 장벽들이 여전히 존재하고 있다. 하지만 이런 장벽들이 대부분 차이로 여겨질 뿐 차별로 인식하기 어렵다는 것이다. 예컨대 어느 회사의 입사 시험에서 지방대 출신이 합격하지 못하고 수도권 대학 출신이 합격하는 것은 스펙의 차이로만 인식될 뿐 차별로 인식되기 어려운 것처럼 말이다. 집안의 배경, 지연, 학연 등이 만들어 내는 차별은 차이로 대부분 형성되어 있다. 이 장벽들을 깨기 위한 노력들도 있고,

아니면 사회적 장벽을 벗어나 새로운 패러다임을 만드는 움직임도 있다. 이러한 움직임은 사회의 발전을 자극하기도 하지만 새로운 사회적 갈등으로 부상될 것이다.

문화적 측면은 비교적 다른 부분보다 민주화가 상당 부분 진행되었고 그 성과는 놀라운 결과로 나타나고 있다. 해방 이후 오랜 세월동안 문화적인 부분도 권위주의 정부의 통제와 이에 동조하는 문화 엘리트들이 만들어 내는 문화를 우리의 것으로 인식하며 살아왔다. 그리고 그들이 즐기는 서구의 문화를 선진적인 것으로 둔갑시키고 부러움과 선망의 대상으로 여기도록 하였다. 하지만 기존의 문화 질서에 도전하는 새로운 문화 민주화 운동의 흐름이 전개되면서 모방이 아닌 우리 이야기를 할 수 있게 되었다. 그 결과 놀라운 성과를 이뤄 내고 있다. 대표적인 것이 기생충이라는 영화가 거둔 성공, BTS의 성공 등이다. 이제는 과거 '가요 탑텐' 방식이 지배하는 시대가 아니다. 자신이 좋아하는 노래는 방송국이 아니라 자신이 찾아 듣고, 만들고 싶으면 자신의 노래를 만들어 부를 수 있는 시대가 된 것이다. 국민가요나 국민가수는 사라졌는지 모르지만 문화의 민주화는 놀라운 속도로 진행 중이다. 이런 문화의 민주화는 하버마스의 주장에 비춰 본다면 정치, 경제, 사회 분야에도 큰 영향을 주게 될 것이다. 그런데 문화 영역이 정치, 경제, 사회와 관련성을 맺고 있는 측면을 고려해 본다면 비민주적 장벽이 모두 사라진 것이라고 할 수 없다. 이런 비민주적 장벽은 세계화 국면에서도 마주하게 되는 현실이다.

일상에서 비민주적 영역이 다수 존재하고 있지만 정치적 민주화와 경제성장의 원동력으로서 교육과 그 동안 공식적·비공식적 민주시민교육의 기여한 부분은 충분히 높은 평가를 받을 만 하다. 이제는 우리가 처한 상황이 '모방을 통한 효율성'만을 추구했던 시대를 벗어나고 있다는 것이다. 팬데믹 상황에서 미국의 전 대통령 버락 오바마는 K방역을 언급하면서 '한국 같은 선진국'이라는 표현을 사용하였다. 우리는 후진국과 중진국의 찬사를 받아 왔으면서도 우리의 수준이 어느 정도인지 인식하지 못했다. 그냥 서구의 선진국을 따라가는 중진국으로 인식해 왔던 것이다. 팬데믹 상황에서 서구의 선진국들의 대처 방안과 시민들의 태도는 우리가 생각했던 것과는 다르게 실망감을 주는 것이었다. 하지만 여전히 서구의 선진국들은 우리의 수준을 인정하는데 인색하였다. 서구의 언어와 사고의 틀을 모방해 온 우리를 저들은 당연히 인정하기 싫은 것이라고 할 수 있다. 서구 선진국에 대한 모방은 우리 사회 다양한 영역에 영향을 주었고, 우리 사회를 지배하는 믿음으로 작동하기도 하였다. 그리고 이름은 민주적이지만 비민주적 장벽으로 작동하기도 하였다. 그렇다면 우리가 정치·경제·사회·문화 측면에서 선진국이라는 평가를 유지하기 위해서는 모방의 시대를 끝내는 시민교육이어야 한다. 예컨대 복지도 우리가 개념의 의미를 새롭게 설정할 수 있어야 하고, 민주주의의 수준도 우리가 개념의 의미를 다시 쓸 수 있어야 한다. 이런 개념의 규정은 토론과 집단지성을 통해 가능한 것이며, 이를 가능케 하는 시민교육이어야 한다.

살펴본 상황과 맥락 속에서 새롭게 모색되어야 하는 민주시민교육은 민주주의를 둘러싼 이데올로기적 논쟁을 극복하는 것이어야 하고, 경쟁과 서열을 통해 만들어지는 비민주적 장벽을 걷어내는 것이어야 하고, 창의적이면서도 공동선을 지향하는 집단 지성의 발현을 위한 민주시민교육이어야 한다. 이런 민주시민교육의 길을 헌법 제1조 제1항 ”대한민국은 민주공화국이다“라는 헌법적 가치와 규범 속에서 모색해야 할 것이다.

2. 시민교육으로서 민주공화국시민교육

민주시민교육이 가야할 길은 우리 정치공동체의 핵심 정신이자 헌법적 가치인 ‘ 대한민국은 민주공화국이다’에서 시작되어야 할 것이다. 민주시민교육이 가야할 길은 서구 선진국의 모방을 끝내고, 우리 사회를 포함하여 세계 전반의 비민주적 요소를 거둬 내고, 창의적이면서 공동선을 실현하는 집단지성을 발현시킬 수 있는 것이어야 한다. 자유주의만을 전제로 하는 민주주의의 절차와 제도에 집착하는 민주시민교육이 아니라, 자발적 참여를 전제로 인간의 이상을 실현하는 민주시민교육을 구상해야 한다. 그렇다면 민주시민교육의 새로운 기획은 민주주의에서만 찾을 것이 아니라 민주공화정을 탄생시켰던 민주주의와 공화주의의 시대정신을 탐구하는 과정에서 모색되어야 할 것이다.

선진 국가들은 민주시민교육을 정치교육(political education)의 한 형태로 간주해서 그들에게 필요한 기본적 이념, 가치 태도 및 행동양식을 시민들에게 습득시켜 그들을 효율적이고 책임 있는 국가구성원들이 되게 한다는 점에서 공통의 기반을 갖고 있다(조찬래 2012, 73). 우리 사회의 민주시민교육도 이러한 기반에서 크게 벗어나지 못하는 실정이다. 우리는 모방을 통해 하루 빨리 서구와 같은 선진국이 되어야 한다는 열망이 크기 때문이었다. 앞서 밝힌 바와 같이 이제는 우리가 왜 선진국인지, 우리가 진일보시키고 있는 민주주의 사회가 무엇인지 증명해야 한다는 점에서 민주시민교육은 선진국의 민주시민교육의 모방을 벗어나 '민주공화국시민교육'을 모색해야 하는 것이다.

민주공화국 시민성을 함양하는 것은 민주시민교육의 중요한 시대적 과제라고 할 수 있다. 민주공화국시민교육은 자유민주주의가 가지고 있는 한계를 극복하고 대안을 모색하는 시민적 자질을 함양하는데 의의가 있다. 또한 애국심이나 국가에 대한 충성, 준법정신, 전통과 관행의 존중 등을 강조하여 수동적 시민을 강조할 수 있는 공동체주의적 관점의 민주시민 교육의 한계를 극복하는 것이어야 한다. 예컨대 민주공화국 시민은 단순히 정치과정의 수신자가 아니라 정치과정에서 발신자이자 수신자이다. 또한 정치과정에 압력을 행사하는 것을 넘어 기회의 평등과 그로 인한 공동선을 기대하고 공감하는 시민이다. 이런 공감을 바탕으로 사회 곳곳에 존재하는 비민주적 장벽을 걷어내기 위해 연대하고 인권의 이상을 실현하기 위해 참여하는 시민이다. 즉, 관용을 넘어 연대와 박애를 미덕으로 아는 시민, 경쟁 체제에서 압력을 행사하는 수준을 넘어 참여하는 역량을 가진 시민, 비민주적 장벽과 인권이 유린되는 상황에서 침묵보다는 성찰하고 변화를 위해 행동하는 시민이다.

민주공화국시민교육을 위한 기획은 민주주의와 공화주의의 궁극적 목적에 대한 인식과 검토를 전제로 이뤄져야 한다. 이를 전제로 할 경우 일상의 비민주적 장벽을 걷어낼 수 있는 민주공화국 시민역량을 향상시키는 민주시민교육의 구상 방향이 될 것이다. 민주공화국시민교육은 국가 권력을 감시하고 비판하는 것을 강조하는 교육을 넘어 정치 체계뿐만 아니라 경제 체계 등과 시민사회에 적극 참여하는 포괄적인 교육을 의미한다. 이런 점을 감안할 때 민주공화국시민교육의 대상은 학생뿐만 아니라 성인, 즉 학력·신분 지위와 상관없이 정치공동체 구성원들 모두가 그 대상이 되어야 한다. 따라서 민주공화국시민교육은 다양한 수준 및 영역에서 정부를 비롯한 폭 넓은 사회주체들의 지원과 참여를 통해 이뤄져야 한다. 민주공화국시민교육은 시민들이 민주시민에 대한 지식·기능·가치·태도를 갖추고, 비판적 능력 및 공동선에 대해 책임의식을 갖고 공적인 일에 참여하는 덕목을 가질 수 있도록 해야 한다. 또한 이런 덕목을 향상시키는데 필요한 역량을 자기주도적으로 갖출 수 있도록 해야 한다. 이를 위해서 어떤 내용이 필요한지, 이 내용을 효과적으로 교수-학습을 위해 필요한 방법들을 함께 구상해야 할 것이다.

Ⅱ. 민주공화국시민교육의 이론적 배경에 대한 이해

1. 민주주의의 외연과 핵심적 속성

민주주의는 단순하게 획일적으로 정의되거나 존재하는 것이 아니라 다양한 사회적 맥락 속에서 직면하는 문제를 해결하기 위한 노력의 과정에서 다양하게 주장되었다. 민주주의는 그리스어인 인민(demos)과 통치(kratos)의 합성어이다. 이런 어휘적 의미에서 민주주의는 '인민의 지배'라는 의미로 널리 사용되어 왔다. 민주주의를 '인민의 지배'로 이해할 때 여기에는 인민주권론, 자유, 그리고 평등의 개념이 담겨 있다고 하겠다. 전체 인민이 직접 또는 선거로 선출한 자신들의 대표자를 통해서 공동체의 헌법, 법률 및 정책과 관련한 최고의 정치적 권력을 행사한다는 점에서 민주주의는 인민주권론을 전제한다. 또 민주주의가 지배 또는 의사 결정의 문제와 관련 있는 한 자유의 관념과도 연관되어 있다. 그리고 민주주의는 어느 누구도 정치적 의사 결정 과정으로부터 배제되어서는 안 될 것을 요구한다는 점에서 기본적인 정치적 평등의 관념을 내포하고 있다(강정인 1997, 63-64).

민주주의를 '인민의 지배'라 정의할 때 이는 민주주의를 하나의 정치형태로 이해하는 것이라 볼 수 있다. 정치형태로서의 민주주의란 '집합적 결정권자(collective decision-maker)에게 권위를 부여하고 행위의 절차를 수립하는 일련의 규칙'으로 정의할 수 있다. 집합적 결정권의 범위를 기준으로 하자면 민주주의란 대다수 성원들에게 이러한 결정권이 부여되어 있는 정치 형태를 말한다. 이러한 정의가 갖추어야 될 세 가지 요건이 있는데 첫째, 상당수 시민에게 직접적이든 간접적이든 집합적 결정에 참여할 수 있는 권한이 부여되어야 한다는 것이다. 둘째, 다수결 원리와 같은 절차적 규칙이 마련되어야 한다는 것이다. 셋째, 결정권자 또는 결정권자를 선출할 유권자들에게 실질적인 선택대안이 주어져야 하며, 대안들 가운데서 선택할 수 있는 여건이 실지로 보장되어야 한다는 것이다(이종식 2008, 74-75).

그러나 누가 인민이며 통치는 무엇이고 그 범위는 어디까지인가 등을 둘러싸고 격렬한 논란을 겪어 왔는데, 이를 통해 민주주의가 시기별로 그 구체적인 의미를 달리하는 동적인 개념이라는 것을 알 수 있다. 그러므로 현대 사회에서 민주주의가 갖추어야 할 핵심적 내용은 무엇이며, 현대 사회에 존재하는 다양한 과제를 해결하는데 있어 가장 적절한 민주주의는 무엇인가에 관해 논의해볼 필요가 있다. 현대 사회에서 민주주의가 전체 사회구성원들을 보편주의적인 평등원리에 입각해 포용하지 못하고 상위계층의 특권과 이익을 대변하고 있다는 사실이 명백할 경우 민주주의에 대한 새로운 이해가 요구된다.

이런 점에서 민주주의를 정치형태로만 이해할 것이 아니라 보다 다양한 계층의 사회구성원들이 적극적 자유와 실질적 평등을 다양한 수준과 영역에서 누릴 수 있도록 하는 제도적 장치로 이해하는 것이 필요하다. 사회 구성원들이 보다 높은 삶의 질을 추구하고 자아실현을 달성하는 데는 법적·정치적 기회의 평등을 보장하는 것도 필요하지만 경제적·사회적 평등의 보장 역시 요구되기 때문이다. 따라서 민주주의가 권력의 자의적 간섭으로부터 개인의 권리를 보호하기 위해 국가가 법을 만들고 최소한의 간섭만을 담당해야 한다고 주장하는 자유주의자들의 견해를 넘어, 개인들이 '자신들에게 유리하거나 불리한 사회 규칙을 결정하는 데 있어 자유롭고 평등해야 한다.'는 시각에 근거해 민주주의를 이해하는 것이다(홍익표·진시원 2009, 110-111).

살펴본 바와 같이 민주주의는 제도와 절차로 이해하는 경우가 많지만, 다양한 이데올로기와 결합된 민주주의도 역사적으로 전개되었다. 예컨대 자유민주주의, 사회민주주의 등이다. 이런 이데올로기적 측면에서 민주주의는 추구하는 이데올로기에 부합하는 제도와 절차를 채택하게 되었다. 그 결과 전 세계에는 민주주의라는 개념을 전제로 다양한 민주주의의 형식과 가치가 경쟁적으로 나타났다. 이 가운데 민주주의의 속성와 외연에 대한 기준을 세우기 위한 노력이 있었다. 이런 노력을 통해 민주주의의 발전 단계가 제시되었고, 세계 각국의 민주주의의 수준을 평가할 수도 있게 되었다. 하지만 최소한의 민주주의 그 이상의 수준을 평가한다는 것은 매우 어려운 일이라고 할 수 있다. 사람들은 최소한의 민주주의 그 이상을 원하고 있고, 최소한의 민주주의 그 이상을 향한 다양한 민주주의의 목소리가 제시되고 있다. 최소한의 민주주의는 유토피아로 가기 위한 조건을 충족한 것에 불과한 것이고 유토피아로 가기 위한 여정의 종점은 존재하지 않기 때문이다. 다양한 민주주의가 논의되면서 민주주의는 다양하고 복잡한 것으로 인식되기도 한다. 예컨대 일반 시민들과 학생 심지어 교사들까지도 민주주의에 대해 자신 있게 말하지 못한다. 말하더라도 특정 민주주의를 민주주의로 인식하였다. 이것은 논리적으로도 적절하지 못하다. 민주주의의 속성과 외연을 구분하지 못하고 있는 것이다. 민주주의의 다양한 이미지에 집착할 경우 시민교육을 기획하기 어렵다. 시민교육을 위해서는 민주주의의 본질적 속성과 외연으로 구분하고, 다양한 민주주의의 논의 속에서 어떤 민주주의를 선택할 수 있도록 기획되어야 한다.

이를 위해서 민주주의의 발생적 접근을 통해 '인민의 자기

지배'라는 말에 대한 분석이 필요하다. 사람들이 민회에 모여서 중요한 의사결정을 내리고, 집행과 사법적 판단을 한다는 것은 단순히 통치권을 행사하는 것 그 이상의 의미가 있다. 그 내용은 대부분 자신들의 삶의 조건과 관련되는 것이다. 그 삶의 조건을 타인에게 맡기지 않는다는 것이다. 삶의 조건을 결정할 수 있는 자유와 평등이 보장되어 있어야 '자기 지배'가 가능할 수 있다. 따라서 민주주의의 핵심적 의미는 '다수가 자신들의 삶의 조건을 결정하는 방식'이라는 일반화 내지는 핵심개념을 발견할 수 있다. 이 의미를 고려한다면 '선거'를 강조하는 민주주의 그 이상의 의미다. 시민교육의 구상과 실천은 이런 민주주의의 핵심적 의미에서 시작되어야 할 것이다.

2. 공화국 및 공화주의의 본질적 속성

공화국(republic)이라는 말은 로마인들이 기원전 509년 폭정을 이유로 마지막 왕을 축출한 후 '사사로운 일'(res privata)에 대립되는 '공공의 것(공적인 일)'이라는 뜻을 가진 'res publica'로 불렀던 것을 동양에서 공화(共和)로 번역하여 사용한 것이다(조승래, 2010:15). 문자 그대로 공화국이란 말은 공공적인 일 또는 공동체라는 말로서 사사로운 일에 대립되는 말이다. 여기서

'publica'는 인민을 의미하는 포풀루스(populus)라는 명사에서 비롯된 형용사이다. 공화국이란 말을 그 어원으로 따지면 인민의 일, 인민의 공동체라고 할 수 있다(김상봉, 2007:300). 그리스인들도 이처럼 공화국을 사적인 것과 비교하여 구별하였는데, 공적인 것에 해당하는 것이 폴리스(Polis)이고, 사적인 것에 해당하는 것이 오이코스(oikos)이다. 오늘날의 입장에서 간단히 정리하면 폴리스는 국가이고, 오이코스는 가정이다. 따라서 '공적인 것'과 '사적인 것'을 쉽게 정리해 보면 공적인 것은 국가의 일이고, 사적인 것은 가정의 일이다.

공화국에 대한 가장 고전적인 정의를 내렸던 것은 키케로(Cicero)였다. 그는 "공화국이란 인민의 일로서, 인민이란 어떤 식으로든 사람들이 모이기만 하면 이루어지는 집단이 아니라 법(또는 정의)에 대한 합의와 공동의 이익에 의해 결속된 다중의 공동체를 일컫는다."라고 정의하였다(Cicero 2007, 139). 가장 고전적인 정의에 따르면 공화국은 군주정, 귀족정, 민주정 등과 같은 정치체제와는 관계없이 공동의 이익과 공동의 법에 의해 결속된 인민공동체를 가리키는 말이었다(김상봉 2007, 300).

이 정의에 따르면 공화국의 첫 번째 의미는 자의적인 지배가 아닌 법에 의한 지배가 이뤄지는 자유로운 시민들의 국가를 말한다. 따라서 폭군, 독재자, 전제군주 등이 지배하는 국가는 공화국이 아닌 것이다. 고대 그리스의 경우에는 폭군이 독재를

하지 않는다면 왕정, 귀족정 그리고 민주정 모두 공화국에 포함된다. 고대 로마의 경우에는 로마 제국과 구분하는 의미로 로마 공화정을 사용하였다. 그 결과 공화국의 의미는 크게 두 가지 의미로 사용되었다. 하나는 공동의 법과 이익에 의해 결합된 모든 종류의 법치국가이고, 다른 하나는 왕정과 반대되는 것이다. 중세에는 국가 일반을 의미하는 것으로 공화국은 사용되었고, 15세기부터 다시 두 가지 의미로 공화국이 사용되다가 칸트(Kant)는 모든 종류의 법치국가로 받아들였으며, 프랑스대혁명 이후부터 공화국은 군주국 또는 왕국과 대립되는 개념으로 사용된다(김상봉 2007, 303-305). 그 결과 공화국은 주권이 인민에게 귀속되는 나라로 전체정치를 부인하고 법치주의를 기본원리로 하는 것이다. 그런데 이 공화국의 정의에는 본래적 의미가 숨겨져 있다. 이 본래적 의미를 파악하지 못할 경우 공화국은 민주국가나 민주적 법치국가와 크게 다르지 않은 것이 된다.

공화국의 본래적 의미는 어원적으로 대립되는 의미가 무엇인지, 어떤 이유로 공화국을 만든 것인지를 통해 파악될 수 있다. 즉 '비군주국'의 대립적 의미가 아니라 '사적인 것'의 대립적 의미에서 분명해진다. 공화국은 사적인 일, 가정 일과 대립되는 의미이다. 이런 차원에서 공화국은 모두의 것이며, 이때 의미하는 모두는 '인민'을 의미하는 것이다. 따라서 공화국의 존재 목적은 인민 모두의 이익을 위한 것이다. 또한 공화국은 인간의 자유와 실현을 위해 결속한 자유로운 공동체의 의미를 포함하고 있다. 아리스토텔레스는 "인간들은 국가 안에서 비로소 좋은 삶, 즉 좋고 성공적인 삶을 실현시킬 수 있다"고 주장했다(Hőffe 2001, 21). 아리스토텔레스에 따르면 인간은 공동체적 존재이다. 즉 인간은 본성상 루소의 특이한 자연인처럼 고립인이 아니다(Ottmann 2001, 175). 그에 따르면 인간은 자연에 의해 공동체를 지향하는 성향을 가지고 있어 반드시 집단을 구성해서 살아갈 수밖에 없다(최태연 2008, 6). 이런 성향 때문에 가족에서 시작하여 마을을 이루고 마을들이 모여서 '국가공동체'를 이룬다. 가족은 물질생활과 정신생활에 필요한 자원을 스스로 자족할 수 없다. 가족의 부족함을 채우기 위해서 마을을 만들지만, 마을을 통해서 인간 삶의 결핍이 모두 충족될 수 없다. 그 결과 인간 삶의 완성과 행복은 국가공동체를 통해서 가능해진다. 아리스토텔레스는 국가공동체는 최고의 선을 추구하고 그 때문에 최고의 공동체가 되며, 노예상태와 구별되는 고도의 자족적인 것이라고 하였다(주광순 2006, 263). 또한 "폴리스는 자족적이지만, 노예상태는 자족적이지 않다"고 요약하였다(김상봉 2007, 307 재인용). 이런 측면에서 공화국은 가정 내지는 사적인 경계를 넘어서 추구되어야 할 자유로운 삶이 오직 국가를 통해서만 실현될 수 있으며 그 자유가 국가를 구성하는 인민 모두에 의해 오직 공공적으로만 실현되는 것이라는 통찰에 근거하고 있는 것이다. 따라서 공화국의 본래적 의미가 전제하고 있는 것은 '공동선'이다.

이런 논의들을 종합해 보면 공화국은 대의제 민주주의, 법치국가를 논의하기 이전에 자유로운 시민에 의해 존재하고, 시민 모두를 위해 존재하는 시민 모두의 것이라는 공동선을 본래적 의미로 한다. 이런 점에서 공화국의 가장 본질적인 존재 근거는 공동선이다.

이상에서 살펴본 '공화국' 의 의미는 '공화주의'라는 이념을 배경으로 한다. 따라서 공화국에 대한 의미를 파악하기 위해 '공화주의'에 대해서 살펴보고자 한다.

공화주의의 기원은 고대 그리스의 아테네와 고대 로마의 경험에 뿌리를 두고 있으며, 이런 경험을 정리한 대표적인 인물이 그리스의 아리스토텔레스(Aristoteles)와 로마의 키케로(Cicero) 이다(김경희 2009, 74). 아리스토텔레스(Aristoteles)에 따르면 인간의 본성과 자아는 자기 지배와 법의 지배 원리가 작동하는 폴리스 내에서 사회, 정치적 활동의 결합 속에서만 발전하고 실현가능한 것이라고 하였다(김상현·김희용 2010, 210-211). 또한 그는 폴리스의 번영을 위해 시민덕성을 강조하면서 그 내용으로 준법을 역설하였다(Aristotle 2004, 1179).

고전적 공화주의의 또 다른 형태가 공화국의 어원을 만들어

낸 로마의 공화주의다. 로마의 정치가인 키케로(Cicero)는 공화국의 가치는 덕성을 갖춘 시민들의 적극적인 정치참여에 있는 것으로 봄과 동시에 덕을 상실한 인민의 정치참여는 국가의 위기로 보았다(김상현·김희용 2010, 212). 또한 정치인은 시민들의 자유와 모두의 공공선을 안전하게 지켜야 할 의무가 있음을 강조하였다(Crcero 1993, 62).

고대 그리스의 아리스토텔레스(Aristoteles)와 로마의 공화주의자 키케로(Cicero)의 공화주의 전통의 차이점은 인민의 참여와 자유에 대한 강조에 있다. 아리스토텔레스(Aristoteles)는 참여를 '선(善)'으로 보고 정치적 참여를 강조한다. 하지만 키케로(Cicero)는 시민의 자유를 보장하는 절차와 헌정적 제도를 중시함으로써 제한적인 참여를 강조하였다. 또한 자유는 정치적 참여의 자유라기보다 법과 제도의 지배를 받는 것으로 설명하였다.

이런 아리스토텔레스와 키케로의 공화주의는 각각 현대 공화주의의 두 가지 흐름의 원류가 되고 있다. 즉 현대의 공화주의는 아리스토텔레스와 키케로를 중심으로 고대 그리스와 로마의 공화주의 전통에 대한 두 가지 흐름으로 대별할 수 있다(Laborde, C.et al 2008, 22-23). 전자는 '신아테네적(Neo-Athenian)공화주의'로 불리우며, 후자는 '신로마적(Neo-Roman)공화주의'로 불리운다. '신아테네적(Neo-Athenian)공화주의'는 인간의 행복과 같은 자아실현이 참여를 통해 가능하기 때문에 참여를 본질적인 선이라고 보는 입장이다. 이 입장은 아렌트(Arendt)의 영향을 많이 받은 포콕(Pocock)에 의해서 전면적으로 등장한 것이다. 이런 입장에서 공화주의를 전개한 것은 매킨타이어(Macintyre), 샌델(Sandel), 테일러(Taylor), 바버(Baber) 등이다. 이들은 대체적으로 시민적 공간, 참여적 정치를 강조하는 학자들이다(김상현·김희용 2010, 213). 한편 '신로마적(Neo-Roman)공화주의'는 진정한 자유가 직접 참여를 통한 자치에서 실현된다고 보는 신아테네적 공화주의와 달리 마키아벨리와 그 당시 이론가들에 대해 설명했던 스키너(Skinner)와 페팃(Pettit)에 의해 부각된 것이다. 스키너(Skinner)는 시민의 자유를 지켜줄 수 있는 법과 제도하의 자유를 강조하면서 마키아벨리(Machiavelli)를 자유주의 이전에 새로운 자유의 개념을 제시한 대표적 인물로 보았으며(Skinner 1991, 193), 페팃(Pettit)은 '비지배(non-domination)'라는 개념으로 자유를 재구성하였다(김홍탁·한석지 2014, 26). 또한 페팃(Pettit)은 로마 공화주의가 민주주의적 토대에 근거하여 수립된 정부이면서 독재, 파당, 선동가에 의해 발생하는 공화국의 문제에 가장 적절하게 대처할 수 있는 정부로 제도화되었다고 평가하면서, 권력의 민주주의적 분산, 법의 지배, 공직선거, 공직자의 자격제한과 임기제, 시민의 공직 순환 참여 등을 예로 들고 있다(Pettit 1998, 83).

이런 역사적 논쟁의 흐름과정을 간단히 정리해 본다면 고대에는 민주주의의 자의성을 견제하고 이상적인 정치공동체를 위한 가치로서 공화주의가 강조되었다. 근세로 넘어오면서 공화주의는 대의제라는 제도적 방식으로 이해되기도 하였지만, 루소와 같이 직접 민주주의 방식으로 공동선을 실현하고자 하는 주장도 제기되었다. 현대의 공화주의는 자유주의와 공동체주의 사이의 논쟁을 극복하고 새로운 대안으로 평가받고 있다. 공화주의는 자유주의를 배경으로 하는 개인주의 및 극단적 이기주의로 인한 정치공동체의 해체와 사회적 갈등을 비판하고, 대표를 통한 공동선 달성에 실패한 대의제 민주주의의 한계를 극복하기 위한 방안을 제시하고 있다.

공동체주의는 개인주의와 이기주의로 인한 사회적 갈등과 문제들을 비판하였지만, 세계화 및 다문화 사회라는 국면에서 고려되어야 하는 보편성과 다원성의 논리적 한계에 직면하면서 자유주의에 대해 효과적인 방안이 되지 못하였다. 하지만 공화주의는 보편적 인권을 공동선으로 제시하면서 시민들의 참여와 그 역량을 강조하고, 비지배의 자유를 제도화하기 위한 현실적 방안을 제시하면서 자유주의와 공동체주의의 한계를 극복하고자 하였다.

공화주의의 본질적 속성은 대의제, 준법, 혼합정체, 권력분립 따위가 아니다. 공화주의의 본질적 속성은 정치공동체에서

'모두가 잘 사는 나라'이다. 보편적 인권을 실현하는 공동선이 본질이다. 이런 공동선은 공화주의의 양태라고 할 수 있는 대의제, 준법, 혼합정체, 권력분립 등의 평가자가 되는 것이다. 공동선을 전제로 하지 않는 양태는 당연히 개혁의 대상이 되어야 한다. 이런 개혁을 하는 것은 개혁에 대한 도덕감을 가지는 시민에 의해 이뤄지는 것이다.

3. 민주공화국의 의미적 특성

헌법 제1조 제1항에서 선언하고 있는 민주공화국은 민주주의와 공화주의를 배경으로 하는 공화국의 합성어이다. 그런데 우리나라에서는 오랫동안 '공화국'에 대한 제대로 된 논의 없이 '민주공화국'의 형식적·사전적 의미가 모든 의미인 것처럼 다뤄왔다. 공화주의의 시대적 의미에 대한 관심은 비교적 최근의 일이라고 할 수 있다.

헌법학계의 일반적인 경향에 대해 공화주의적 관점에서 문제를 제기한 이국운(2001), 한상희(2003) 등의 연구는 자유주의를 중심으로 하는 헌법 이론에 대해 비판적인 입장에서 민주공화국의 의미를 재규정하려고 하였다. 이국운(2001)에 따르면 헌법은 지속적으로 정당성을 획득해야 하는 정치적 실체이며, 시민들의 일상 속에서 실현되어야 한다고 주장한다. 또한 그는 "체제와 반체제의 경계선까지 내려가 법체계의 정당성을 재확인하도록 강제하는 헌법의 비판적 정당화 기능을 회복할 대안을 찾고자 노력해야 한다고 한다(이국운 2001, 131).

한상희(2003)는 민주공화국의 의미를 '자유주의적 민주주의'로만 편향되게 해석하고 있다고 지적하면서, 공동체의 이념적 지향을 제시하는 규정인 헌법 제1조 제1항이 자기지배의 원칙을 바탕으로 한 공화주의적 요소를 가지고 있다고 본다(곽준혁 2005, 37). 그는 헌법학계의 자유주의적 편향성은 미국 연방주의자의 '자유주의적 공화주의'를 무분별하게 수용한 결과라고 비판하면서, '인민들의 자기지배의 원칙'을 강조하는 공화주의에 다른 원리들이 결합한 것으로 '민주공화국'의 의미를 해석해야 한다고 주장하였다(한상희 2003, 32).

한편 정치학계나 역사학계 등은 적극적으로 '공화국'의 본질적 의미를 모색함으로써 '민주공화국'의 의미를 제시하려고 하였다. 공화국의 본질적 의미는 권용립(1991)이 미국의 공화주의와 자유주의 논쟁을 정리 소개한 이후로 정치학계와 역사학계 등에서 다양하게 전개되었다. 역사적인 전개과정에서 '민주공화국'의 본질적 의미를 모색한 경우로 김경희(2007), 조승래(2010) 등이 있다. 김경희(2007)는 서구의 역사적 전개 과정에서 민주와 공화가 어떤 변증적인 과정을 통해 '민주공화국'의 정치형태가 나타나게 되었는지에 대해 고찰함으로써, 민주공화국의 본질적 의미를 제시하고자 하였다(김경희 2007, 126-132). 조승래(2010)는 공화주의의 역사적 전개를 통하여 나타난 국가형태뿐만 아니라 시민의 자유에 대한 논의까지 광대한 공화주의의 역사를 통해 '공화국'의 의미를 분석하였다.

한편 곽준혁(2005)은 민주주의를 주도하는 자유주의와 공화주의를 현실적으로 결합시킬 수 있는 방향에서 고전적 공화주의의 주요 개념인 '비지배적 상호성'[17]을 제시하였다. 그는 자유주의와 공화주의의 입장을 모두 포함할 수 있는 개념 정의를 시도함으로써 헌법상 규정된 민주공화국에 실천적 의미를 부여하고자 하였다. 장은주(2007)는 자유민주주의를 극복하기 위한 민주공화국의 모델로 하버마스 등의 심의를 강조하는 민주공화국의 한계를 지적하면서 '민주적 연대성'을 강조하는 공화주의적 관점의 민주공화국 모델을 제시하였다(장은주 2007, 136-146). 또한 장은주(2010)는 비민주적인 공화주의에 대해 비판적인 측면에서 민주적 공화주의를 제시함으로써 민주공화

17 곽준혁(2005)에 따르면 비지배적 상호성은 아테네의 민주정과 로마공화정의 원리에서 비롯된 것으로 그 의미를 요약하자면 개개인이 가지는 다양한 욕구를 충족시킬 수 있는 조건인 자유에 주목하고, 사회적 약자에게 실질적 힘을 부여함으로써 비지배를 제도적으로 확보하며, 그 결과를 토대로 개인적 수준에서의 호혜적 비지배관계를 형성하고 지속시키는 조정원칙이다(곽준혁, 2005:45-51).

국의 의미를 모색하였다. 정상호(2013)는 공화주의의 역사적 흐름을 통해 분류한 이계일(2011)의 연구를 토대로 헌법학계 및 한국 사회의 공화주의 결핍 현상에 대해 비판하였다. 또한 그는 프랑스적 공화주의 입장에서 공화국의 본질로 '공동선'을 강조하였다.

살펴본 바와 같이 국가형태로서의 민주공화국의 인식을 극복하기 위한 노력은 다양한 측면에서 전개되었다. 이런 연구들의 공통점은 민주공화국의 의미를 국가형태로만 인식하고, 민주가 주도하는 민주공화국의 의미규정에 대해 비판적이라는 것이다. 이런 비판의식에 따라 공화국의 가치가 결핍된 민주공화국이 아닌 민주주의와 공화주의가 균형을 이루는 민주공화국의 의미를 제시하고자 하였다.

지금까지의 논의들을 통해 민주공화국의 의미와 특성을 정리해보면 다음과 같다. 의미적인 측면에서 민주공화국은 주권이 국민에게 있는 모두를 위한 나라이다. 이런 나라는 공동선을 지향하며 비지배적 상호성을 규범으로 한다. 이를 위해서 나라는 실질적인 정치적 자유를 보장함과 동시에 민주공화국의 시민성을 요구하게 된다. 민주공화국 시민성을 갖춘 시민들은 자유롭게 참여를 하되 비지배적 상호성을 지켜야 함과 동시에 권리를 공적으로 행사할 수 있어야 공동선을 달성할 수 있다. 이러한 공동선의 달성은 연대, 박애, 헌신, 인권 존중감, 비지배적 상호성 구현을 위한 법의 존중 등을 통해 가능하다. 이런 점에서 민주공화국의 주요한 제도 원리는 권력의 분점과 균형, 시민참여, 법치주의로 요약될 수 있다(정상호 2012, 102).

이와 같이 민주공화국의 의미를 해석하고 규정한다고 해서 규범적 현실은 저절로 규범과 일치하게 되지 않는다. 우리가 목도하는 규범적 현실은 이승택(2013)이 지적하였듯이 양극화의 심화, 권력의 집중, 시민사회의 분열과 극단화 현상이다. 또한 김상봉(2006), 장은주(2007), 정상호(2013) 등이 지적하듯이 인권을 지향하는 공공성의 결핍 현상이 심화되고 있다. 이 때문에 정상호(2012)는 복지국가, 언론개혁, 감찰개혁, 정치개혁, 재벌개혁, 지방분권 등과 우리 시대의 절박한 과제를 시민사회가 떠안고 있다는 점을 강조하고 있다. 뿐만 아니라 다문화 사회의 갈등은 어떻게 해결해야 할 것인지, 팬데믹 이후 국가권력에 대한 감시와 견제를 어떻게 할 것인지 등 뛰어난 개인이나 특정집단, 정부가 단독으로 해결할 수 없는 문제들에 직면하고 있다.

현실이 이와 같다면 비판과 성찰을 통해 바람직한 정치공동체로 만들어야 하는 의무가 민주공화국 시민에게 있다. 우리가 직면하고 있는 시대적 과제들은 한 개인의 역량으로 해결하기 어렵다. 집단 지성을 통해 창의적이면서 공동선을 지향하는 문제 해결을 할 수 있는 시민이다. 이런 시민의 탄생과 성장을 위한 길을 '민주공화국시민교육'에서 찾아야 할 것이다. 헌법 제1조 제1항에서 선언하고 있는 '민주공화국'은 정태적 의미가 아니라 동태적 의미를 가진다. 민주공화국은 자유를 누림과 동시에 공동선에 대한 도덕감을 가지는 시민들이 만들어 가는 것이다. 이런 시민들의 역량을 함양하기 위한 교육이 '민주공화국시민교육'이다. 지금부터는 민주공화국 시민성에 대해 살펴보고, 이런 시민성을 함양하기 위한 교육적 방안을 모색하고자 한다.

Ⅲ. 민주공화국시민교육의 내용과 방법

1. 민주공화국 시민성

민주공화국시민교육은 민주공화국 시민성 및 그 역량을 내용으로 한다. 또한 민주공화국 시민성 및 그 역량을 다루기에 적합한 방법이어야 한다. 이를 위해서 민주공화국 시민성 및 그 역량이 무엇인지 살펴보고, 이에 적합한 교수-학습 방법을 검토하고자 한다.

민주공화국 시민성은 민주주의와 공화주의가 발명된 당시의 맥락과 현재 상황을 종합적으로 고려되어야 한다. 이를 위해 시민성과 그 내용에 관한 논의들은 시대와 맥락을 달리하며 다양하게 거론되어 왔다. 민주공화국 시민성과 그 내용들을 정리하기 위해서 이 장에서는 시민성에 관한 시대적 흐름을 간단하게 살펴본 후 최근의 민주시민교육과 관련된 시민성과 그 내용들에 대해 검토해 보고자 한다. 공화주의의 시민성에 대해 살펴봄으로써 최종적으로 민주공화국의 시민성에 대해 정리해 보고자 한다.

시민성은 시대마다 다르게 논의되고 있지만, 사회적 맥락과 관계 속에서 요청되는 자질이라는 점에서 공통점이 있다(김현숙 외 4인 2020, 168). 예컨대 고대 아테네의 경우에는 아테네의 민주주의 유지 발전을 위해 공동선이 강조되었다. 시민혁명 이후에는 국가 단위에서 사적인 권리를 공동의 가치로 선정하고 정치체제에 대한 소극적 자유를 확보하기 위한 투쟁들을 위한 자질들이 강조되었다.

19~20세기를 거치면서 계급투쟁, 여성의 권리와 지위 확보를 위한 사회적 운동 등이 전개되면서 자유 및 평등에 대한 의식, 정치 및 경제 체제에 대한 비판적 자질이 강조되었다. 물론 이 과정에서 정치체제와 정치권력에 대한 호의적 태도를 시민성으로 강조하기도 하였다. 그 결과 기존의 국가를 중심으로 하는 동질적·배타적 시민성의 성격이 두드러지게 나타났다.

이런 상황은 20세기 후반 산업사회에서 탈산업사회로의 전환, 68혁명, 세계화·정보화 사회로의 급격한 변동 등은 전통적인 시민성의 논의에 큰 변화를 요구하게 되었다. 새로운 세대들은 국가 단위의 정치·경제적 이슈가 아니라 일상의 영역에서 다양한 가치들을 표출하기 시작하였다. 또한 정치적 권력에 대한 호의적 태도보다는 비판적 태도를 견지하는 것으로 알려져 왔다(Inglehart& Wezel 2005). 이에 따라 시민성은 비판적, 감시적, 참여적 시민성으로 전개되고 있다고 할 수 있다.

또한 세계화의 과정에서 다문화적 시민성이 요구되고 있으며 이와 함께 세계시민성의 논의도 함께 전개되고 있다. 더불어 다양한 대내외적 문제를 해결할 수 있는 시민성의 논의도 제시되고 있다. 현재는 과거의 어느 때보다 개인의 자유와 권리가 중시되고, 다양한 가치가 제기되고 있지만 양극화, 불공정한 관행 등을 통해 다수의 자유와 권리가 무시되고 있는 불편한 현실과 마주하고 있다. 세계화로 인한 다문화 사회의 출현은 이런 불편한 현실을 심화시켜 한 정치공동체의 심각한 위기를 초래할 수 있는 상황이다. 다양한 가치의 제기에 대한 토론과 논쟁보다는 비민주적 방법들을 관행의 이름으로 혹은 모두를 위한다는 명분으로 옷을 입혀 다양한 형태의 국가적·사회적 폭력이 행해지기도 한다. 현재 상황에서는 정치 공동체 구성원의 인권 증진을 통해 사회통합을 이뤄낼 수 있는 시민성을 요구하게 된다. 즉, 이러한 시민성은 인권의 증진과 향상을 중시하는 시민성, 배타적 시민성이 아닌 포용적 시민성, 국가에 대한 수동적·소극적 시민성이 아닌 능동적·참여적 시민성을 말하는 것이다.

민주시민성의 경우 다양한 민주주의와 그런 민주주의에 영향을 준 이데올로기 내지는 사상 등에서 강조하는 점들을 내포하면서 전개되어 왔다. <표 1>의 경우는 이런 점들을 잘 보여준다. <표 1>의 내용을 보면 민주주의와 더불어 자유주의, 공동체주의, 공화주의, 다문화주의 등과 같은 다양한 이데올로기

내지는 사상들이 시민성에 영향을 주고 있다는 점을 확인할 수 있다. <표 1>모형은 다양한 민주시민성의 내용과 역량을 총망라하고 있다는 장점이 있는 반면, 너무 많은 내용을 포함하고 있어 민주시민교육이 집중해야 할 핵심을 놓칠 수 있다는 점에서 실용적인 가치가 크지 않다는 비판을 받는다(오현철 2020, 20).

<표 1> 민주시민교육 핵심역량 실천 모형(이병준 외 2008, 170)

3단계	민주주의 역량(Democratic Competency(민주주의))		
1	다양성존중	다원주의	• 다양성/차이 인정 • 어울림/조화
		관용	• 이해심 • 용서
2	참여의식	정치적 활동	• 투표/선거 참여 • 투쟁 • 정치 참여 • 정치의식 • 저항정신 • 사회적 관심 • NGO활동
		시민활동	• 지역사회 참여 • 협동 • 소속감 • 공동체의식 • 연대 • 나눔 • 봉사
		미디어 역량	• 엑세스 • 비판적 모니터링 • 미디어 활용
		민주적 의사결정	• 절차적 합리성 • 의사소통 • 비판능력 • 갈등 조정 능력 • 타인의 의견 경청 • 자율적 사고 • 토론 능력 • 조정 능력
3	세계시민성	다문화 역량	• 공존 • 다문화 존중
		세계시민 의식	• 통합적 담론 • 지속 가능 발전 역량

2단계	시민성 역량(Citizenship Competency(시민사회))		
1	국가 정체성	국가의식	• 애국심 • 충성심 • 올바름 국가관(민주주의에 대한 신념)
		역사의식	• 정체성 • 올바른 역사의식 • 우리 역사에 대한 자부심
2	권리와 책임의식	준법 (규범준수)	• 책임감 • 의무감 • 준법정신 • 순종 (순응) • 엄격함 • 권위존중 • 기초법 지식 • 공적 의무 충실 • 사회적 책임
		도덕성, 양심	• 정의감 • 투명성 • 도덕성 • 정직성
		권리의식	• 권리 인식 • 권리 주장 • 권리 존중
3	신뢰와 가치	신뢰감	• 공공성 • 공익성 • 상호 신뢰
		평등	• 기회 균등 • 공정성/공평성 • 독점 반대 • 소수자의 권리 존중
		존중	• 배려 • 인권 존중 • 공감
1단계	핵심 역량(Key Competency(개인))		
1	자율적인행동	• 자신감 • 자기 조절 역량 • 인내력 • 독창력 • 결정 능력 • 유연성 • 변화 즐기기 • 기회를 만들어낼 줄 아는 자신감	
2	타인과의 효과적인 상호작용 역량	• 공감능력 • 책임감 • 팀워크/협력능력 • 분쟁·중재기술 • 커뮤니케이션 능력 • 비판 처리 능력	
3	언어·공학 기술 등 도구의 포괄적 사용 역량	• 학습 능력 • 계획 능력 • 조직력 • 문제 해결력 • 반성(반추) 능력 • 문맥적 사고력 • 조작 기술 • 혁신의 의지 • 분석 역량 • 판단 능력/비판력	

<표 1>은 민주시민에 요구되는 민주시민성의 광범위성을 보여준다. 예컨대 국내의 다양한 연구들에서도 살펴볼 수 있다. 홍윤기(2009)는 민주시민교육의 내용을 세 개의 영역으로 범주화하고 각 범주에 속하는 세부내용들을 소개하고 있다(조찬래 2012, 80 재인용). 첫째 범주는 시민으로서 알아야 할 기본적 지식과 관련된 내용으로 민주사회에서 시민의 권리와 의무, 정치공동체와 정부형태, 헌법의 의미와 기본적 원리 및 국제관계와 세계시민성 등을 포함하고 있다. 둘째 범주는 시민적 가치 및 태도와 관련된 내용으로 개인의 가치 및 인간으로서의 존엄성 이해, 시민으로서 개인적 정치적 경제적 책임을 떠맡으려는 성향, 타인에 대한 배려와 민주적 가치의 존중, 및 민주사회의 건전한 기능에 기여하려는 태도 등을 포함하고 있다. 셋째 범주는 시민적 기술 및 참여적 영역과 관련된 내용으로 공공 쟁점에 대한 자유로운 대화와 토론의 기술, 비판적 사고능력, 상호작용과 감시활동을 주 기능으로 하는 참여기능, 그리고 타협과 조정능력이 포함하고 있다. 교육과학기술부는 참여와 실천을 통한 공동체 책임의식 함양과 민주시민의 기본 역할 함양과 기반조성을 위해 민주시민교육을 민주절차와 참여, 법치와 준법, 자유시장경제 및 나라사랑, 통일 및 글로벌 시티즌십 등의 세부영역으로 구분했다(교육과학기술부 2010, 3-5). 이 외에도 민주시민에게 요구되는 지식, 가치, 기능, 태도 등에 해당하는 어느 하

나를 강조하는 연구들까지 포함한다면 민주시민성의 범위는 매우 광범위해진다.

이런 학문적인 논의와는 달리 민주시민교육의 법적 제도화 실현 과정에서 제시되고 있는 민주시민성과 그 내용들은 훨씬 더 추상적인 수준에서 제시되고 있다. 우리나라 민주시민교육은 해방 이후 민주주의 이식 및 발전과 더불어 사회과 또는 정치교육 차원에서 전개되었다. 권위주의 체제하에서 민주시민교육은 정치권력에 대한 충성과 애국심으로 변질되기도 하였다. 최근 민주시민교육 법률적 제도화의 요구는 1990년대 이후 시민성과 민주시민교육에 대한 관심에서 시작되었다. 이런 흐름 속에서 각종 조례와 법안에서 민주시민교육을 실천적으로 제시하고 있다. 지방자치단체에서는 2014년 서울특별시의 민주시민교육에 관한 조례 제정을 시작으로 몇 곳을 제외한 대부분의 광역지방자치단체에서 민주시민교육 또는 학교민주시민교육에 관한 조례를 제정하여 시행하고 있다. 뿐만 아니라 기초자치단체의 경우에도 2019년 10월 현재 26곳이 제정하고 있다. 제 20대 국회에서 남인순 의원 대표발의(2016.9.19.) '민주시민교육지원법안', 소병훈 의원 대표발의(2019.3.7.) '민주시민교육 지원에 관한 법률안', 이철희 의원 대표발의(2019.11.12.) '학교민주시민교육법안'이 발의되었다. 이러한 민주시민교육 제도화의 노력에서 제시되고 있는 기본 요소는 민주시민교육의 기본원칙, 민주시민교육의 정의, 민주시민교육 내용이라고 할 수 있다.

발의된 법률안과 시행되고 있는 조례안에서 제시되고 있는 원칙에 가장 중요한 영향을 끼친 것 중의 하나가 독일의 보이텔스바흐 합의이다. 보이텔스바흐 합의는 교사의 견해 및 주장의 강제 금지, 현실적 논쟁 문제를 수업에서 구현하기, 삶의 영역에서 학생의 정치주체화라는 세 가지 원칙을 강조한다. 이런 내용은 법률 발의안이나 조례안에서 발견할 수 있다. 소병훈·이철희 의원안에서는 정치적 중립성과 파당적 이익 추구 금지, 주입과 교화의 금지, 자율성과 다양성의 존중, 자발적 참여 등을 강조하고 있다. 지방자치단체의 조례에서도 법안에 제시된 내용과 유사하게 학교민주시민교육의 기본원칙에 대해 민주주의의 지속가능한 발전을 위한 시민성 함양에 기여하는 것, 특정 의견 강요 금지, 균형 잡힌 시각을 통한 접근, 공익적 목적 지향, 교육에 보편적 접근성 보장 및 학습자의 자발적 참여를 제시하고 있음을 볼 수 있다(정상우·강은영 2019, 102).

광역자치단체의 민주시민교육에 대한 정의를 살펴보면 민주시민교육의 목적을 '민주사회(혹은 민주국가와 시민사회)의 지속발전'에 두고 있으며, 그 교육 내용과 방법은 '지식·기능·가치·태도 등 민주시민으로서 요구되는 자질과 소양을 함양하는 것'으로 보는 점은 대체로 유사하다(정상우·강은영 2019, 100). 서울시

(2014)는 '세계시민으로서 또 주권자로서 민주 국가와 시민사회의 지속 발전을 위한 지식·기능·가치·태도 등 민주시민의 자질과 소양을 함양하여 건강한 시민으로 정치생활을 영위하여 성숙된 삶을 살아갈 수 있도록 하는 교육'으로 정의하고 있다. 서울시와 더불어 경기도 역시 민주시민교육에 대해 비슷한 정의를 하고 있다. 세종시(2018)는 '민주사회의 지속 발전을 위한 지식 가치 태도 등 민주시민으로서 요구되는 자질과 소양을 함양하고 행동으로 이어지도록 하는 교육'이라고 정의를 하고 있는데 대부분의 지역이 세종시와 비슷한 정의를 하고 있다. 다만 부산광역시(2019)의 경우에는 '대한민국헌법에서 보장하는 민주사회를 지속적으로 발전시키기 위하여 시민이 갖추어야 할 지식 가치 태도 등의 자질과 소양을 함양하여 행동으로 이어지도록 하는 교육'으로 정의하고 있다. 서울시와 경기도의 경우는 '세계 시민'을 포함시켜 21세기 사회적 변혁에 적절히 대응하고 있다는 점을 엿볼 수 있다. 부산광역시의 경우는 '대한민국 헌법'을 포함하고 있어 '민주주의'뿐만 아니라 '민주공화국'의 가치를 민주시민교육에서 실현할 수 있는 근거를 확인할 수 있다. 나머지 지역의 정의는 대부분 '민주사회'와 '민주시민'을 축으로 하는 전통적인 방식의 민주시민교육과 유사하다. 다만, 민주사회와 이에 요구되는 자질과 소양이라는 중립적 개념을 넘어 '참여적 행동으로 이어지는 것', '건강한 시민'

(예: 경기도, 전라남도, 전라북도), '성숙된 삶'(예: 경기도,전라남도, 전라북도), '참여적 행동'(예: 대전광역시, 충청남도), '정치생활 영위'(예: 경기도) 등을 강조하거나 규정한 경우도 있다. 시민의 구체적인 모습으로서 '세계시민(예: 경기도)'이나 '주권자'(예: 경기도, 전락북도, 전라남도)를 명시한 경우도 있다(정상우·강은영 2019, 100).

제 20대 국회에서 남인순 의원 대표발의(2016.9.19.) 민주시민교육지원법안, 소병훈 의원 대표발의(2019.3.7.) 민주시민교육 지원에 관한 법률안, 이철희 의원 대표발의(2019.11.12.) 학교민주시민교육법안이 발의되었다. 남인순·소병훈 의원안은 민주시민교육을 "모든 국민이 민주주의 사회의 구성원으로서 가지는 권리와 의무에 기초하여 일상생활의 각 영역에서 민주주의를 실현하는데 필요한 자질과 역량을 기를 수 있도록 하는 모든 형태의 교육"으로 정의하고 있다. 소병훈 의원의 발의안에는 '민주주의의 기본원리와 민주주의 정치제도에 대한 이해, 시민의 권리와 의무, 책임에 대한 이해와 실천, 민주적 토론방식 및 합리적 의사결정 절차에 대한 교육, 그 밖에 민주시민의식의 함양과 실천을 위한 모든 교육'을 민주시민교육의 내용으로 제시하고 있다. 남인순 의원안의 경우에는 '민주주의의 기본원리 가치 역사 및 민주주의 정치제도에 대한 이해, 시민의 권리와 의무, 정치참여 및 책임에 대한 이해와 실천, 민주적 토론방식 및 합리적 의사결정 절차에 대한 이해와 훈련, 그 밖에 민주시민의식의 함양과 실천을 위한 모든 교육'을 그 내용으로 제시하고 있다.

이철희 의원안은 민주시민교육을 "민주주의의 기본원리와 제도를 이해하고 그 가치를 존중하며 자신의 권리와 의무에 대하여 충분히 인식하고 타인을 이해하고 배려하는 등 민주시민의식을 높여 공동체적 삶의 질 향상을 위하여 비판적으로 사고하고, 적극적으로 사회에 참여할 수 있도록 하는 것을 목적으로 하는 교육"으로 정의하고 있다. 그 내용으로는 '민주주의의 기본원리 및 민주주의에서 추구하는 가치, 우리나라 민주주의 역사와 제도, 민주시민으로서의 자유와 의무, 권리와 책임, 대한민국헌법의 내용과 가치, 민주적인 생활원리, 의회, 정부, 법원, 정당, 언론, 이익집단, 각종 시민단체의 성격 및 기능과 역할, 공공재정의 기능 및 운영원리, 민주적 토론 및 합리적 의사결정 절차에 대한 이해와 실천, 비판적 사고를 통한 사회참여 및 사회적 책임에 대한 이해와 실천, 그 밖에 민주시민의식의 함양과 실천을 위한 내용'을 제시하고 있다.

남인순·소병훈 의원안에서는 교육 내용으로 민주시민성을 함양하기 위한 지식, 가치와 태도, 기술과 능력을 제시하고 있다. '지식 영역'으로는 민주주의의 기본원리, 민주주의 정치제도, 시민의 권리와 의무, 책임에 대한 이해, '가치와 태도' 영역으로는 시민의 권리와 의무, 책임에 대한 실천, '기능 영역'으로는 민주적 토론방식 및 합리적 의사결정 역량을 규정하고 있다. 이런 남인순·소병훈 의원안의 경우에는 기존에 강조되었던 정치사회화에 대한 인식에서 크게 발전된 방향을 엿볼 수 없다. 특히 민주시민교육의 정의에서 일상의 민주주의를 강조하고 있다는 점은 비민주적 영역의 개혁과 변화를 요구하는 시민성을 제시하고 있다는 점이다.

이철희 의원안은 보다 상세한 내용요소를 포함시키고 있다. '지식 영역'에 '우리나라 민주주의 역사와 제도, 대한민국 헌법의 내용과 가치, 민주적인 생활 원리, 의회·정부·법원·정당·언론·이익집단·각종 시민단체의 성격과 기능과 역할, 공공재정의 및 운영 원리, '가치와 태도' 영역으로는 '민주주의가 추구하는 가치, 사회적 책임', '기능 영역'으로는 ' 비판적 사고를 통한 사회참여' 등을 제시하고 있다. 또한 '그 밖에 민주시민의식의 함양과 실천을 위한 내용'을 두고 민주시민교육이 지닌 포괄성과 개방성을 충분히 반영하고 있다. 이철희 의원안의 경우는 지식, 기능, 가치 및 태도 측면으로 민주시민성을 나누고, 각각의 측면에 포함되는 시민성을 다른 발의안보다 구체적으로 제시하고 있다는 점이다. 민주주의 제도가 어떤 정치적 상호작용을 통해 정치적 의사결정이 이뤄지는지, 이런 의사결정의 과정이 어떤 역사와 가치 속에서 이뤄졌는지를 역사적인 이해까지 시민성에 포함시키고 있다는 점은 다른 의원들의 제안보다 훨씬 진일보한 측면을 보여준다. 그런데 조례에서 규정하고 있는 민주시민교육의 내용은 의원들의 발의안보다 더욱 구체적이다. 대체적으로 '지식' 영역으로는 헌법 및 국제조약에 따른 민주주의의 기본원리, 민주정치제도, 시민의 권리와 의무를, '가치와 태도' 영역으로는 정치참여, 책임, 공유 가치(자유, 자율, 공정, 공감, 나눔, 다양성 존중 등), 시대적으로 요청되는 삶의 가치(환경, 양성평등, 남북평화, 미디어, 이주노동자 등)를, '기능' 영역으로는 합리적 의사결정, 갈등조정, 문제해결 등의 역량과 자질을 제시하고 있다(정상우·강은영 2019, 105).

살펴 본 바와 같이 <표 1>은 자유주의, 공동체주의, 공화주의, 다문화주의 등의 측면에서 제시된 민주주의의 시민성을 총체적으로 보여주고 있었다. 이론적 측면에서도 비슷한 양상을 보인다. 하지만 민주시민교육의 제도화 측면에서 제시되고 있는 민주시민성에는 헌법 제1조에 포함된 정치사상이 온전히 반영된 내용이 없다는 점이다. 다만 이런 민주시민성의 논의들은 공통적으로 공화주의적 시민성과 다소 겹치는 부분은 있지만 민주시민성의 정의 및 내용들에 공화주의적 시민성을 제대로 제시하고 있지 않다. 즉 민주주의와 공화주의가 접하는 부분을 민주시민성으로 제시하고 있다고 할 수 있다.

공화주의적 시민성은 단순한 집단적 차원의 정서로서 국가에 대한 애국심, 준법정신, 국가에 대한 충성, 인맥이나 지연 등을 통한 조직적 단결심, 파당적인 조직이나 집단에 대한 애착심 등이 아니다. 내가 사는 정치공동체가 민주공화국이어야 사랑할 수 있다. 적어도 민주공화국을 만들기 위해 노력하기 때문에 사랑할 수 있는 것이다. 앞서 살펴본 바와 같이 공화주의는 자유주의와 공동체주의의 논쟁을 극복하기 위해 제시되면서 가장 강조한 것은 공동선이다. 공동선은 인권을 최고의 가치로 삼고 정치공동체 구성원들 모두가 인권을 제대로 누릴 수 있도록 서로가 서로에게 도덕적 책무감을 통해 실현되는 것이다. 이런 점에서 공화주의적 시민성은 '모두를 위한 나라'를 만든다는 공동선에서 모색되어야 한다.

공화주의적 시민성은 첫째, 민주적 연대성이다. 민주적 연대성은 모든 시민성의 기초이지만 단순한 정서적인 공감과 연대 그 이상을 의미하는 것이다. 민주적 연대성은 공동체의 상호의존적 삶에 대해 이해함으로써 시민들 상호간의 자유와 권리, 안전을 보장해 주기 위해서 어떤 사회적 협력관계인지를 인식하는 수준까지를 말한다(장은주 2007, 144-149).

둘째, 인권(자유, 평등)과 정의의 존중이다(최현 2010, 32). 인권(자유, 평등), 정의는 민주공화국의 핵심적 가치인 공동선의 핵심적 내용이다. 사회적 구성원들 사이에 민주적 연대성의 발생은 인권과 정의의 존중을 매개로 발생하는 것이다. 인권을 보편적인 가치로 받아들이지 못할 때 공감을 전제로 하는 민주적 연대성을 기대하기 어렵다. 항상 권리를 행사할 때 인권과 정의 존중이라는 공공성의 가치를 생각하고 행사해야 한다.

셋째, 인정과 배려이다(남찬섭 2012, 100-115). 인정은 포용을 포함하는 것이며, 배려는 돌봄을 포함하는 것이다. 현대사회는 다원적이고 이질적인 특징을 가지고 있다. 이런 사회에서 다원성에 대한 인정과 배려가 없다면 특정 사람이나 집단을 배제하거나 지배하려는 현상이 발생할 것이다. 이런 현상은 민주적 연대성 및 비지배성을 침해하는 것이다.

넷째, 참여와 책임이다. 시민들은 민주공화국에서 요구하는 정서와 태도를 바탕으로 참여할 권리와 책임을 갖는다(최현 2010, 32). 참여의 효과를 극대화할 수 있는 것이 책임이다. 따라서 참여는 개인과 공동체 모두를 행복하게 하기 위한 것이다. 또한 공공성은 시민들 상호간의 의견교환과 판단에 의존하는 것이다. 이런 상호간의 판단이 현명할 경우 나와 동료 모두의 인권과 공동체의 발전을 가져다주게 될 것이다. 따라서 참여의 권리행사와 더불어 이에 대한 책임 역시 민주공화국 시민에게 요하는 것이라고 할 수 있다.

다섯째, 소통과 합의 능력이다(홍성태 2012, 168 ; 김석근 2013, 378-387). 소통과 합의능력은 공동체와 공동선을 구성하는 주요 능력이다. 참여를 했음에도 불구하고 이성적 판단, 적절한 표현, 개방성, 상대방에 대한 존중, 설득과 같은 능력들이 부재할 경우 상당한 시간과 노력이 허비될 뿐만 아니라 공동선을 이끌어내지 못할 수도 있다.

여섯째, 준법정신이다. 고전적 공화주의부터 강조된 덕성 중의 하나가 준법이다. 이때의 준법은 국가의 야경꾼 역할에서 강조하는 이익추구활동을 보장하기 위한 덕성이 아니다. 자기지배의 원리와 비지배의 원리를 실현하기 위해 국가가 집행하는 법을 준수하고 존중해야 한다는 의미를 핵심으로 하는 것이다. 준법은 단순히 법을 지킨다는 의미가 아니다. 예컨대 사회적 관계 속에서 갑질을 보호하는 법은 민주공화국 정신에 부합하는 법이 아니다. 따라서 갑질을 보호하는 법이 아니라 갑질을 근절하는 법에 대한 준법정신이 민주공화국 시민성이다.

일곱째, 비판적 사고력이다. 비판적 사고력은 동료들의 행위와 국가의 행위가 정당한 지를 판단할 수 있는 능력이다. 비판적 사고력은 비이성적인 비난이나 사익을 추구하는 과정에서 이뤄지는 것이 아니다. 비판적 사고력은 공동선과 공동체에 대한 애정과 사랑을 전제로 이뤄져야 한다. 비판적 사고력은 바람직한 정치공동체를 만들기 위해 애정과 사랑을 전제로 끊임없이 인권과 정의를 추구하고 존중하는 공화주의적 시민성이라고 할 수 있다. 비판적 사고력은 비민주적 관행에 대해 합리적으로 비판하고 대안을 제시할 수 있는 사고 능력이다.

이상의 논의와 시대적 과제들을 고려해볼 때 민주공화국의 시민성은 "보편적 인권이라는 공동선을 민주적으로 실현하기 위해 필요한 지식, 기능, 가치 및 태도, 참여와 문제해결에 행동의지를 가진 시민"이라고 정의할 수 있다. 지식으로는 민주공화국에 대한 이해, 인권 및 공동선에 대한 이해, 민주주의의 기본원리 및 민주주의에서 추구하는 가치, 우리나라 민주주의 역사와 제도, 민주시민으로서의 자유와 의무, 권리와 책임, 대한민국 헌법의 내용과 가치, 민주적인 생활원리, 의회, 정부, 법원, 정당, 언론, 이익집단, 각종 시민단체의 성격 및 기능과 역할, 공공재정의 기능 및 운영원리, 민주적 토론 및 합리적 의사결정 절차, 자기 지배를 실현하는 민주적 제도 등이라고 할 수 있다. 기능으로는 비판적 사고력, 민주적 의사결정 및 토론 능력, 소통과 합의 능력 등과 같은 사회적 기능, 합리적 의사결정력, 사회참여 능력, 갈등조정 및 문제해결 능력, 미디어와 관련된 역량, 리터러시 능력 등이다. 가치 및 태도로는 인권 존중, 공동선에 대한 존중 및 책임감, 연대 및 박애, 관용, 정치참여를 넘어선 사회 참여 태도, 배려, 책무성, 정의감 및 공정성, 공감, 신뢰감, 다양성 존중, 환경·양성평등·평화와 같이 시대적으로 요청되는 다양한 삶의 가치, 준법정신 등이다. 행동의지로는 정치적 활동, 지역시민사회 활동 등과 같은 사회참여 및 시민행동 등이다.

이상에서 언급한 내용 이외에도 민주공화국 시민성이 내포하고 있는 구체적인 내용들은 훨씬 많을 것이다. 여기에서는 추상적 수준에서 제시하고 구체적인 내용들은 민주공화국시민교육의 실천과정에서 발견하고 구현해 나가길 기대한다.

2. 민주공화국시민교육의 방법

민주공화국시민교육을 위한 다양한 교수학습방법이 존재한다. 이 중에서 살펴보고자 하는 것은 민주공화국시민교육이 시민의 삶 속에서 공동선을 실현해 나가는데 기여해야 한다는 역할에 주목해서 살펴보고자 한다. 민주공화국시민교육은 '시민의 삶'과 관련된 교육이다. '시민의 삶'이 내용이 되어야 하고 '시민의 삶'을 개선시키는 방향으로 이뤄져야 한다. 또한 '시민의 삶'은 종합적이고 통합적인 현상이다. 따라서 한 개인보다는 집단 지성을 동원할 수 있는 방법일 필요가 있다.

우선 민주공화국시민교육을 위한 교수-학습 경험을 구성할 때 그 과정과 절차는 숙의의 과정이어야 한다. 예컨대 학교의 교육과정에서 교사가 민주적 절차와 공동선에 대한 이해와 실천이 부족하다면 학교에서 민주공화국시민교육을 제대로 실시하기 어렵다. 학교교육과정을 마련하는 과정과 절차가 숙의의 과정을 통해 만들어진다면 학교의 민주화를 실현하고 학교 공동체의 공동선을 달성할 수 있도록 할 것이다. 따라서 숙의의 과정을 통해 교육과정을 마련하는 과정은 민주공화국 시민성을 함양하는데 기여할 수 있다.

다음으로 교수-학습 경험을 만든 후에 민주공화국시민교육을 위한 학습공동체 내지는 배움 공동체를 구성할 필요가 있다. 이러한 학습공동체를 통한 학습경험은 연대, 협동심, 사회적 기능과 소통, 탐구 등과 같은 시민성의 다양한 내용을 함양하기에 용이하기 때문이다. 이런 학습공동체의 학습 구조는 협력학습 구조가 바람직할 것이다. 학습구조에는 일제학습구조, 경쟁학습구조, 개별학습구조, 협력학습구조가 있다. 이 중에서 정치공동체적 삶속에서 필요한 지식, 기능, 가치 및 태도, 행동의지 등과 같은 민주공화국 시민성을 함양하는데 가장 효과적인 방법은 협력학습구조이다. 일제학습구조는 전체 학생을 하나의 학습 조직으로 간주하여 구성되는 학습구조이다. 이 구조의 경우에 주로 설명식·연역적 수업이 이뤄지며, 주로 효율적 전달을 목적으로 한다. 하지만 유의미 학습을 만들어 내기에는 부족하다. 경쟁학습구조는 학생간, 집단간 경쟁을 할 수 있도록 학습 조직을 구조화하는 것이다. 주로 흥미와 동기를 자극하여 학습 참여를 유도할 수 있다는 평가를 받기도 한다. 하지만 지나친 경쟁은 학습구성원간의 반목을 유발하여 갈등을 초래할 수도 있다. 개별학습구조는 학습자 개인의 개별적 필요성, 흥미, 동기를 감안하여 이뤄지는 것이다. 개인 적합성이라는 측면에서 장점을 지닌 학습구조이다. 협력 학습 구조는 학습자 상호간에 체계적인 협력과 성과를 낼 수 있도록 하는 것이다. 최근 인지적 측면뿐만 아니라 다양한 측면의 효과를 기대할 수 있는 방법으로 평가를 받고 있다. 다만 성공적인 협력 과정을 만들고 실천하는 것이 쉽지 않다는 점이다. 일반적인 교육활동에서 네 가지 학습구조의 조화와 균형이 가장 이상적인 방안이 될 것이다. 살펴본 바와 같이 민주공화국시민교육의 측면에서 보면 협력학습 구조가 바람직하다. 집단 지성이 실현되는 과정을 훈련할 수 있는 방안이기 때문이다. 이런 관점에서 실시되는 협력학습은 단순한 집단 학습이 아니다. 개별 과제와 책무성을 분명히 하고, 과제 완수에 대한 성공의 기회를 균등하게 보장한다. 또한 집단 보상을 통해 협동을 자극하는 교수 학습방법이다. 협력학습 구조를 통해서 민주공화국 시민성의 지식, 기능, 가치 및 태도 등을 함께 학습할 수 있다. 그 결과 사회적 기능과 협동심의 향상도 기대할 수 있다.

이와 같은 협력학습 구조 하에서 우선 개념학습이다. 개념은 토론과 논쟁의 시작이다. 개념 정의에 대한 합의 없이 토론과 논쟁은 제대로 될 수 없다. 현재 우리 사회에서 벌어지고 있는 많은 토론과 논쟁에서도 이와 같은 문제점이 드러나고 있다. 그 결과 합의에 이르지도 못하고 누구와 함께, 누구를 향해 메시지를 주장하는지 불명확한 상태가 되고 있다. 개념에 대한 올바른 탐구와 정의에 대한 합의는 민주공화국 시민성을 함양하는데 중요한 방법이라고 할 수 있다. 개념에 대한 탐구를 통해 핵심 아이디어를 정리하는 과정은 집단 지성을 통한 창의적인 활동이라고 할 수 있다. 이런 창의적인 집단 지성 활동은 개념을 통해 서구의 제도와 가치들을 모방하는데 급급했던 우리의 한계를 넘어 팬데믹 이후에도 정치적으로 선진국이라는 평가를 유지할 수 있는 초석이 될 것이다.

민주공화국시민교육과 관련해서 가장 이상적인 수업모형은 지식, 기능, 가치 및 태도 등을 종합적으로 다룰 수 있는 것이다. 또한 공동선의 추구 및 시민의 삶과 관련되는 것을 다루기에 용이한 것이어야 한다. 또한 협력학습구조를 고려할 때 협동학습과의 결합이 요구된다. 이런 측면을 고려할 때 대표적인 것이 논쟁문제수업모형, 의사결정 수업모형 등이다. 이 두 모형은 민주공화국 시민성의 지식, 기능, 가치 및 태도 등을 모두 다룰 수 있다. 이 두 모형은 다루는 문제나 절차에서 거의 유사하지만 다소의 차이가 있다.

두 수업모형은 모두 사회적 삶 속의 문제를 다룬다. 이 문제를 다룰 때 지적 분석 및 바람직한 가치를 명료화하는 학습 경험을 통해 대안을 검토하고 결정한다. 이와 같은 학습경험은 참여를 통해 사회적 갈등 문제나 정책을 마련하는 민주공화국 시민성의 함양에 기여할 수 있다. 그런데 논쟁문제수업모형은 논쟁을 분석하고 각 주장을 평가하고 입장을 정리하는 것을 중시하는 모형이지만 의사결정 수업모형은 여러 가지 대안이 존재하는 선택적 상황에서 어떤 대안이 가장 바람직한 지를 모색하는 것을 중시하는 모형이라고 할 수 있다. 민주주의가 발전할수록 다원성은 증가하고, 다원성이 증가할수록 이를 둘러싼 가치 갈등은 증가할 수밖에 없다. 그렇다면 민주공화국에서 이런 갈등을 도덕적이면서 합리적으로 해결할 수 있는 능력은 시민에게 필수적인 능력이다. 이런 점에서 논쟁문제수업이나 의사결정수업은 지식뿐만 아니라 정보수집 기능, 탐구 기능, 분석 기능, 비판적 사고 기능, 합리적 의사결정 기능, 사회적 기능과 협상이라고 하는 민주공화국 시민적 역량을 향상시키는데 기여할 수 있는 대표적 방법이라고 할 수 있다.

민주공화국시민교육에 유용한 방법으로 그 다음 고려되어야 하는 것이 토론, 역할놀이, 시뮬레이션, 미디어 리터러시 등이다. 토론 능력은 민주공화국 시민성의 가장 기본적인 것이다. 토론은 민주공화국 시민들의 집단 지성을 발현시키는 대표적인 방법이다. 토론을 통해 정치과정을 체험하고, 공동선을 모색하는 경험할 수 있다. 이런 점에서 협동학습 구조 하에 논쟁문제수업이나 의사결정수업은 필수적으로 토론 기법을 포함시켜야 한다. 토론을 통해 논쟁문제를 분석하고 각 주장에 대한 평가를 정리한다. 토론을 통해 여러 가지 선택 가능한 대안들을 평가하고 바람직한 대안을 선택한다. 뿐만 아니라 토론은 서로 간의 차이를 이해하고 관용을 경험할 수 있는 기회를 제공하기도 한다. 역할놀이는 정치제도의 체험, 정치과정의 체험 등을 통해 민주공화국 시민성을 함양할 수 있는 대표적인 방법이다. 역할놀이를 통해 얻을 수 있는 것은 지식뿐만 아니라 상대방의 입장을 이해하고 감정의 공유를 통해 문제를 해결할 수 있는 체험을 가능하게 한다. 이런 점에서 민주공화국 시민성의 기능 및 가치·태도 측면의 향상을 기대하기에 적합한 방법이다. 시뮬레이션은 민주적 절차를 통해 민주공화국의 체계 및 질서를 이해하고, 제도 및 절차에 따른 의사결정을 훈련하는데 용이한 방법이다. 예컨대 국민참여재판의 절차를 강의로 하는 것보다 시뮬레이션을 통해 체험하게 된다면 효과적으로 참여 방법을 습득할 수 있게 된다. 민주공화국 시민들이 지속적으로 공동선을 모색하고자 할 때 방해 요인들이 많다. 이런 방해 요인들이 눈에 가시적으로 보이는 특별 계층이나 집단으로 보이기도 하지만, 사실 보이지 않는 요인들이 존재한다. 관행을 만들고, 이데올로기를 만들고, 프레임을 만드는 언론, 교육 등의 집단이다. 이들은 언어와 문화적 요소를 통해 다수의 의식과 행동을 통제하려고 한다. 따라서 언어와 문화에 대한 리터러시 능력은 중요한 시민성이다. 이런 시민성을 함양하기 위한 리터러시 교육이 필요하다. 이와 같은 리터러시 교육은 지식뿐만 아니라 진실을 판단하는 능력, 각종 사고 기능 향상에 유용한 방법이다.

이상에서 논의한 방법들은 전통적으로 존재해 왔던 것이며 학교뿐만 아니라 다양한 기관에서 민주공화국시민교육을 위해 사용할 수 있는 중요한 교육방법이다. 이런 방법들의 경우 민주공화국 시민성 중에 행동의지를 발달시키기에는 한계가 있다. 행동의지와 관련된 부분은 특히 체험의 장이 중요하기 때문이다. 민주공화국 시민으로서 필요한 지식, 기능, 가치 및 태도를 가지고 있다고 하더라도 외적으로 실행하고자 하는 의지가 없다면 민주공화국시민교육의 목표 및 목적을 달성할 수 없다. 이를 위한 방법으로 학교를 '민주공화국'의 축소판으로 운영하는 방식이다. 예컨대 지금까지는 학교에서 학생들에게 일방적으로 방안을 제시하고 따르도록 하거나 선택하도록 하였다. 이 방식이 적절한 경우도 있지만 경우에 민주공화국시민교육을 한다는 것은 학생들이 집단 지성을 발휘할 수 있는 기회를 제공하는 방식으로 전환하는 것부터가 시작이다. 또 한 가지 중요한 것은 학교와 지역 주민 및 사회, 학교와 지역 및 공공기관을 연계하여 민주공화국 시민 참여를 위한 네트워크를 만드는 것이다. 이 네트워크는 민주공화국 시민으로서 지닌 지식, 기능, 가치·태도 등을 가지고 행동할 수 있는 참여의 훈련장으로서 역할을 해야 한다. 다음 장에서는 이상에서 살펴본 민주공화국시민교육을 위해서 필요한 노력들을 살펴보고자 한다.

Ⅳ. 민주공화국시민교육을 위한 제언

민주공화국시민교육을 위한 전제로 헌법 제1조 제1항에서 규정하고 있는 '민주공화국'의 본질적 의미를 정리하여 제시할 필요가 있다. 학교교육과정과 관련된 교재들의 경우에도 민주공화국의 본질적 의미를 찾아보기 어렵다. 어릴 적부터 접하는 매체와 학교 교육에서 제시된 민주공화국에 대한 개념은 민주공화국 시민으로서의 자각을 하기에 많이 부족한 상황이다. 김홍탁·한석지(2014)는 제1차 교육과정부터 2009개정교육과정까지 고등학교 정치교과서를 분석하였는데, 각 교육과정 시기별로 1종의 교과서를 분석대상으로 삼았다. 분석한 결과 민주공화국은 줄곧 군주국에 대립하는 국가형태를 가리키는 것으로 서술되어 왔다(김홍탁·한석지 2014, 32). 이는 민주공화국을 국가형태를 나타낸 것이다. 이런 경향은 학생들이나 일반 시민들이 손쉽게 검색하는 포털사이트에서 '민주공화국'을 검색한 결과에서도 나타난다.

'21세기 정치학 대사전'(2002)에서는 "민주공화국이란 공화국 중에서 국가의 주권이 전체국민에게 있는 공화국이며, 국체는 공화제이며 정체는 민주체인 국가"이라고 정의하고 있다. 이런 민주공화국의 효시는 1776년 미국의 독립선언, 1789년의 프랑스 혁명, 1793년과 1848년의 프랑스 헌법 등으로 이어져 발전해온 것으로 설명하고 있다. '두산대백과사전'(2010)의 정의도 크게 다르지 않다. 다만 공화국의 유형들을 제시하면서 자유민주주의 관점에서 민주공화국을 규정하고 있다는 점이다. '법률용어사전'(2011)에서도 국체가 민주국체이고 정체가 공화정체인 국가를 뜻한다고 규정하고 있어서 앞의 두 사전적 정의와 대동소이하다. 'Basic 고교생을 위한 정치경제용어사전'(2002)은 "주권이 국민 전체에 있는 공화국으로, 공화국은 군주국에 대립되는 개념이다."라고 정의하고 있다. 또한 '두산대백과사전'과 마찬가지로 '자유민주주의' 등을 포함하는 것으로 설명하고 있다. 살펴본 바와 같이 사전적 의미의 '민주공화국'은 국가형태적인 측면에서 정의하고 있을 뿐 공화국의 본래적 의미를 포함한 민주공화국의 의미를 제시하지 않고 있다. 우리나라의 교육이념을 규정하고 있는 교육기본법 제2조의 내용을 살펴보면 "교육은 홍익인간의 이념 아래 모든 국민으로 하여금 인격을 도야하고 자주적 생활능력과 민주시민으로서 필요한 자질을 갖추게 함으로써 인간다운 삶을 영위하게 하고 민주국가의 발전과 인류공영의 이상을 실현하는 데에 이바지함을 목적으로 한다."고 규정하고 있다. 보다시피 '민주공화국

시민'이 아니라 '민주시민', '민주공화국'이 아닌 '민주국가'로 규정하고 있다.

이처럼 공화국의 의미가 결핍된 민주공화국은 민주시민교육과 밀접한 관련성이 있는 헌법교육 연구에서도 나타난다. 김대환·박훈(2009)은 헌법교육의 이념적 지향점으로 민주공화국을 제시하고 있다. 하지만 그 내용은 대부분 민주주의와 법치주의 내용으로 설명되어 있다(김대환·박훈 2009, 67-68). 이와 같은 설명은 민주공화국을 국가형태로 보고, 민주주의를 중심으로 민주공화국을 이해한 결과라고 할 수 있다. 이 연구를 제외하고는 민주공화국을 직접적으로 다루는 헌법교육 연구는 거의 찾아볼 수 없다.

둘째, 민주공화국의 의미를 국가 형태적으로 인식한 결과 민주공화국의 시민성에 대한 논의도 활발하게 전개되지 못하고 있다. 그 결과 민주공화국 시민성 함양에 기여할 수 있는 교육적 실천이 제대로 논의되지 못하고 있다. 이런 상황에서 민주공화국의 제도 원리나 시민성과 상반되는 민주시민교육의 방향이 제시되기도 하였다. 공화국을 지속적으로 발전시키는 제도 원리는 권력의 분점과 균형, 시민참여, 법치주의로 요약될 수 있다(정상호 2012, 102). 여기서 '시민참여'는 민주공화국의 제도원리이자 시민성이다. 그런데 전제철(2006)은 특정민주주의에 근거하여 공화국의 본질적 의미를 고려하지 않고 대의제 민주주의 중심의 협소한 정치참여만을 강조하고 있다. 예컨대 '대의민주주의를 비판적으로 이해하는 시각은 보통선거와 평등선거의 기능을 간과하는 것'(전제철 2006, 104)이라거나, '선거를 통한 정책의 통제 내지 '정당화가 대의민주주의의 사활을 좌우하는 문제, 가장 우선적으로 강조되어야 할 정치참여의 수단으로 선거'(전체철 2006, 108)라는 지적 등에서 나타난다. 또한 참여의 한계를 밝히는 규범적·가치지향적인 헌법교육이 되어야 한다고 주장하였다(전제철 2006, 116). 이는 정치참여의 한계를 규제하는 준법교육으로서 헌법교육을 강조하는 듯하다. 그의 주장은 규범적 현실을 참여의 과잉으로 보는 것에 근거한 것으로 보인다. 하지만 헌법규범이 정해놓은 그 실질적 의미가 현실에서 어느 정도 구현되고 있는지, 의회와 정당의 대표 실패를 고려해볼 때 제도의 결핍이 참여의 과잉을 유발한 것으로 보는 것이 타당할 것이다.

따라서 전제철(2006)의 주장은 민주주의가 지향하는 궁극적 목적과 공화국이 가진 공화주의의 가치를 고려하지 않고 민주주의를 한낱 특정 가치를 반영한 제도나 절차로 인식하고 있다고 볼 수 있다. 이런 점에서 민주공화국 시민성을 함양하기 위한 내용 제시와 관련해서는 교과서를 포함한 교육매체들의 서술 개선이 일차적인 과제이다. 비군주국의 국가형태로만 민주공화국을 제시한 상황에서 학생들은 정치공동체의 바람직한 모습을 인식할 수 없다. 따라서 민주주의와 공화주의의 중요한 의미와 가치를 제시함으로써 민주공화국의 본질적 의미를 서술하는 것이 필요하다. 또한 민주공화국의 가치 및 시민성을 토대로 헌법의 기본원리, 기본권, 통치구조 등을 설명하고 제시할 필요가 있다. 단순히 헌법조문을 열거함으로써 정보를 제공하는 내용 구성은 바람직하지 않다. 예컨대 '상호 비지배성'의 원리는 인간 존엄성을 실현하기 위한 전제일 뿐만 아니라 개인 대 개인의 관계를 규율하는 규범이며, 법치국가에 윤리적 정당성을 제공하는 것이다. 이런 중요한 원리가 헌법의 기본원리부터 통치구조까지 어떻게 관통하는 지에 대한 심층적 이해가 헌법조문에 대한 정보보다 더 중요할 것이다. 이런 점에서 헌법학계의 민주공화국에 대한 일반적인 인식 경향으로부터 탈피는 헌법 교육 내용 구성의 기본 전제가 되는 것이다. 또한 헌법학 개론 내용의 의존도에서도 벗어나 민주공화국적 관점에서 헌법의 내용을 재구성하는 것이 필요하다. 헌법조문에 대한 지식만으로 헌법과 민주공화국을 사랑하는 시민이 되기를 기대할 수 없다. 이는 민주공화국의 가치와 민주공화국의 시민성과 관련된 내용을 통해 가능할 것이다.

이런 점에서 개념 학습의 전환적 노력이 필요하다. 서구의 언어와 사고 틀에 대한 형식적 이해나 모방이 아니라 실질적이고 맥락적 이해를 통해 우리의 언어와 맥락으로 개념과 지식들을 해석하고 창조할 수 있어야 한다. 강의나 강연을 통해 만났던 대학생, 대학원생, 교사들에게 '민주주의가 무엇입니까'라는 질문을 했을 때 돌아오는 대답은 사전과 교과서에 나와 있는 정의를 그대로 인용하거나 복잡하고 모호하다는 것이었다. 민주주의에 이데올로기가 결합되고, 세계 각국의 제도나 절차의 민주주의적 양태가 들어오는 순간 민주주의의 의미는 모호해지고, 핵심개념은 사라진다. 서구의 경우에는 민주주의와 관련된 정치적 개념들이 그 사회의 맥락에서 만들어져 오랜 시간 동안 발전시켜 왔기 때문에 그 개념의 의미에 담겨 있는 핵심적인 가치나 실질적인 의미 등에 고민할 필요가 없다. 하지만 우리는 의미 속에 담겨져 있는 것들을 해석하지 못할 경우에 우리는 그야 말로 모방이나 흉내 그 이상의 창의적인 것들을 만들어 내기 어렵기 때문이다. '자기 지배'를 의미하는 민주주의의 핵심개념 내지는 실질적 의미는 무엇일까. 민주주의의 핵심개념은 '일상의 삶 속에서 대중들이 자신들의 삶과 관련된 조건을 스스로 결정하는 방식'이라고 할 수 있다. 대통령을 선출하는 것은 자신들의 삶과 관련된 조건 중의 하나이다. 어떤 정당에 대한 지지를 보낼 것인지는 자신들의 삶과 관련된 조건 중의 하나를 결정하는 것이다. 교육적 측면에서 보면 이 핵심개념을 통해 우리는 우리의 민주적 제도를 이해하고 문제점을 파악할 수 있어야 한다.

그런데 오랫동안 민주주의, 공화주의, 자유주의 등 중요한 정치적 개념들과 사상들에 대해 사전적 의미만 기억했을 뿐 핵심개념과 그 함의는 생각하지 못했다. 공화주의는 단순히 '군주가 없는 정치체제'가 아니다. 공화주의의 핵심 개념은 '모두를 위한 나라, 공동선을 추구하는 정치 공동체'라고 할 수 있다. 이 핵심개념을 이해하고 우리는 우리의 태도, 도덕적 책임, 정치 제도들을 이해하고 비판적으로 분석할 수 있다. 예컨대 근로기준법이나 FTA 역시 우리 모두를 위해 바람직한 것인지를 논쟁하고 바람직한 방법을 모색할 수 있다. 살펴본 바와 같이 학습의 기본 개념이 포함하고 있는 핵심적 의미와 가치들을 이해하지 못한 상태로 과연 시민과 학생들을 위한 교육활동이 제대로 이뤄질 수 있을까? 수업을 발생적인 관점에서 이해할 때 실질적 의미를 파악하지 못한 개념을 근거로 하는 교육활동은 그것이 아무리 활동중심 교육활동이라고 하여도 재미있는 교육활동이라는 평가는 받을지언정 배움이 일어나는 교육활동은 되기 어려울 것이다. 방법도 중요하지만 실질적 문맹을 양산하는 교육이라면 정치공동체의 삶 속에서 건전한 비판과 논쟁을 하기 어렵게 만든다.

세 번째는 정치제도와 정치문화의 불일치 현상을 해소하기 위한 다양한 참여적 정치제도의 도입과 정치권의 정치문화 개선 노력이 필요하다. 학생과 모든 일반 시민들이 민주시민교육을 체험할 수 있는 다양한 제도의 도입이 필요하다. 현재는 청원, 국민참여재판 제도, 간헐적으로 이뤄지는 모니터 활동 등 참여 제도가 제한적이다. 행정부와 입법부의 차원에서는 '집단 지성'을 활용하기 위한 제도적 방안이 필요하다. 정보를 공개하고, 이 정보를 토대로 '집단 지성'이 정책과 사업의 아이디어를 창조하고 추진하는데 활용할 수 있는 방안을 제도화할 필요가 있다. 이 방식은 공정성과 투명성을 전제로 한다는 점에서 비민주적 행태를 줄일 수 있는 방식이 될 수 있으며, 집단 지성을 동원하는 과정에서 공동선을 모색할 수 있는 시민교육으로서의 의의를 가진다. 또한 행정부에 속한 사법기관인 검찰 개혁 관련성을 위해 대배심 제도를 도입할 필요가 있다. 검사의 권한에 대한 감시와 견제를 할 수 있다는 점에서 지금 현재의 방식보다 훨씬 민주주의에 가까운 방식이기 때문이다. 사법부와 관련해서는 제대로 된 배심재판제도의 도입이 필요하다. 국민참여재판 제도를 처음 도입할 당시 비법조인, 비전문가가 재판에 참여할 경우 포퓰리즘적 판결이 나오게 되어 공정한 재판을 어렵게 할 것이라는 우려가 많았다. 이런 우려에도 불구하고 국민참여재판 제도의 도입은 성공적인 편이다. 현재 우리 시민들의 수준은 고대 그리스 당시의 시민들 수준도, 존 스튜어트 밀이 살았던 당시의 대중들 수준도, 1960년대 남미국가들의 시민들 수준도 아니다. 우리 시민들의 수준은 '합리적 무지'라는 비아냥거림 속에서도 상당 수준에 올라있다는 평가를 부인하기 어렵다. 갈등으로 인한 사회적 비용을 줄이고, 창의적인 정책과 사업 방안을 효율적으로 추진할 수 있도록 다양한 시민 참여 제도를 만들어 민주공화국시민교육을 일상에서 경험할 수 있도록 하는 것이 시민역량을 향상 시키는 적절한 방법이 될 것이다. 따라서 정치권의 정치문화 역시 민주공화국의 구현에 부합할 수 있도록 변화가 요구된다.

현재 국민참여재판 제도가 시행되고 있지만 헌법 규정 때문에 온전한 배심제를 실시하지 못하고 있다. 그리고 형사재판의 일부에만 도입된 제도이다. 하지만 국민 참여를 위한 헌법 개정과 제도의 도입에는 정치권이 소극적인 태도를 보이고 있다. 검찰 개혁을 둘러싼 논쟁과 사회적 비용의 증가에도 불구하고 국민들에게 정확한 정보를 제공하고 집단지성을 발휘할 수 있는 공식적인 논의의 장을 설치하거나 국민들이 참여할 수 있는 대배심제의 도입 논의는 거론되지도 않았다. 민주공화국시민교육은 일상의 민주적 삶 속에서 이뤄져야 한다. '합리적 무지'로 대중들을 평가하기 보다는 '집단 지성'의 집단으로 이해하는 정치권의 인식의 변화가 필요하며 기득권의 이득을 위해 국민 참여의 민주적 제도를 가로막는 정치권의 태도가 개선되어야 한다. 또한 정치권의 권위적 정치문화에 대해 성찰하고 이를 개선하기 위한 노력이 필요할 것이다. 권한은 권리가 아니다. 정치권 분야뿐만 아니라 다양한 영역에서 권한을 권리로 인식하고 있는 인사들이 많다. 자신들의 정치문화를 성찰하고 행동하는 노력이 필요하다.

네 번째는 사회의 다양한 집단과 조직들이 일방적 서비스나 결정을 홍보하는 방식이 아니라 사회의 다양한 영역이 집단 지성을 활용하는 민주공화국시민교육의 훈련장이 될 수 있도록 노력해야 한다. 민주공화국시민교육은 일상이 학습의 장이 된다. 이를 위해서는 정부, 학교, 직장, 정당, 시민사회, 언론, 지역사회, 가정 등 사회 전 영역이 그 학습의 대상이 되고, 이 학습을 위한 장을 만드는 노력을 할 필요가 있다. 현재 언론이 제공하는 제한적 정보에 따라 갈등을 유발하는 논쟁적 문제들은 정부, 회사, 학교등과 같은 다양한 주체들의 사과나 미봉적 대처로 끝나 버리는 경우가 많다. 예컨대 공공의료 도입을 위한 비전 구상도 그렇다. 의사들이 반발하는 것은 알겠으나 정부가 추진하고자 하는 공공의료 도입의 구체적인 정보는 언론이나 일부 인사들의 발언에 의해 흐려진다. 이 문제가 무엇인지에 대한 조사와 탐구의 활동, 미디어 리터러시의 역량을 가지는 것 또한 민주공화국시민교육 활동이라고 할 수 있다. 이런 활동은 사회적 갈등과 비용을 줄이고 효율적인 정책 추진을 할 수 있는 집단 지성의 활용 방법과는 거리가 멀다.

앞으로 시대는 컨텐츠와 정보가 돈이라는 말을 자주 한다.

현재 새로운 매체와 커뮤니케이션이 등장했고, 다수의 사람들은 문제를 해결하기 위해 새로운 매체와 커뮤니케이션을 이용해 해결방안을 주장하기도 하고 제시하기도 한다. 이런 상황은 전문가와 비전문가, 제도권 대 비제도권과 같은 구분을 통해 소수가 문제를 해결하기 위한 방안을 제시하고, 이 방안을 수용하도록 하는 방식은 사회적 갈등과 비용을 오히려 높이고 있다는 점에 주목할 필요가 있다. 오히려 정부를 포함한 다양한 정치적 주체들은 정보를 제공하고 집단 지성을 통해 다양한 해결 방안을 모색하는 방안을 구축할 필요가 있다. 이런 점에서 각종 정책이나 사업들도 입찰 방식이 아니라 현상광고 형식으로의 전환이 필요하다. 이와 같은 각종 정책이나 사업들을 구상하고 추진하는 방식의 변화는 갈등을 줄이고 정책이나 사업 추진의 효율성을 가져다 줄 수 있을 것이다. 그리고 이것은 상당한 부분의 경제적 비용 절감 효과도 가져올 것이다. 따라서 정부는 단순한 행정 서비스를 넘어서는 행정 참여를 전제로 하는 전자 민주주의로의 전환이 필요하다. 이를 통해 일상의 민주공화국시민교육의 본보기를 보여줘야 한다.

정당들도 자기들이 잘하면 국민적 지지는 높아질 것이라는 표현을 자주 사용한다. 물론 그럴 수도 있다. 하지만 정당들이 일방적으로 방안을 제시하고 어느 것을 선택해 달라는 방식으로는 시민들의 지지를 이끌어내기에는 부적절하다. 이런 점에서 정당 엘리트적 시각에 대해 성찰하고, 집단 지성을 어떻게 수용할 것인지에 대한 상상력이 필요하다. 당파적 이익을 실현하고자 하는 의도보다는 이런 상상력에 근거한 민주공화국시민교육을 시행할 때 자발적인 동의와 지지를 받는 정당이 될 것이다. 학교의 경우에도 집단 지성을 발휘할 수 있는 민주시민을 키워내기 위해 민주적 정치문화를 조성하고, 지역사회나 시민사회와의 연계를 통해 민주적 생활 체험의 장을 만들어 가는 이해와 노력이 필요하다. 공무원과 정치인들은 '주권자인 국민이 주인이라고 하면서 국민을 모시고 섬긴다' 는 표현을 자주 쓴다. 물론 이런 태도를 보여야겠지만 이제는 참여하는 시민을 인정하는 태도로의 변화가 요구된다.

이상에서 살펴본 개선점은 민주공화국시민교육을 위한 최소한의 조건 중 일부이다. 민주공화국의 의미도, 시민성도, 조건들도 역사적 맥락에 따라 변화하는 동태적인 것이다. 이런 동태적 변화가 후퇴가 아닌 발전이 되도록 하기 위해서 민주적이면서도 창의적인 문제해결을 통해 공동선을 실현하는 민주공화국 시민이 필요하다. 앞으로 적극적 참여와 창의적 집단 지성을 통해 정치공동체의 공동선을 실현하는 민주공화국 시민의 탄생과 성장이 선순환 되기를 기대한다. 동시에 '지배와 피지배가 사라져 모든 사람들의 인권이 존중받는 공정하고 정의로운 민주공화국'을 희망한다.

참고문헌

경기도교육청. 2019. 민주시민교육 정책 추진계획.

교육과학기술부. 2010.『체험과 실험 중심의 민주시민교육 활성화 방안』.

계희열. 2002.『헌법학(상)』, 박영사.

곽준혁. 2005. "민주주의와 공화주의: 헌정체제의 두 가지 원칙."『한국정치학회보』 제39집 3호.

권영성. 2004.『헌법학원론』, 법문사.

김경희. 2000.『공화주의』, 책세상.

김동훈. 2011.『한국헌법과 공화주의』, 경인문화사.

김상봉. 2006. "모두를 위한 나라는 어떻게 가능한가?:공화국의 이념에 대한 철학적 성찰."『시민과 세계』 제8호.

김상봉. 2007.『다시 대한민국을 묻는다』, 한울.

김선택. 2009. "공화국원리와 한국 헌법의 해석."『헌법학연구』 제15권 3호.

김현숙·김희재·송교성·이미식. 2020. "초·중·고 학생들의 민주시민성 영향요인."『한국초등교육』 제31권 3호.

남인순. 2016. 민주시민교육지원법안.

남찬섭. 2012. "공공성과 인정의 정치, 그리고 돌봄의 윤리."『한국사회』 제13집 1호.

서재천. 2007. "공화주의적 자유주의가 우리나라 시민성 교육에서 가지는 함의 고찰."『사회과교육』 제46권 3호.

소병훈. 2019. 민주시민교육 지원에 관한 법률안.

손호철. 2006.『해방 60년의 한국정치 1945~2005』, 이매진.
신우철. 2008.『비교헌법사:대한민국 입헌주의의 연원』, 법문사.
오승호. 2014, "민주공화국과 헌법교육의 과제."『법교육연구』제9권 3호.
오현철. 2020. "의사소통행위 이론에 기반한 민주시민역량 개념 연구."『사회과교육』제59권 2호.
유철규. 2004. "양극화와 국민경제 해체의 경제구조-사회적갈등의 심화와 민주주의의 위기",『아세아연구』118호.
원준호. 2019. "광역지방자치단체에서의 민주시민교육의 법제화 쟁점 분석과 독일사례참조를 통한 개선방안 제안."『NGO연구』제14권 1호.
이국운. 2001. "공화주의 헌법이론의 구상",『법과사회』제20호.
이계일. 2011. "공화국 원리의 함에 대한 이념사적 고찰."『법학연구』제21권 2호.
이광일. 2007. "87년 체제, 신자유주의 지구화 그리고 민주주의의 위기."『진보평론』제32호.
이병준·김태준·송진휘·박응회. 2008. "민주시민교육 핵심역량 실천모형 개발 연구." 의왕: 민주화운동기념사업회.
이병천·홍윤기. 2002. "민주주의 위기 그리고 공화국의 새로운 시민을 위하여",『시민과세계』제2호,
이상화. 1992.『대화에 대한 실천 신학적 고찰: 하버마스의 의사소통 능력 이론을 중심으로』, 크리스찬아카데미편, 대화의 철학.
이승택. 2013. "한국헌법과 민주공화국-민주공화국의 형성과 전개를 중심으로", 고려대학교 법학박사 학위논문.
이영록. 2010. "한국에서의 민주공화국의 개념사",『법사학연구』제42호.
이종식. 2008.『현대민주주의와 시민사회』, 한국학술정보(주).
이철희. 2019. 학교민주시민교육법안.

장은주. 2007. “존엄한 시민들의 공화국-민주적 연대성 이념과 공공성”, 『철학연구』 제102집.
______. 2010. “민주적 애국주의와 민주적 공화주의 :비판과 문제제기에 대한 응답.” 『시민과 세계』제102집.
전제철. 2005. “사회과 법교육에 있어서 헌법교육의 의의.” 『시민교육연구』 제37권 2호.
______. 2006. “사회과 법교육의 반성과 과제- 헌법교육을 중심으로.” 『법교육연구』 제1권 2호.
______. 2006. “현명한 정치참여를 위한 헌법교육.” 『시민교육연구』 제38권 3호.
______. 2007. “규범 지향적 시민사회를 위한 사회과 교육과정에 관한 연구.” 『시민교육연구』 제39권 3호.
정상우·강은영. 2019. “학교 민주시민교육의 현황 및 활성화 방안 : 교육법적 관점에서.” 『교육법학연구』 제31권 3호.
정상호. 2012. “공화국을 혁신하는 성찰적 시민. ” 『민주』, 제1호.
정상호. 2013. “민주공화국을 재생시킨 사회운동과 시민참여.” 『내일을 여는 역사』, 제51호.
조승래. 2010. 『공화국을 위하여』, 길.
조찬래. 2012. ”민주시민교육.“ 한국민주시민교육학회보 제13권 2호.
조희연. 2007. “민주화 이후 민주주의의 복합적 갈등과 위기에 대한 새로운 접근을 위하여.” 『동향과 전망』, 통권69호.
주광순. 2006. “아리스토텔레스의 정치철학.” 『대동철학』, 제34집.
주성수·정상호. 2006. 『민주주의 대 민주주의』, 아르케.
진시원·홍익표. 2009. 『세계화 시대의 정치학』, 오름.
최갑수 . 2009. “한국민주주의 위기진단과 해법.” 『진보평론』 제43호.
최장집. 2002. 『민주화 이후의 민주주의』, 후머니타스.

최태연. 2008. “서양철학에서 본 공공성.” 『기독교철학연구』 제9권.

최 현. 2007. “시민운동의 진로모색 ; 노동없는 민주주의?.” 『시민과 세계』 제11호

______. 2010. 『시민교육현장지침서』, 민주화운동기념사업회.

한상희. 2003. “민주공화국의 의미- 그 공화주의적 실천규범의 형성을 위하여.” 『헌법학연구』 제 9권 2호.

홍성태. 2012. “공론장, 의사소통, 토의정치-공공성의 사회적 구성과 정치과정의 동학.” 『한국사회』 제13집 1호.

홍윤기. 2009. 『민주청서』. 민주화운동기념사업회.

Aristotle. 2004. *Ethics, Hammondsworth* : Penguin Books.

Cicero, M. 1993. *On the Commonwealth and On the Laws*, Zetzel,J. E, trans, and ed. Cambridge : Cambridge University Press.

______, 2007 『국가론』. 김창성 역, 한길사.

Faulks, K. 2009. 『시민정치론 강의: 시티즌십』. 이병천 외 역, 아르케.

Held, D. 2010. 『민주주의 모델들』, 박찬표 역, 후마니타스.

Hőffe, O. 2001. *Aristoteles' Poliischhe Anthropologie.*

Inglehart, R. & Wezel, C. 2005. *Modernization, cultural change, and democracy.* Cambridge University Press.

Laborde, Cecile., et al, 2008. *Republicanism and Political Theory.* ; 곽준혁·조계원·홍승헌 역. 2010. 『공화주의와 정치이론』, 까치.

Ottmann, H. 2001. *Geschichte des politischen Denkens Bd1/2, Die Griechen Von Platon bis zum Hellenismus*, Stuttgart Weimar.

Pettit, P. 1998. Reworking republicanism, Allen, A. and Regan, M. eds. *Debating Democracy's Discontents*, Oxford : Oxford University Press.

Schmitt, Carl. 1963. *Der Begriff des Politischen Text von 1932 mit einem Vorwort und drei Corollarien*, Berlin : Dunker & Humbolt.

Skinner, Q. 1991. *The paradoxes of Political liberty*, Miller, D, ed. Liberty, Oxford : Oxford University Press.

Walzer. M. 1999. 『정의와 다원적 평등, 정의의 영역들』 정원섭 외 역. 철학과 현실사.

6장

독일의 정치교육: 역사, 구조, 교훈

| 홍익표 |

"정치교육의 가장 우선적 대상은
우리가 일상 속에서 체험하는 민주주의이다...
민주주의는 시민들의 의지와 정치적 이성을
통해서만 안정적일 수 있다."
(위르겐 하버마스)

Ⅰ. 왜 독일의 정치교육인가?

역사적으로 민주주의는 배제와 차별, 여기서 파생되는 불평등에 대한 자율적이고 집합적인 투쟁을 통해 시민들의 권리를 확대하고 제도화함으로써 발전되었다. 다양한 수준과 영역에서 보다 많은 사회구성원들의 적극적 자유와 실질적 평등을 가능하게 하는 제도적 장치로서의 민주주의를 모색하고 실천하는 것을 통해 우리는 보다 높은 삶의 질을 추구하고 자아실현을 이룰 수 있는 것이다. 이러한 까닭에 민주주의가 권력의 자의적 간섭으로부터 개인의 권리를 보호하는 데 그 기초가 있다고 주장하는 자유주의자들의 견해를 넘어 사회구성원들이 "자신들의 삶의 조건, 즉 자기들에게 유용한 기회를 만들거나 제한하는 구조를 결정하는 데 있어 자유롭고 평등해야 한다"(Held 1992, 304)는 시각에 근거해 민주주의를 이해하고 실천해야 한다. 왜냐하면 오로지 민주주의만이 우리를 진정으로 자유롭게 할 수 있으며, 우리는 우리를 통치하는 권력의 저자일 수 있기 때문이다(웬디 브라운 2010, 95-96).

한국은 민주주의 이행 이후 한 세대가 넘은 나라이다. 그럼에도 이행 이후의 민주주의는 그 내용이 여전히 불충분하며 수준도 그리 높지 않다고 평가된다. 현재 한국은 온전한 민주주의가 아니라 '흠결 있는 민주주의(flawed democracy)'로 분류되고 있다는 사실에 우리는 주목할 필요가 있다. 이는 아래로부터 압력을 행사해 강압적이고 부패한 정권을 교체한 경험이 쌓이면서 대중들의 민주주의 의식은 고양되었지만 이에 조응하는 제도와 문화는 여전히 갖춰지지 않고 있는 데서 그 이유를 찾을 수 있다. 물론 외형적으로는 절차적이고 형식적인 민주주의가 유지되고 법의 지배가 관철되고 있다. 그러나 사회 각 영역의 내부를 들여다보면 민주주의와는 거리가 있는 제도와 비민주적 문화가 여전하다는 것을 쉽게 발견할 수 있다. 예를 들어, 현행 정부형태는 단임의 대통령에게 권력이 집중되어 있고, 선거제도는 유권자들의 투표가 의석수에 반영되는 비례성이 매우 낮다. 경직된 위계질서와 불평등한 권력관계가 자리 잡고 있고, 이를 배경으로 강자가 약자에게 차별은 물론이거니와 폭력을 행사하는 현상도 적지 않다. 배제의 원칙들에 입각한 다수제 민주주의 제도와 한국인들의 삶의 일상에서 벌어지는 권위주의 행태, 여기에 더해 대결과 이익의 정치에 몰두하는 정치인들은 한국에서 여전히 민주적 합의와 사회통합을 이끌어낼 수 있는 메커니즘과 문화가 자리 잡지 못하고 있는 현실을 보여주는 사례들이다.

우리는 공동체의 민주적 질서를 구축하고 그 구성원의 삶의 질을 개선하기 위해 여러 결함을 드러내고 있는 민주주의를 보다 온전한 형태로 바꾸어야 한다. 이를 위해 필요한 것이 우리보다 민주주의의 역사가 오래되고 그 수준이 높다고 평가되는 국가의 선행 사례를 면밀하게 연구하고 한국에서의 적실성과 그 수용 여부를 세심하게 검토하는 것이다. 이와 관련하여 권위주의적 기질이 강하고 민주주의의 역사가 일천했지만 과감한 민주주의를 통해 성숙한 민주국가로 변화하는데 성공한 독일의 사례는 우리에게 큰 시사점을 제공한다. 세계적으로 볼 때 독일은 민주주의가 제도적이고 문화적으로 공고화된 국가군으로 분류된다. 독일은 한국과 같이 체제와 이념을 달리하는 분단국이었고 그 이전에는 모든 제도와 사상, 조직을 획일화한 나치가 지배했던 국가였지만, 전후에 체계적인 정치교육을 통해 높은 수준의 안정적인 민주주의 국가로 탈바꿈할 수 있었다. 그런 점에서 독일의 정치교육은 한국에 주는 교훈이 적지 않다. 정치교육 혹은 민주주의 교육을 행하고 있는 여러 국가 중에서[18] 독일의 사례 분석이 갖는 의의를 바로 여기서 찾을

18 비록 세계화의 영향으로 미국식 표준이 세계를 지배하지만 그렇다고 미국의 정치와 교육이 우리가 받아들일 만한 가치가 있는 것으로는 판단되지 않는다. 미국은 온전한 민주주의 국가로 분류되지 않는다. 미국 정치와 민주주의의 한계와 병폐는 협소한 이념적 스펙트럼, 제왕적 대통령제, 이익집단의 과도한 영향력, 정치의 사법화, (인종주의, 배타적 민족주의, 포퓰리즘, 반지성주의로 특

수 있다.

장기적으로 볼 때 권위주의 문제는 보다 많은 사회구성원들이 민주적 가치와 규범을 내재화함으로써 해소될 수 있다. 민주적 정치문화가 사회의 지배적 문화가 되어야 한다는 말이다. 이는 대표의 행위에 영향력을 행사하거나 통제할 수 있도록 정치시스템의 방식에 대해 이해하고 있을 뿐만 아니라 다원주의, 표현의 자유, 소수자 권리 등과 같은 민주주의적 가치들에 대해 깊은 신념을 공유하며, 공동체에 관심을 두고 자발적으로 참여하는 자질을 지닌 '적극적 시민'이 형성되어야 가능하다.[19] 지배세력에 물질적으로 포섭되거나 그들의 가치를

징되는) 트럼피즘(Trumpism) 등에서 뚜렷이 나타난다. 최근에는 트럼프 지지자들에 의해 초유의 의회 난입 사건이 발생하는 지경에까지 이르렀다. 이에 대해서는 1938년 11월 독일 나치가 유대인들을 상대로 대규모 약탈과 방화를 저지른 이른바 '수정의 밤(Kristallnacht)'과 비슷한 사건이라는 자조어린 한탄까지 나왔다. "Schwarzenegger rebukes Trump and compares Capitol riot to Kristallnacht." *The Guardian*. 10 Jan 2021. 이러한 현실은 적지 않은 수의 미국인들이 민주주의에 대해 제대로 이해하지 못하고 있고, 책임감 있는 시민으로 행동하는 데 필요한 자질도 갖추지 못하고 있음을 보여준다. 이렇게 된 데는 무엇보다도 교육의 책임이 크다. 독일이 민주주의적 가치와 규범을 구성원들에게 내면화하는 것을 목적으로 하는 정치교육에 성공할 수 있었던 데는 학교가 평준화되어 있을 뿐만 아니라 학생들이 학비 부담 없이 자신의 적성과 능력에 부합하는 교육을 받을 수 있는 데 힘입은 바 크다. 이에 비해 능력에 따른 차별을 부추기는 미국의 교육제도는 엘리트 세습을 정당화하면서 사회양극화를 확대시키고 있다고 평가된다. 미국 사회의 능력주의와 엘리트 세습에 대해서는 대니얼 마코비츠(2020) 5장 참조.

19 정치과정에서 시민의 역할에 대해 연구한 미국의 정치학자인 러셀

아예 내면화함으로써 순응적 삶을 살아가는 사람들이 사회의 다수를 차지해서는 안 된다는 말이다. 주위를 둘러보면 자신이 속한 사회의 모순과 억압성을 깨닫지 못하고 현재의 상태를 무비판적으로 수용하면서, 물질적 풍요와 과시적 소비로 등치되는 '성공'을 향해서만 달려가는 이들이 너무나 많다. 오로지 허위 욕구를 만족시키려고만 하는 인간들에게는 선과 악, 옳고 그름을 구분하는 비판적 이성이 제대로 자리 잡기 어렵다(홍익표 2018, 11).

이러한 사회현실을 비판적으로 성찰하고, 권위주의를 억제하고 민주주의를 심화시키기 위한 국가적이고 사회적인 노력이 행해지지 않는다면 최근 유럽의 사례에서 보여지는 것처럼 분열되고 불안한 사회에서 '보통사람들'의 대변자 역할을 자처하면서 외국인과 소수자 등에 대한 적대 감정을 자극하는 극우 포퓰리즘 세력이 대두할 수도 있다.[20] 그렇다면 민주주의를 진

달톤(Russell Dalton)은 이렇게 '세련화된' 공중을 '슈퍼시민'이라 지칭한다(러셀 J. 달톤 2010, 47-50). 일정한 자질을 지닌 시민이 민주주의의 성공에 필수요건이라는 주장은 루소(Jean-Jacques Rousseau)나 헤겔(Georg Wilhelm Friedrich Hegel), 토크빌(Alexis de Tocqueville), 밀(John Stewart Mill)의 저서에서도 발견된다. 정치에 대한 대중교육의 중요성을 설파한 이들의 이론은 Dana Villa(2017), 2-5장 참조.

20 과거로 더 소급해보면 각각 1920년대와 1930년대에 권력을 장악한 이탈리아의 파시스트와 독일의 나치도 공동체의 쇠퇴에 대한 대중의 불안과 공포를 이용해 일체감을 꾀하는 이데올로기를 동원하고 무제한적인 폭력을 행사하는 호전적이고 팽창적인 정치를 구사했다. 경제 위기 상황에서 자신의

전시키기 위해 가장 실효성 있는 방안은 무엇일까? 이와 관련하여 학자들은 다양한 방안을 제시해오고 있다. 이 중에서 실증적 사례를 통해 검증된 것은 정치교육을 제도화하고 지속적으로 실행하는 것이라 할 수 있다. 특히 최대주의적 관점에서 민주주의의 내용이 여전히 불충분하며 권위주의와 배타적 집단주의로 특징되는 비민주적 문화가 곳곳에 존재하는 사회에서는 다양한 수준에 걸쳐 체계적인 정치교육을 행할 필요가 있다고 지적된다. 이러한 정치교육은 해당 사회의 정치문화를 민주적인 방향으로 변화시키고 그 구성원들에게 내면화시키는 데 크게 기여할 수 있다.[21] 정치교육은 '민주주의 학습(Demokratie-Lernen)'을 핵심 내용으로 하기 때문이다. 이는 민주

사회적 존재가 위태롭거나 혹은 좌절해버린 사람들은 민족공동체와 '유럽의 신질서'를 약속한 나치체제에 순응하였고 운동의 승리를 위해 적극적으로 "행진에 참여하고, 선전 활동에 나서며, 전단을 배포하고, 지도자의 말을 전파했다." 나치가 규정한 '민족공동체의 적들'에 대한 테러는 당연시되었다. 그러나 파시스트와 나치들이 겉으로 내건 안정과 질서, 효율, 성장 등과 같은 가치는 실제로는 개인의 자유를 억압하고 민주적 절차를 파괴하기 위한 가림막이었다. 그런 점에서 우리가 늘 되새겨야 할 사실은 별다른 문제의식 없이 권위주의를 대하고 과거의 퇴행적 정치로의 회귀를 방치한다면 역사는 다시 '비극'으로 반복될 수도 있다는 점이다(홍익표 2018, 11-12).

21 이런 점에 비춰보면 정치교육은 일반적으로 정치사회화(politische Sozialisation)의 하위 영역으로 이해될 수 있다. 예를 들어, 파울 악커만(Paul Ackermann)은 정치교육을 모든 "정치적으로 관련된 성격특성, 지식, 감정 및 가치 태도, 행동패턴으로 특징되는 것들의 의식적이고 무의식적인 학습 과정"이라고 지적한다(Ackermann 1999, 185).

주의를 국가적 차원에서뿐만 아니라 생활세계 영역에서 사람들 간의 행동방식까지 구체적으로 고찰한다는 것을 의미한다(Volker Reinhardt 2017, 203). 이런 관점에서 보면 민주주의라는 개념은 단순히 규칙적 경쟁과 포괄적 정치참여, 시민적·정치적 자유를 내용으로 하는 민주주의만을 지칭하는 것이 아니라 정치제도를 비롯해 경제, 문화 등 다양한 수준과 영역에 걸치는 것을 의미한다.

논의를 전개하기에 앞서 독일에서 사용되는 용어인 정치교육(politische Bildung)의 의미에 대해 짚고 넘어갈 필요가 있다. 독일에서는 정치교육과 유사한 용어로 politische Erziehung, politische Pädagogik, Demokratiepädagogik 등이 함께 사용되었거나 사용되고 있다.[22] 이 중에서 politische Bildung은 20세기 초에 처음으로 사용된 데서 보여지듯이 그 역사가 오래되었고,[23] 비슷한 내용의 여러 용어 중에서 가장 빈번하고 광범위하게 사용된다. 관련 국가기관에서도 이 용어가 주로 채택되어

---

22 politische Erziehung, politische Pädagogik, Demokratiepädagogik에 대해서는 Dirk Lange & Volker Reinhardt(Hrsg.)(2017)에 수록된 Carl Deichmann, Gerhard Himmelmann, Peter Fauser의 논문 참조.

23 정치교육이란 용어는 파울 륄만(Paul Martin Rühlmann)이 1908년 발간된 『정치교육 - 본질과 의미. 공적 삶에서의 근본문제(Politische Bildung. Ihr Wesen und ihre Bedeutung - eine Grundfrage unseres öffentlichen Lebens)』에서 처음 사용하였다(Detjen 2007, 63-65).

사용된다. 이에 비해 다른 용어들은 부차적이거나 보조적인 차원에서 주로 사용될 뿐이지 politische Bildung을 완전히 대체한 용어로 사용되지 않는다. 같은 독일어권 국가인 스위스나 오스트리아에서도 politische Bildung이 사용되는데 이는 이 용어가 독일적인 맥락에서 배태되고 발전된 것임을 보여준다. 프랑스의 éducation civique이나 영국의 citizenship education 역시 이 용어가 나온 시대적 배경과 사회적 조건을 고려해야만 그 의미를 제대로 이해할 수 있음은 물론이다.

그렇다면 politische Bildung은 어떤 의미를 갖는 용어일까? 무엇보다 독일어 Bildung은 다른 언어로 번역하기가 어려운 단어이다. Bildung은 독일의 철학자인 임마누엘 칸트(Immanuel Kant)가 언급했듯이 개별 주체의 발전으로 이해되며 계몽과 자율의 이념과 연계된 단어이다. 즉, 개인이 그를 둘러싼 상호관계에 대한 이해를 높이고 참된 인식을 획득하는 과정을 통해 자신을 계발하고 인격적, 문화적으로 성숙한 사람이 된다는 의미를 지니고 있다. 독일의 지성사적 전통에서 Bildung은 자신을 지적이고 인격적인 측면에서 더 높은 존재로 만드는 교육을 말한다. Bildung의 토대에는 인간 정신의 위대함에 대한 근대인의 이성적 믿음이 자리 잡고 있는 것이다. 18세기와 19세기 초 사이에 독일에서 광범위한 교육개혁을 이끌었던 빌헬름 폰 훔볼트(Wilhelm von Humboldt) 역시 근대 교육의 이상을 이 점에서 찾았다.

이에 비해 영어 단어인 education에 해당하는 독일어로는 Erziehung이 있다. 그러나 클라우스-페터 후퍼는 이 단어에는 교육자와 피교육자 간의 위계가 강조된다고 지적한다(클라우스-페터 후퍼 2006, 229). 이는 피교육자의 자율성을 경시하며, 일방적인 성격의 양육이나 훈육을 가리키는 것이라는 데서 바람직한 정치교육과는 부합하지 않는 단어라고 할 수 있다.[24] 역사적으로 독일에서는 politische Erziehung이라는 용어가 제2제국과 제3제국 시절 체제 강화를 위한 국민교육을 가리키는 의미로 주로 사용되었다. 이에 비해 politische Bildung에는 과거의 불행했던 역사적 경험이 다시 반복되지 않도록 독일연방공화국의 정치문화적 기반을 민주주의에 입각해 공고히 하겠다는 다수 독일인들의 정치적 의지가 내포되어 있는 것이다. 한편, 하우프트슐레(Hauptschule)나 레알슐레(Realschule)와 같은 실업계 학교나 산업 현장의 각종 기업에서 기술자 양성을 위해 행해지는 직업교육인 아우스빌둥(Ausbildung)이나 자격획득교육

24 Erziehung이 다른 사람들과 그들의 목표에 의해 유도되는 교육을 의미하는 데 비해 Bildung은 습관적인 행동양식을 취득하는 것뿐만 아니라 인간의 내면 과정과 자기반성적 학습을 중시하는 데서 구분되는 개념이다. 독일어권 세계에서 특정한 사고방식을 나타내는 Bildung에는 인간의 자기개발 능력의 신장, 즉 인간성의 고양이라는 내용이 포함되어 있다(Hufer Hrsg. 1999, 28-29).

(Qualifizierung) 역시 politische Bildung이라고 칭하지 않는다.

이 글에서는 오랜 기간 국가주의가 지배하면서 권위주의가 자리 잡았던 나라이고 양차 세계대전을 일으키고 평화를 파괴했던 독일이 2차 대전 후 어떻게 민주적 정치문화를 정착시키고 '학습된 민주주의(gelernte Demokratie)'를 확립할 수 있었는지 구체적으로 살펴보려고 한다. 세 번에 걸친 제국 시대에 제대로 된 정치교육은 존재하지 않았다. 당시의 정치교육은 충성스러운 신민이나 국민을 양성하기 위한 것이었고, 교육은 정치의 도구에 불과했다. 물론 독일 최초로 공화국을 표방했던 바이마르(Weimar) 시기에 당파교육에 대한 비판과 현실의 쟁점에 대한 교육을 강조한 소수의 교육학자가 있었다. 그러나 허약하고 불안정한 정부가 이끄는 바이마르 공화국의 의회민주주의는 기율과 의무, 복종을 중시하는 전통적인 독일의 정치문화를 바꾸지 못했을 뿐만 아니라 모든 제도와 사상, 조직들을 획일화시킨 나치라는 괴물이 정치권력을 장악하는 길을 터줬다. 이 글에서는 이런 독일이 2차 대전 후 정치교육 기관을 수립하고 다양한 영역과 수준에 걸쳐 정치교육을 제도화할 수 있었던 배경요인과 그 원동력을 고찰하고자 한다. 그리고 정치교육의 구조와 내용을 검토함으로써 독일의 사례가 우리에게 주는 교훈이 무엇인지를 도출해 보고자 한다.

Ⅱ. 전후 정치교육의 재편:
연방정치교육원의 수립과 정치교육의 제도화

독일은 다른 서유럽국가들에 비해 뒤늦은 시기인 1871년 통일국가를 수립할 수 있었다. 그러나 신생 통일국가인 독일은 이질적 국민들로 구성되어 있었다. 그런 까닭에 이 시기에는 국민형성을 위한 핵심 과제로서의 국민교육이 강조되었다. 전쟁수행 능력과 경제발전 능력을 극대화하기 위해 이질적인 국민들을 동질화하고 국민의식과 국가의식을 고취하기 위해 적극적인 노력이 행해졌던 것은 다른 유럽 국가들과 마찬가지였다. 국가와 국기를 제작되었고, 국어와 국사를 통일하여 의무교육 대상인 아동들에게 가르치는 등 체계적인 국민교육이 실시되었다. 이는 당시에 국민교육이란 이름으로 교육의 정치도구화가 이뤄졌음을 보여준다.

이런 특징을 갖는 교육은 1차 대전 패배 후 독일 역사상 최초로 공화국을 표방한 바이마르 공화국에서도 그 주된 맥락은 바뀌지 않았다. 바이마르 시대 독일은 그 어느 때보다도 양극화되었고, 폭력적이며, 불안했다. 유토피아적 전망과 극심한 불안이 혼재되어 있던 바이마르는 '극단의 시대'를 가장 잘 보여주는 전형이었다(우디 그린버그 2018, 29). 이런 상황에서도 당파교육에 대한 비판과 현실의 쟁점에 대한 교육을 강조한 일부 학자들에 의해 변화가 모색되기도 하였다. 일부 사상가들은 다양한 교육기관을 설립해 자신들의 아이디어를 실행에 옮기고자 하였다. 그들은 바이마르 국가를 강화하고 안정화시킬 목적으로 하이델베르크, 베를린, 프랑크푸르트, 뮌헨에서 학생과 성인들을 위한 새로운 교육 시설과 문화교류 프로그램을 수립하고 이에 참여했다(우디 그린버그 2018, 29). 그러나 새로운 교육이 뿌리내리기에는 신생 공화국의 문화적 토대가 허약했다. 일부 지식인들이 기울인 취약한 독일 공화국의 지적 기반들을 강화하기 위한 노력도 열매를 맺지 못했다. 허약하고 불안정한 정부가 이끄는 바이마르 공화국의 의회민주주의는 기율과 의무, 복종을 중시하는 전통적인 독일의 정치문화를 바꾸지 못했을 뿐만 아니라 모든 제도와 사상, 조직들을 획일화시킨 나치라는 괴물이 정치권력을 장악하는 길을 터줬다.[25]

---

25 독일 최초의 민주주의 실험인 바이마르 공화국은 제도적 결함을 지니고 있었다. 국민의 직접선거에 의해 선출되는 대통령에게는 비상사태(Ausnahmezustand) 선언 권한과 같은 광범위한 권한이 부여되었고, 유권자의 의사 왜곡을 방지하고자 3단계의 조정절차(Ermittlungsverfahren)를 거치는 순수 비례대표선거제도가 채택되었다. 이는 정당체제의 분열을 촉진시켰고 극심한 정치적 혼란을 초래했다. 이와 더불어 배상금과 전쟁부채의 상환으로 인해 어려워진 국민경제 상황은 극우조직으로 후에 유럽을 전쟁의 참화로 몰아넣었던 국가사회주의독일노동당(NSDAP)의 집권으로 연결되었다. 바이마르

민족공동체의 건설이라는 초계급적이고 이데올로기적인 강령을 내세운 나치는 민족을 살아있는 유기체로 간주해 개인의 자유보다는 공동체의 조화를 강요했다. 민주주의는 배척되었다. 패전국민의 굴욕감을 자극하고 위대한 독일의 미래를 약속한 나치당을 지지한 독일인들은 인간을 억압하고 순응시키는 구조를 가진 폭력적이고 규율적인 체제를 겪어야 했다. 교육기관은 당에 종속되어 단지 정치적 도구로서 기능하는데 그쳤다. 교육은 청소년들을 규율화 하고 군사화 하여 나치에 적합한 인간으로 만드는데 그 목표가 있었다. 미셸 푸코(Michel Foucault)의 논의를 빌려 근대를 인간을 순응시키고 억압하는 구조를 가진 폭력적이고 규율적인 사회로 제규정한다면(미셸 푸코 2016, 제3부) 나치는 바로 근대의 병리를 가장 전형적으로 드러낸 사회였다.

패전 후 독일은 다시는 유럽의 평화를 파괴하지 못하도록 연합국에 의해 분할 점령되었고 1949년에는 체제와 이념을 달리하는 두 개의 국가로 분단되었다. 제도적 결함과 문화적 토대의 취약성이 민주주의를 훼손하고 유럽의 질서를 파괴했다는 반성에서 보다 온전한 민주주의를 구축하기 위한 노력이 행해졌다. 전후에 제정된 서독의 기본법에서 권력의 자의적인 지배를 배제하고 국민 기본권의 불가침성을 강조한 점은 당연한 것

공화국의 붕괴와 나치즘의 대두 과정에 대해서는 Sheri Berman(2019), pp.234-256. 바이마르 공화국의 붕괴에 대한 학계의 다양한 견해에 대해서는 Eberhard Kolb(2000), pp.147-231; Dieter Gessner(2002), pp.24-105 참조.

이었다. 정부형태에 관한 기본원칙에서도 국민의 자기결정에 의해 형성된 다수파의 의지를 따르고, 자유와 평등의 기반 위에 선 법치국가적 질서를 내세웠다.

전후 독일의 민주주의 형성에 영향을 미친 또 다른 요인으로는 독일의 역사적 정세에서 기인하는 '반공산주의적인 합의'를 들 수 있다. 동서독은 동서냉전의 전초기지에 해당하는 국가로 서로 적대하고 갈등을 빚었다. 체제경쟁에서 서독의 상대방인 동독은 어떤 국가였을까? 스탈린주의를 기초로 한 동독의 사회주의 정치체제에서는 당이 모든 제도와 사회조직, 그리고 국가 자체를 통제했다. 당내 소수의 실력자들은 어느 누구에게도 책임을 지지 않은 채 국가 전반을 통제했다. 이에 비해 대중들의 정치 참여는 형식적으로만 존재했다. 이들의 참여란 기껏해야 노동절, 볼셰비키 혁명 기념일, 당대회 등과 같은 주요하고 의례적인 행사에만 한정되었다. 노동자들은 그들의 이익을 반영할 공식적인 대표 통로를 갖지 못하는 데 불만을 가질 수밖에 없었다. 여기에 더해, 책임지지 않는 당 간부와 고위 관료들에게 극단적인 권력의 집중이 이뤄진 반면 주민들은 끊임없는 감시에 시달렸다.[26] 그런 점에서 동독은 국가 자체가 권력이 자

---

26 1950년 소련 KGB의 주도로 창설된 국가보안국(Ministerium für Staatssicherheit)은 정보 수집과 대외공작, 국경 경비 외에도 동독 주민에 대한 감시를 담당한 악명 높은 기관이었다. 동독의 현실 사회주의 정권은 모든 것을 파악한다는 목표로 10만 명의 직원과 20만 명의 정보원을 두고 있었다. 체제 유지의 전위

신을 드러내지 않은 채로 모든 수용자를 효율적으로 감시하는 거대한 파놉티콘(panopticon)이었다(홍익표 2016, 403).

독일 함부르크 출신의 사회학자인 랄프 다렌도르프(Ralf Dahrendorf)는 『독일의 사회와 민주주의(Gesellschaft und Demokratie in Deutschland)』에서 늘 모든 사람을 통제하기 위한 획일화가 추진된 동독에서 사회 발전은 이중적인 경향을 갖는다고 지적한다.

"사실상 전후 동독에 있어서 사회발전은 이중적인 경향을 그 특징으로 한다. 즉, 형식적인 시민권은 극도로 축소된 반면 이들 권리의 사회적 맥락은 오히려 독일 사회에서 유례를 찾아볼 수 없을 만큼 확대되었다. 바이마르 공화국과는 달리 동독에서는 시민권의 실현을 위한 사회적 선행조건은 존재하나 자유주의 체제의 요체인 시민권에 대한 수많은 공식적 제약으로 말미암아 시민 역할의 실현이 불가능해졌다. 실제로 보통·평등·자유·비밀 선거권도 없고 신체의 자유, 정치 활동의 자유도 부재하며, 법 앞에서의 평등도 없다. …… 다른 한편으로 획일화의 과정은 세 가지 차원에서 분석될 수 있다. 첫째, 극빈자, 노인, 환자들이 보호를 받을 권리, 최저임금과 기본적 의료보호를 받을 평등한 권리 같은 사회적 권리를 위해 사회보장제도

대로 무소불위의 권력을 행사한 국가보안국은 수천 명의 정치범을 비롯해 동독 정부와 정책에 반대한 수많은 사람들을 자체적으로 운영하는 감옥에 구금했다.

가 크게 확대되었다. 모든 중등학교에서 노동자와 농민의 자식을 적어도 50%를 수용해야 한다는 '50퍼센트 조항'에서 보듯이 교육의 기회가 확대되었다. 셋째, 전통적인 제도를 폐지함으로써 기본적으로 모든 주민들이 평등한 지위를 갖게 되었다"(랄프 다렌도르프 1986, 464-466).

다렌도르프의 지적에서 알 수 있듯이 동독 주민들은 이전에 비해 사회적 권리가 확대된 반면에 정치적 권리는 보장받지 못했다. 절대 권력을 쥔 정당이 지배하는 국가에서 사회적 갈등은 공식적으로 인정되지 않았다. 사회적 권리 역시 이전보다 확대되었다고는 하지만 이에 입각한 정책을 실시하기 위해서는 국가의 재원 마련이 필수적이었다. 그러나 신생 사회주의 국가에서 정치적 반대 의견은 억압받았고 심각한 물자 부족이 이어지는 등 내부 갈등이 고조되었다. 이런 특징을 갖는 동독에 비해 서독은 더욱 민주적인 정치와 경제제도를 갖출 필요가 있었다. 이는 연합3국의 합의를 통해 기본법에 반영되었는데 그 핵심 내용은 자유민주주의와 사회적 시장경제(soziale Marktwirtschaft)였다. 아울러서 바이마르의 교훈으로부터 연방대통령의 권한 축소와 권력남용의 방지, 연방수상 지위의 강화, 대정당에의 집중화를 위한 조치 등이 채택되었다. 특히 연방의회에서 의원 다수의 찬성으로 후임 수상을 선출해서만 연방수상에 대한 불신임을 표명할 수 있도록 한 건설적 불신임투표(konstruktives Misstrauensvotum) 제도는 집중적인 정당체제와 더불어 강력한 지위를 갖는 연방수상을 중심으로 하는 행정부의 우위, 즉 연방수상민주주의(Kanzlerdemokratie)를 가능케 하였다.

바이마르 공화국과 나치 제국 시기의 정치교육은 보다 민주적인 방향으로 그 전환이 추진되었다. 서독에서는 외부로부터 민주적인 제도가 성공적으로 이식되면서 이 제도가 바이마르 공화국 시기처럼 다시 붕괴되지 않도록 이를 뒷받침하는 정치문화에 대한 관심이 증대되었다. 교육체제의 재편과 재교육이 시행되었다. 이에 따라 나치시대 교육의 정치적 도구화를 반성한 후, 국가권력의 불합리성을 가려낼 줄 아는 성숙한 시민의 육성을 교육의 최대 과제로 삼게 되었다. 그러나 전쟁 직후 행해진 시민교육(civic education)은 점령국인 미국의 자유민주주의를 정착시키기 위한 것이었기 때문에 한계가 있었다. 1960년대 들어 더 많은 민주주의에 대한 요구와 그간의 시민교육에 효과가 적었다는 비판에 시민교육에서 개혁의 움직임이 일어났다. 이에 따라 나치시기에 폐쇄됐던 '지역 업무를 위한 연방본부(Bundeszentrale für Heimatdienst)'가 1952년 내무성 산하에 다시 개설되어 새로운 정부형태와 민주주의 정치규칙을 교육하였다. 이 기관은 1963년 연방정치교육원(Bundeszentrale für politische Bildung)으로 이름이 바뀌면서 정치교육의 체계도 재정비되었다. 각 주에는 주정치교육원이 설립되었다.

정치교육기관들은 민주주의를 위한 교육을 영속적이면서 고유한 과제로 삼는다. 그 중 대표기관이라 할 연방정치교육원은 '헌법 수호를 예방하거나 미리 준비(präventiver oder vorgeschalteter Verfassungsschutz)' 한다고 되어 있는데 이는 군대, 경찰 등 억압적 국기기구가 아닌 학교 등 이데올로기적 국가기구를 통해 헌법을 수호하고 위헌이나 사회질서 파괴를 예방하는 것을 설립 목적으로 한다는 것을 가리킨다. 설립부터 정치문제에 대한 시민들의 이해를 촉진하는데 기여해 온 정치교육원은 교육의 주된 관심사를 시대 상황에 맞게끔 바꿔오고 있다. 예를 들어, 1950년대와 1960년대는 초기 민주주의 기관의 설립과 기능, 과거 청산, 전체주의 체제에 대한 비판 등이, 1960년대 말에는 사회변혁, 1970년대는 경제문제, 동방정책, 테러리즘, 1980년대는 환경, 평화, 안보 및 신사회운동, 1990년대부터는 독일통일과 유럽통합이 주제로 선택되었다. 사업의 핵심주제도 매년 새로 선정되는 데 2017년의 경우 "민주주의를 강화하고 시민사회를 촉진하자"를, 2019년은 바우하우스 100주년, 기본법 70주년, 베를린 장벽 붕괴 30주년 및 'Wahl-O-Mat'[27] 시행 50주년 기념사업이 실시되었다.(https://www.bpb.de/die-bpb/217797/was-haben-wir-erreicht)

---

27 'Wahl-O-Mat'에 대해서는 이 글의 3절 참조.

Ⅲ. 독일 정치교육의 구조와 유형

독일에서 정치교육 관련 정책을 수립하고 실행하는 핵심 기관은 연방정치교육원이다. 교육원의 과제, 목표, 활동은 다음과 같다(https://www.bpb.de/die-bpb/). 연방정치교육원의 임무는 정치문제에 대한 이해를 촉진하고 민주주의에 대한 인식을 공고히 하며 정치참여 의지를 강화하는 것이다. 연방정치교육원이 수행하는 핵심 업무는 민주주의와 정치참여에 대한 인식의 증진이다. 교육원이 제공하는 광범위한 분야의 교육은 시민들이 정치 및 사회 문제를 비판적으로 다루고 정치 생활에 적극적으로 참여하도록 동기를 부여하고 이를 가능하게하기 위한 것이다. 현재 및 과거의 정치문제를 파악하도록 제공되는 다양한 사업으로는 컨퍼런스, 회의, 축제, 박람회, 전시회, 학습여행, 경시대회, 영화세미나 및 문화행사는 물론 언론인을 위한 이벤트 및 추가교육 등이 있다. 특히, 과거의 정치문제를 다루는 것은 역사적으로 독재적 지배를 겪은 독일이 민주주의, 다원주의 및 관용과 같은 가치를 강화해야 할 특별한 책임이 있기 때문이다.

연방정치교육원은 정치 교육에 적극적으로 참여하는 400개가 넘는 공인 교육 기관, 재단 및 비정부 기구의 행사를 지원하고 홍보한다. 연방정치교육원은 스포츠클럽, 연방군, 경찰에서 젊은 성인을 위한 특별 미디어 패키지 및 추가교육을 제공한다. 청소년과 젊은 성인들에게는 연령에 맞는 주제와 미디어를 대면케 한다(https://www.bpb.de/die-bpb/51743/demokratie-staerken-zivilgesellschaft-foerdern). 초당파적이고 과학적으로 균형이 잡혀 있는 정치교육은 국가 권위주의와 민족주의에 젖어 있던 독일인들로 하여금 민주주의적 가치와 태도를 정착시키는데 기여했다고 평가된다. 정치교육원은 내무부에 속해있지만 당파성을 지양하고 극복하기 위한 제도적 장치로서 독일연방의회에 속한 의원 22명으로 구성된 감사위원단(Kuratorium)의 통제를 받도록 되어있다. 그리고 최대 12명의 관련 전문가와 학자들로 구성된 학술자문위원회(wissenschaftlicher Beirat)의 자문을 받고 있다. 연방정치교육원과 주정치교육원들은 상이한 조직으로 구성되어있고 활동을 한다. 그럼에도 동일한 목표를 갖고 사업을 진행하는데 정치교육을 감당하고 장려하는 것이 바로 그것이다. 연방정치교육센터와 주센터 모두 자율적이고 지시에 구속되지 않으나 각 관계자간에 규칙적으로 조정회의가 행해진다. 또한 정치교육센터는 소위 보이텔스바흐 합의(Beutelsbacher Konsens)를 의무적으로 준수한다.

연방정치교육원은 대중매체 관련 사업, 출판, 학교 밖 정치교육 및 집회 추진, 학교 정치교육 등과 같은 다양한 사업을 실시한다. 2000년대 들어와서는 정보화 추세에 맞춰 다양한 인터넷 프로그램을 제작해 배포하고 있다. 대표적인 것이 독일의 정당정책 비교 프로그램인 'Wahl-O-Mat'이다. 인터넷을 기반으로 하는 'Wahl-O-Mat'는 1985년 네덜란드의 공공정치연구소에서 'StemWijzer'라는 이름으로 처음 만들어졌다. 이를 독일 연방정치교육원에서 젊은 유권자에게 관심을 끌기 위해 선거 도우미 역할을 하는 프로그램으로 개발하였다. 우선 연방정치교육원에서 선별한 선거 쟁점을 후보를 낸 정당들에 보내 찬성(stimme zu), 중립(neutral), 반대(stimme nicht zu), 통과(überspringen) 중에서 하나를 선택하게 한다. 그런 후 사용자들도 동일한 선거 쟁점에 대해 대답하도록 제작한 프로그램이 'Wahl-O-Mat'이다. 이를 통해 사용자들은 어떤 정당이 자신의 성향에 가장 일치하는지를 정책일치도 순으로 확인할 수 있다. 이 프로그램에는 사용자가 '정보버튼(Info-Button)'을 클릭하면 해당 정책에 대한 각 정당들의 입장과 대안, 이를 둘러싼 논쟁 등에 대해 상세한 자료를 얻을 수 있도록 해 놨다. 이슈 가중치 설정(These doppelt gewichten) 칸도 있어 자신이 중요하게 생각하는 이슈의 일치도를 중점적으로 확인할 수도 있다. 유권자들이 정당의 차이를 이해하고 다양한 계층의 사람들이 서로 정보를 교환하며 정치사안에 대해 토론을 전개할 수 있다는 점에서(크리스토프 뮐러-호프스테데 2007, 54, 56) 'Wahl-O-Mat'는 연방정치교육원이 실시하는 사업 중에서 가장 성공적인 것으로 평가된다.

독일의 정치교육은 그 실시 주체가 다양하다. 국가는 교육내용과 교수방법에 직접 개입하지 않고 일정한 가이드라인만 제시하고 그 안에서 자율성을 보장하도록 되어있다. 그렇다면 정치교육은 어떤 기관에서 어떻게 수행될까? 우선 대표적 기관으로 학교를 꼽을 수 있다. 대부분의 주는 헌법에 교육이 청소년들을 자유롭고, 민주적인 성향으로 그리고 국제적 이해정신으로 양육해야 된다고 규정하고 있다. 그러나 주에 고유한 권한이 부여된 교육은 16개 주별로 그 내용이 서로 다르다. 그런 까닭에 학교 정치교육에 있어서 표준적인 내용의 구성이 필요하다는 요구가 끊임없이 제기되어 왔다. 학교 정치교육 내용의 표준화에 관한 논의는 독일 통일 후 본격화하고 2000년대 들어 합의를 이끌어 내게 된다. 2003년 2월 독일국제교육연구소(DIPF)의 에크하르트 클리메(Eckhard Klieme) 교수가 이끄는 학제 간 실무그룹은 교육부장관, 문화부장관회의의 의장이 참석한 가운데 '국가교육표준의 발전을 위하여(Zur Entwicklung nationaler Bildungsstandards)'를 제안했고, 이에 따라 '독일 청소년과 성인을 위한 정치교육과 교수법협회'(GPJE)가 학교 정치교육의 표준을 정하고 이를 발전시키기 위해 마련한 '국가교육기준 요구안'(Anforderung and nationale Bildungsstandards für den Fachunterricht in der Politischen Bildung an Schulen)이 발표됐다. 우선 교과목 명칭은 초등학교에서는 '일반사회와 자연'(sachunterricht) 과목으로, 이후 단계의 학교에서는 정치교육으로 표기하기로 했다. 국가교육기준 요구안에 따르면 정치교육을 통해 학생들이 함양해야 할 역량은 '정치적 판단능력', '정치적 행동능력', 그리고 '방법론적 활용능력' 등 3가지 요소로 구성된다. 그리고 이 3가지 역량요소를 기반으로 대학 진학 전 의무교육과정을 초등학교, 주요학교, 인문계 중고등학교, 실업학교 등 4단계로 세분화해 표준적인 교육내용을 제시하고 있다(조철민 2017, 4). '독일 청소년과 성인을 위한 정치교육과 교수법협회'가 강조한 독일 정치교육의 역량요소는 다음과 같다<표 1>.

<표 1> 독일 정치교육의 역량요소

<table>
<tr><th>정치적 판단능력</th><th>정치적 행동능력</th></tr>
<tr><td>정치적 사건, 문제, 논쟁 및 경제적-사회적 발전을 스스로 가치의 측면에서 분석하고 성찰적으로 판단할 수 있는 능력</td><td>의견과 설득, 관심을 표명하고, 다른 사람 앞에서 적절하게 자기 주장을 하며 합의과정을 이끌어 나가고 타협할 수 있는 능력</td></tr>
<tr><th colspan="2">방법론적 활용능력</th></tr>
<tr><td colspan="2">경제적, 법적, 사회적 문제와 같은 시사적인 정치문제에 대해 독자적으로 파악하고(방향을 잡아나가고), 전문적인 주제를 여러 가지 방법으로 다룰 줄 알며, 자신만의 정치심화 학습을 조작할 수 있는 능력</td></tr>
</table>

학교 외에 국가공무원, 경찰, 군대를 위한 계속교육기관에서도 정치교육이 실시된다. 이들 기관에서는 나치 독일 시기의 부정적인 교훈으로 인해 민주주의 정착을 위한 정치교육을 강조한다. '제복을 입은 시민'을 양성하는 이들 교육에서는 예외 없이 정치의 우선성이 준수된다. 성인들을 위한 평생교육기관인 시민대학(Volkshochscule)에서도 직업교육 및 상호이해교육과 더불어 정치교육이 행해진다. 시민대학은 광범위한 정치교육을 통해 시민사회의 민주적 역량을 높이는데 기여하고 있다고 평가된다. 독일에서 정치교육을 수행하는 기관들 중에서 여러 정당들이 설립해 운영하는 각종 재단(Stiftung)들도 다양한 교육기회를 제공하면서 민주주의 발전에 일정한 역할을 수행하고 있다. 독일은 의원내각제 정부형태를 채택하고 있기 때문에 정당이 시민들에 대한 정치교육과 계몽을 내용으로 하는 정치사회화에서 핵심 역할을 담당하고 있다. 독일의 주요 정당들은 각자 추구하는 이념과 가치에 부합하는 재단을 설립해 운영한다(경향에 따른 운영Tendenz-Betrieben). 이들은 정당과 상호 독립적이면서도 긴밀한 관계를 유지하는데, 이념적 갈등과 대립이 존재하지만 기본합의인 보이텔스바흐 합의를 준수한다는 점에서는 차이가 없다. 주요한 재단들과 이들이 수행하는 활동을 살펴보면 다음과 같다.

① 프리드리히 에버트 재단(Friedrich-Ebert-Stiftung): 사민당 소속으로 바이마르 공화국 초대 대통령이었던 프리드리히 에버트의 이름을 따왔다. 1925년에 설립되었으며, 사회민주주의(social democracy)의 기본적 이념과 가치를 지향한다. 에버트 재단의 사업은 정치교육을 비롯해 개발 협력, 국제 대화, 경제적·사회정치적 발전, 그리고 장학 사업에 걸쳐 있다. '정치 아카데미(Politische Akademie)'는 시민들의 정치적 견해 형성과 행동능력 향상에 기여하며 정치활동 동기를 제공하고 경력을 갖추게 해 미래의 정치 엘리트를 양성하는 것을 목표로 하는 정치교육 프로그램이다. 전 세계에 100여개의 사무소를 두고 있다.

② 콘라드 아데나워 재단(Konrad-Adenauer-Stiftung): 서독 초대 수상인 콘라드 아데나워의 이름을 따른 재단으로 1964년 설립되었다. 기독교 민주주의(christian democracy)를 추구하며, 사회적 시장경제(soziale Marktwirtschaft)를 지지한다. 전자는 기독교적 관점의 사회, 경제적 정의와 함께 자유주의적 개념의 정치 민주주의와 개인권리들의 결합을 추구하는 정치이념이며, 후자는 연방정부 초대 경제장관이었던 루트비히 에어하르트(Ludwig Erhart)가 정립한 것으로 시장경제의 기초 위에서 자유로운 창의성과 시장경제의 성과들을 통해 확보된 사회적 진보를 결합시키려 한다.

③ 한스 자이델 재단(Hans-Seidel-Stiftung): 기사당 총재로 바이에른 주 수상을 역임한 한스 자이델의 이름을 따왔으며, 1967년 창설되었다. "기독교적 신조를 바탕으로 한 독일 국민들의 정치교육을 지원한다"는 목적을 갖고 정치교육을 추진한다. 이는 사회적 책임과 연대라는 가치와 동시에 자유로운 자아실현과 책임의식을 갖춘 인간상의 토대 위에서 수행된다.

④ 프리드리히 나우만 재단(Friedrich-Naumann-Stiftung für die Freiheit): 목사 출신 자유주의자로 독일 민주당수를 역임한 나우만의 이름을 따왔다. 자유주의, 시장주의를 강조한다.

⑤ 하인리히 뵐 재단(Heinrich Böll Stiftung): 하인리히 뵐은 노벨상을 수상한 독일 소설가로 1980년대에 녹색당 지지 활동을 했다. 녹색당은 1993년 구동독지역 시민운동세력과 통합하면서 당명을 '동맹90/녹색당(Bündnis90/Die Grünen)'으로 바꿨다. 동맹90/녹색당은 1996년 분산되어 있던 정당재단들을 통합했다. 친환경, 생태, 인권, 양성평등 등의 가치를 추구한다.

⑥ 로자 룩셈부르크 재단(Rosa-Luxemburg-Stftung): 좌파당(Die Linke)은 2007년 6월 동독의 집권 정당이었던 사회주의통일당

(SED)의 후신인 민주사회당(PDS)과 '노동과 사회정의를 위한 선거대안(WASG)'의 통합으로 창당되었다. 좌파당은 자본주의를 비판하고, 민주적 사회주의를 지향한다.[28] 재단명은 마르크스 이후 가장 뛰어난 사상가이자 혁명가였던 로자 룩셈부르크의 이름을 따랐다.

이밖에 경제협회와 노동조합도 정치교육을 통하여 독일의 민주주의를 장려하는데 기여한다. 노동조합이 실시하는 교육활동의 중심은 각 조합 산하의 교육시설과 학원이다. 이들 교육에서는 노동자들의 집합적 이해 증진이라는 고유한 입장이 강조되지만 동시에 이들 교육을 통해 사회문제에 대한 의식도 증진된다고 할 수 있다. 교회 역시 종교적인 교육활동에 민주주의의 유지와 발전을 위한 책임을 포함시킨다. 매스미디어는 대중들에게 다양한 정보를 제공하는 한편 정치권력을 감시하고 통제한다는 점에서 정치교육에도 기여한다고 평가된다. 예를 들어, 공영방송인 ZDF(제2독일텔레비전)는 정보 제공과 더불어 정치교육의 목표를 추구하며, 그런 점에서 방송국이 일종

28 재정정책을 보면, 좌파당은 노동자의 단결과 자결권 강화, 법인이나 재벌·부유층에 대한 세율 인상 등 다양한 수단을 활용한 부의 재분배를 강조한다. 대외정책 분야에서는 EU의 시장근본주의적 정책이나 나치즘의 부활에는 반대하지만, 기본적으로 유럽의 통합은 찬성하고 있다. 또한 EU 집행부의 민주화를 주장하고 있으며, 국제 사회에서 UN의 강력한 역할 역시 강조한다.

의 '모범기능(Leitbildfunktion)'을 수행하고 있다고도 언급된다. 그러나 공영방송을 제외한 대부분의 매스미디어는 자체적으로 재정을 감당해야 하기 때문에 객관적인 정보를 강조하지 못하는 경우도 흔하다. 아예 자극적이고 선정적인 보도를 일삼는 황색 언론도 존재한다. 그런 점에서 매스미디어 영역은 일반적으로 정치교육의 분야에 선험적으로 속할 수 없다고 지적된다.

Ⅳ. 독일 정치교육의 기본 원칙, 보이텔스바흐 합의

독일에서 정치교육이 제도적으로 정립되게 된 데는 1960년대 후반 이후 추진된 민주화가 배경요인으로 작용했다. 대표적인 것이 "더 많은 민주주의를 과감히 실천하자!(Demokratie wagen!)"를 선거공약으로 내걸었던 빌리 브란트(Willy Brandt) 정권 시기이다. 브란트가 민주주의의 실천을 선거공약으로 내걸고 이를 실천하였던 데는 권위주의를 거부하고 풀뿌리 민주주의를 추구했던 68혁명의 영향이 컸다. 68혁명 참가자들은 당시 기성세대가 지닌 전통적 권위주의에 반발하여 일상생활에서는 물론 제도적 영역에서 권위주의 문화를 재생산하는 구조와 체제를 타파함으로써 민주적 평등관계를 수립하고자 했다. 이들은 기성세대의 물질만능주의와 자기만족을 경멸했고, 나치 범죄에 대해 '침묵의 음모'를 영속화하고 있다고 비판했다. 이들이 내건 요구 중 일부를 좌파정당의 전통을 이어오던 사민당(SPD)이 받아 들여 연방의회 선거의 공약으로 내걸었다. 1960년대 말에 이르면 사민당은 전통적인 블루칼라 위주의 정당에서 더 젊고 더 교육받은 당원들과 지지자들의 정당으로 변화했다. 이들 새로운 세대는 새로운 삶의 질을 낳을 포괄적인 사회개혁을 요구했다(디트릭 올로 2019, 558-559).

이러한 구호는 다수 유권자들의 지지를 받았고, 그 결과 사민당은 1966년 독일에서 가장 인구가 많은 주인 노르트라인·베스트팔렌(Nordrhein-Westfalen)에서 자민당(FDP)과 연정을 구성한데 이어 1969년에는 독일연방공화국 출범 이후 최초로 연방 차원에서 사민당·자민당 연정이 출범하게 되었다.[29] 정권교체 후 브란트는 학교와 일터와 언론 등의 분야에서 과감한 민주주의 실험을 단행했다.[30] 특히 눈에 띄는 변화를 가져온 분야는 교육이었다. 보수적인 기득권층의 격렬한 반대에도 불구하고 12년제의 종합학교인 게잠트슐레(Gesamtschule)가 상당수 개교하여 김나지움(Gymnasium)과 엘리트 대학이 지배하던 기존

---

29 1969년 총선에서 가장 많은 득표를 한 정당은 기민련(46.1%)이었고, 두 번 째는 사민당(42.7%)이었다. 과반 정당이 부재한 상황에서 캐스팅보트를 쥔 자민당(5.8%)은 이전과는 달리 기민련이 아닌 사민당을 연정 파트너로 선택했다. 이렇게 된 데는 1960년대의 사회개혁 분위기가 자민당으로 하여금 전통적 자유주의에서 벗어나도록 압력을 미친 것이 작용했다. 자민당은 1971년 10월 프라이부르크에서 개최된 당 대회에서 개혁지향적인 사회적 자유주의를 내용으로 하는 '프라이부르크 테제(Freiburger Thesen)'를 채택하였다. 이 테제는 1977년까지 당의 기본노선이 되었다. 네 가지로 구성된 테제는 다음과 같다: 자유주의는 자기결정권을 통한 인간의 존엄성을 지지한다. 자유주의는 이성을 통한 진보를 지지한다. 자유주의는 사회의 민주화를 촉구한다. 자유주의는 자본주의의 개혁을 촉구한다.

30 "민주주의를 감행하자"는 구호와 연관된 브란트의 사회정책에 대해서는 Wolther von Kieseritzky (2001), pp.41-45 참조.

의 3분 학제와 경쟁하게 되었다.[31] 대학에서는 정교수들이 전통적으로 독일 고등교육에서 누려왔던 특권이 약화되고 더 민주적인 대학 행정구조가 제도화되었다(디트릭 올로 2019, 582). 예를 들어, 강사와 조교가 교수 및 학생과 동등하게 대학의 정책 결정과정에 참여하도록 한 '3분할 원칙(Prinzip der Drittelparität)'이 마련되었다. 사업장평의회가 해당 사업장에 종사하는 노동자 전체를 대표하며 기업 차원에서는 감사회에 노동자 대표가 파견되어 노동자의 이해관계를 대변하도록 한 공동결정(Mitbestimmung) 제도도 연방의회에서 통과되었다.

1970년대에 교육정책과 정치교육의 교수학습을 둘러싸고 사민당과 보수정당인 기민련(CDU) 간에 견해차가 노정되면서 격렬한 논쟁이 벌어졌다. 이러한 논쟁은 특히 사민당이 집권하는 주에서 더 격렬하게 나타났다. 이렇게 된 까닭은 새롭게 집

31 그 때까지 독일의 학제는 인문계 학교인 김나지움, 전통적인 실업계 중등학교인 레알슐레(Realschule), 그리고 이 두 학교에 입학하지 못한 학생들에게 기본적인 중등학교 의무교육을 받도록 설립된 하우프트슐레(Hauptschule)로 3분되어 있었다. 이러한 학제에 대해서는 너무 이른 시기인 초등학교(Grundschule) 때 진로를 결정하게 하였고, 각기 교육 목적과 기간, 졸업 자격이 상이한 중등학교로 진학한 후에는 학교를 옮길 수 없게 한 것이 교육의 기회균등에 걸맞지 않다는 비판이 존재하였다. 하위계층의 자녀들이 주로 하우프트슐레와 레알슐레에 다니는 데서 보듯이 교육제도가 사회경제적 불평등을 반영하고 있다는 비판도 제기되었다. 이에 따라 사민당은 교육개혁의 일환으로 이들 세 학교를 통합한 인문 실업 종합학교인 게잠트슐레 설립을 추진하였다. 게잠트슐레의 도입 여부와 비율은 주별로 상이하다.

필된 정치교육 교과서들이 단순히 소련과 동독의 나쁜 독재 대 서독의 좋은 민주주의를 비교하는데서 벗어나 서독 사회와 체제에 대해서도 비판적으로 서술하였기 때문이었다. 과거와는 달리 문제 지향과 논쟁성 같은 교수학습원칙들이 강조되었다. 새로운 교과서의 집필자들은 프랑크푸르트 학파의 비판이론에 입각해 정치교육을 근본적인 사회 변화의 수단으로 보았다. 이러한 상황에서 이데올로기 논쟁의 도구화를 우려한 인사들이 극단적으로 대립했던 데서 벗어나 실용주의적 관점에서 정치교육을 모색하게 되었다. 대표적인 인물이 당시 바덴·뷔르템베르크(Baden-Württemberg) 주 정치교육원 원장이던 지그프리트 실레(Siegfried Schiele)였다. 1976년 11월 실레는 서로 다른 성향인 교육이론가들을 초청해 보이텔스바흐에서 '정치교육에서의 합의 문제'에 관한 토론회를 개최하였다. 참가자들은 정치교육에 대한 입장이 달랐지만 그럼에도 모두 공동으로 정치교육에 대한 최소합의를 찾자는 데 동의했다(케르스틴 폴 2018, 83-84).

독일의 보이텔스바흐 합의의 등장과 수용 그리고 논쟁에 대해서는 케르스틴 폴의 글이 자세하다. 폴에 의하면 보이텔스바흐 합의는 정치교육 교수학습론의 근간이 되었다. 보이텔스바흐 합의는 학교 교과서 서술과 관련한 교육과정과 학습지도안의 개발과 활용에서 중요한 역할을 수행할 뿐만 아니라 청소년과 성인들을 위한 학교 밖 정치교육의 여러 영역들에서도 규범 척도가 되었다. 보이텔스바흐 합의는 한편으로 정치교육을 위한 기본 원칙을 밝히고, 다른 한편으로 부당한 정치 강압 또는 재정을 지원한 공공기관의 일방적 요구로부터 정치교육을 보호한다(케르스틴 폴 2018, 80-81).

보이텔스바흐 합의의 내용에 대해서는 당시 바덴·뷔르템베르크 주정치교육원의 출판 담당관이었던 한스-게오르크 벨링(Hans-Georg Wehling)이 1977년 "Konsens à la Beutelsbach? Nachlese zu einem Expertengespräch(보이텔스바흐에서의 합의: 전문가토론의 정리)"라는 제목의 글에서 다음과 같이 세 가지로 정리한 것이 있다.

① 강압 금지(Überwältigungsverbot): 교사가 자신이 원하는 견해를 - 어떤 방식으로든 - 학생이 받아들이도록 강제하고 그것을 통해서 학생의 '자립적인 판단 형성'을 방해하는 것은 허용되지 않는다. 바로 이 지점이 정치교육과 교화(Indoktrination)를 구분하는 경계선이다. 교화는 - 일반적으로 수용되는 - 민주주의 사회에서 교사가 수행해야 하는 역할과 일치할 수 없으며, 학생의 성숙이라는 목표 설정과도 일치할 수 없다.

② 논쟁성(Kontroversität): 학문과 정치에서 논쟁적인 것은 수

업에서도 또한 논쟁으로 나타나야 한다. 이 요구는 위에서 언급한 요구와 밀접히 연관되어 있다. 왜냐하면 서로 다른 입장이 무시되고 선택 가능성이 폐기되고 대안이 언급되지 않는다면, 그것이 바로 교화로 가는 길이기 때문이다. 교사는 심지어 교정 기능을 수행해야 하지 않을까라는 질문이 생긴다. 다시 말해, 교사가 학생들(과 정치교육 행사 참가자들)에게 그들 각각의 고유한 정치 사회적 출신 배경으로 인해 낯선 입장과 대안을 특별히 부각시켜 주어야만 하는 것은 아닌지 물어야 한다.

③ 학습자 이익 상관성(Interessenorientierung): 학생은 정치상황과 자신의 고유한 이익 상태를 분석할 수 있도록 안내되어야 한다. 아울러 학생은 자신의 이익을 위해 당면 정치상황에 영향을 줄 수 있는 수단과 방식을 찾도록 안내되어야 한다. 그런 목표 설정은 행동능력을 매우 강조한다.[32]

보이텔스바흐 합의의 핵심 내용을 정리하면 다음과 같다. 첫째, 정치교육을 행하는 데 있어 특정한 의견을 피교육자에게

---

32 보이텔스바흐 합의의 세 가지 원칙에 대해서는 Hans-Georg Wehling (1977), pp.179-180; Armin Scherb(2017), pp.255-256; 케르스틴 폴·이동기 외 (2018), pp.85-86; https://www.bpb.de/die-bpb/51310/beutelsbacher-konsens 참조.

일방적으로 주입시킴으로써 독자적인 판단을 내리는 것을 방해하는 것을 금지한다. 둘째, 하나의 쟁점이 사회에서 대립적인 형태로 나타나는 경우 교사는 대립적 입장이 드러나게 서술하고 논의해야 한다. 셋째, 학생들은 수업을 통해 현재 정치상황을 분석하고, 자신의 이해관계를 고려하며 이를 통해 당면한 정치 상황에 영향을 끼칠 수 있도록 해야 한다. 보이텔스바흐의 세 가지 원칙은 다음과 같이 도표로 나타낼 수 있다<표 2>.

<표 2> 보이텔스바흐 합의의 세 가지 원칙

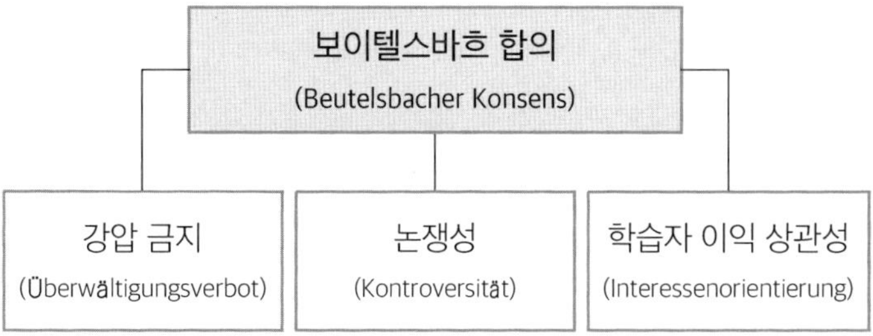

독일에서는 정부가 정치교육과 관련된 방대한 예산을 지원하지만 구체적인 교육의 방식과 내용에 일일이 간섭하지는 않는다. 단 교육을 실시하는 기관은 지켜야 할 가이드라인이 정치학자와 교육 관계자가 협의하여 만든 보이텔스바흐 합의이다. 이와 관련하여 독일의 정치교육학자인 케르스틴 폴(Kerstin Pohl) 등은 지그프리트 실레와의 인터뷰에서 보이텔스바흐 합

의가 학문적 내용의 일치 선언도 아니었고 법적 구속력이 있는 정치 결정도 아니었다고 지적한다. 다만, 정치교육의 대표 이론가들이 가슴을 열고 신중하게 마련한 민주적 토론문화의 찬연한 성취였으며, 그런 까닭에 보이텔스바흐 합의는 정치나 교육의 권력자들이 떠들썩하게 과시한 법적 협약보다도 더 큰 공명을 얻을 수 있었다고 한다.[33]

---

33 Hubertus Buchstein, Siegfried Frech, Kerstin Pohl (Hrsg.). 2016. *Beutelsbacher Konsens und politische Kultur: Siegfried Schiele und die politische Bidung*. Schwalbach am Taunus: Wochenschau Verlag. pp.104-105. 케르스틴 폴·이동기 외(2018), p.66에서 재인용.

V. 독일의 정치교육을 어떻게 평가할 것인가?

독일에서 바람직한 정치교육의 목표와 노선, 내용을 둘러싸고 벌어진 논쟁은 그 역사가 오래되었다. 이러한 정치적 논쟁에도 불구하고 정치교육과 관련된 담론과 실천에서 중요한 준거로 삼게 된 것이 보이텔스바흐 합의이다. 보이텔스바흐 합의의 세 가지 요구사항은 여러 상이한 정치적 입장들 사이의 최소 합의를 암시하고 있으며, 오늘날까지 민주적 정치교육의 기본 원리로서 널리 수용된다는 점에서 그 의의가 크다. 그러나 정치교육의 세부적 쟁점들을 둘러싼 정치가들과 관료, 학자들 간의 해묵은 논쟁은 여전히 해소되지 않고 있다. 정치교육이 삶의 양식으로서의 민주주의를 내면화한 시민들을 양성하는 것이 핵심 목표라고 한다면 구체적으로 어떤 민주주의를 지향해야 하는 가에 대한 견해는 학자들에 따라 다르다.[34] 이는 구

34 독일의 정치교육이 기본법이라 불리는 헌법을 수호하고 위헌이나 사회질서 파괴를 예방하는 것을 목적으로 한다고 할 때 헌법에 나오는 민주주의가 구체적으로 어떤 민주주의를 의미하는 지에 대해서는 학자들마다 견해가 다르다. 그것이 자유민주주의인지, 방어민주주의(wehrhafte Demokratie)인지, 아니면 사회민주주의를 가리키는 지에 대한 합의는 존재하지 않는다. 일

체적으로 어떤 체제와 문화가 뒷받침하는 민주주의가 바람직한가라는 문제이기도 하다.

독일의 정치교육에 대해서는 어떻게 평가를 내릴 수 있을까? 무엇보다 독일은 전후에 체계적인 정치교육을 마련하여 이를 지속적으로 실시함으로써 권위주의적 과거와 단절하는 데 성공할 수 있었다. 민주적 정치문화를 정착시키고 '학습된 민주주의'를 확립할 수 있었던 것도 정치교육 덕분이었다고 평가된다. 이렇게 된 데는 정치교육이 민주주의 학습에서 체험의 역할을 강조한 데서 그 이유를 찾을 수 있다. 이를 위해 민주주의 교육에서 규범적 호소를 통한 학습 또는 이론적 텍스트 읽기를 통한 학습보다 실제 경험을 통한 학습, 특정 상황에 대한 학습 및 모델을 통한 학습이 강조되었다. "민주주의가 학습되기 위해서는 체험되어야 한다"는 주장은 민주주의 학습으로서의 정치교육에서 체험의 역할을 강조한 표현이다. 이는 체험을 통해 학습된 민주주의야말로 실제로 검증된 민주주의라는 말

부 학자들은 독일 헌법에서의 민주주의 또는 민주적 질서는 자유민주주의를 의미한다고 주장한다. 그러나 자유민주주의 같은 특정한 민주주의 모델을 유일하게 실천가능하거나 의미 있는 민주주의 모델로 간주하지 않는 학자들도 있다. 그 이유는 자유민주주의에는 본래 민주주의가 내포하고 있는 포괄적이고 역동적인 성격이 결여되어 있기 때문이다. 그런데도 한국에서는 이 점에 대한 숙고 없이 자유민주주의를 단지 자유주의나 시장주의, 반공주의로 협소하게 이해하는 학자와 정치가, 언론인이 존재한다. 독일의 다양한 민주주의 모델에 대한 소개는 Peter Massing (Hrsg.)(1996) 참조.

이기도 하다(Himmelmann 2002, 267).

독일의 정치교육은 내독관계와 독일통일, 유럽 문제에 대한 이해를 넓히는데 기여했다. 연방정치교육원은 동방정책(1960년대), 독일 통일과 유럽 통합(1990년대 이후) 주제를 정치교육의 주된 관심사로 선정해 교과내용에 포함시켰다. 이들 교육을 통해 학생들은 동서독의 체제를 비교하고 분단과 통일을 둘러싼 국제관계에 대한 이해를 넓힐 수 있었다. 대부분 독일인은 통일 이후에도 독일 정치교육을 민주적 정치문화의 불가결한 기본 요소로 보고 있으며, 그 방법은 소위 '다원성의 통합(integration in diversity)'을 원칙으로 하고 있다(신두철·허영식 2015, 104). 그러나 통일 이전까지 동서독의 정치교육은 확연히 달랐다. 서독의 정치교육이 민주주의적 가치와 태도를 내면화하는데 주안점을 두었던 데 비해 동독의 정치교육은 학생들에게 사회주의적 인성을 교육함으로써 새로운 사회주의적 질서를 확립하는데 목적이 있었다. 공민과(Staatsbürgerkunde) 수업을 통해 기존 체제와 질서를 유지하고 재생산을 추구하는데 집중하였던 동독의 사례는 교육이 이데올로기 교화 수단으로 이용됐다는 점에서 그 한계가 분명한 것이었다(페터 마싱 2006, 75-76).

신자유주의와 세계화가 독일 사회에 끼친 영향은 매우 크다. 비록 그 정도가 영미 자본주의 국가보다 강력하진 않을지라도 독일 역시 기업의 이해관계를 옹호하기 위해 시장자유의 영역이 점차 넓어지고 있다. 이에 따라 지배적인 사회구조도 '신자유주의 풍토', '철저한 경영학적 이데올로기', 모든 사회관계의 '자본주의화'가 그 특징으로 지적되고 있다. 정치교육 역시 이에 영향을 받아 공공기관뿐만이 아니라 노조나 교회 같은 사회단체로부터 나오는 재정지원이 축소되고 있다. 특히 이런 현상은 학교 밖 정치교육에서 더욱 뚜렷하게 나타나, '실제로 부차적 지위', '하나의 장식품 역할', '장식품과 같은 생존'이라는 목소리까지 나오는 실정이다. 이는 시장경제적으로 조직되어있고, 이윤을 추구하지 않으면 안 되는 정치교육의 미래 전망을 어둡게 하는 원인이 되고 있다(클라우스-페터 후퍼 2006, 226-228).

한편, 많은 사회관계들이 영토적 지리라는 준거로부터 점차 벗어나 전 지구적 규모에서 상호연결성이 심화되는 현상인 세계화는 그로 인한 혜택 못지않게 사회적 폐해도 낳고 있다. 즉, 독일에서는 난민이 급증하고 극우포퓰리즘이 부상하였으며, 극단주의자들에 의해 기본법적 질서가 위협받는 사례가 발생하고 있다. 반다원주의 이데올로기이자 반엘리트주의 정치형태로서의 포퓰리즘은 민주주의와 사회적 응집력을 위협한다. 포퓰리즘은 사회적 복잡성과 정치적 문제 해결을 진부한 일로 간주하고, 단순화, 적의 이미지, 가짜뉴스를 사용하며, 정치적 주변계층을 동원한다(Manzel & Möllers Hrsg. 2018, 7). 이에 대응하여 연방정치교육원은 극단주의부, 정치로부터 소외된 표적그

룹부를 새로 설치하고 관련된 사업을 시행하고 있다. 극단주의부는 극단주의자들의 세계관과 견해에 영향을 미친 요소들을 분석하고 교육 차원에서 예방조치를 고찰하고 있다. 정치로부터 소외된 표적그룹부는 이름처럼 정치와 교육으로부터 소외된 젊은 세대를 대상으로 한 정치교육을 실시한다. 이주민 출신 청소년들을 대상으로 컴퓨터게임, 텔레비전 프로그램, 사회적 프로젝트 등 다양한 교육방식이 활용되고 있다. 그 결과 극단주의를 예방하기 위한 정치교육은 시민 참여를 촉진하고 극우세력에 반대하는 프로그램을 통해 민주적 사회문화의 내재화에 기여하고 있다고 평가된다.

독일에서는 정치교육에 대한 사회적 관심이 이전보다 점차 감소되고 있고, 그 의미를 둘러싼 정치적 논란도 여전히 존재한다. 그럼에도 독일 사회에서는 아직도 정치교육이 필요하다는 견해가 지배적이다. 그 대표적인 논자가 독일의 사회철학자인 위르겐 하버마스(Jürgen Habermas)이다. 그는 독일에서 왜 아직도 정치교육이 필요한가라는 질문에 다음과 같이 대답한다.

"정치교육은 결코 그 중요성을 잃지 않았다...정치교육의 가장 우선적 대상은 우리가 일상 속에서 체험하는 민주주의이다. 이 정치체제는 무엇보다도 상당히 인공적이고 복잡한 구조를 갖고 있다. 그런 까닭에 헌법의 법적 구성과 기준을 이해하려는 모든 사람들에게 민주적 지배를 정당화하려는 인지적 노력이 요구된다. 둘째 이유는 민주주의가 스스로 유지되는 유기체와 달리 상당히 취약한 구조를 갖고 있다는 점이다. 시민들의 적극적 참여를 통해서만 공화국은 붕괴를 막을 수 있다. 참여는 개인들에게 일상사에 대한 관심뿐만 아니라 정치적 사건에 대한 정보, 그리고 이들 사건에 대한 비판적 입장과 판단을 요구한다. 그리고 이것들은 각각 독자적인 이해관계가 형성되는 정향뿐만 아니라 한계 계층의 이해를 포함한 모든 시민들의 동등한 이해가 있는 관점을 포함해야 한다... 민주 국가는 고유한 행정적 자원뿐만 아니라 법적인 강제를 통해 재생산될 수 있다. 민주주의는 시민들의 의지와 정치적 이성을 통해서만 안정적일 수 있다. 시민들은 민주주의의 마지막 보증자(마지막으로 남은 보루)이다"(Lange & Reinhardt Hrsg. 2017, XI-XII).

Ⅳ. 독일의 사례가 한국에 주는 교훈

지금까지 독일의 정치교육의 역사와 구조에 대해 살펴보고, 그 현실을 검토해보았다. 그렇다면 독일의 정치교육은 민주주의로 이행한지 30년이 넘었는데도 여전히 결함 있는 민주주의에 머물고 있는 한국에 어떤 시사점을 주는가? 신자유주의적 재편으로 사회구성원들 사이에서 권력과 자원의 비대칭성이 점차 확대되고 있으며, 차이를 용인치 않고 차별과 혐오를 부추기는 현상이 만연한 한국의 현실에서 온전한 사회통합과 바람직한 남북통일을 위해서는 어떤 정치교육이 필요할까? 먼저 지적되어야 하는 점은 독일 역시 한국과 같은 분단국이었고 권위주의적 사회문화가 강하게 존재했던 국가였다는 사실이다. 독일제국이 두 차례에 걸쳐 세계대전을 일으키면서 평화를 파괴했던 것도 이런 비민주적 문화가 사회 저변에 뿌리내렸기 때문에 가능했다.

그러나 2차 대전 후 서독은 권력의 자의적 지배가 불가능하도록 민주적인 정치와 경제제도를 구축했고 이 제도가 붕괴되지 않도록 국가 주도로 민주주의를 위한 교육을 지속적으로 실시했다. 여기에 '접근을 통한 변화(Wandel durch Annäherung)'를 기치로 내건 동방정책을 통해 동독을 인정하고 상호 교류와 협력을 추진했고 이들 요인이 1990년 동서독 통일을 가져왔다. 문제는 통일을 가능하게 한 이와 같은 제 요인이 한국에서는 부재하다는 점이다. 한국과 독일은 그 맥락과 조건이 다르다. 독일과 한국 사이의 구조적인 차이점들을 간과해서는 안 되며, 독일의 경험을 성급하게 한국에 그대로 적용해서는 안 되는 것이다. 그럼에도 체계적인 정치교육을 통해 권위주의적 과거와 단절하는 데 성공한 독일의 사례를 살펴보는 것은 우리가 민주주의를 보다 더 심화시키고 확대함으로써 구성원들의 삶의 질을 증진시키기 위해 중요하다. 독일을 하나의 모범적인 선행사례로서 면밀히 고찰하고 우리에게 주는 교훈을 찾을 필요가 있는 것이다.

중장기적인 차원에서 보면 온전한 정치교육은 사회통합을 추구하고 바람직한 한반도 통일을 준비하는 데에도 긍정적으로 기여할 수 있다. 사회통합은 사회구성원들이 공동의 규범과 가치를 내면화하고 생활양식을 습득함으로써 일종의 공동체를 형성하는 것을 말한다. 사회의 구성원이 견지하고 있는 가치와 그들이 준수하는 규범인 사회문화는 정치제도의 운영에도 중요하다. 한국 사회는 봉건왕조의 지배와 일제에 의한 식민통치, 그리고 계속된 권위주의 정권의 지배에 의해 권위주의, 집단주의와 같은 비민주적 문화가 발달하였다. 분단체제 역시 사회적 갈등을 불온시하고, 이념적 차이를 용인하지 않는 권위주의적 문화를 조장하였다. 이러한 문화는 부정부패를 조장하는 후원·수혜관계를 형성하면서, 공정하고 다원적인 경쟁을 가로막을 뿐 아니라, 사회적 갈등을 취합하고 이익을 대표하는 정치체계의 발전도 어렵게 한다(홍익표 2006).

따라서 장기적인 시각에서 이 같은 문화를 다원성, 관용, 타협과 확고한 원칙성 등으로 특징 지워지는 '민주적인 갈등문화(demokratische Streitkultur)'로 전환시키는 것이 중요하다. 문화는 사회구성원들이 그들 사회의 삶의 방식을 배우는 사회화를 통해 변화할 수 있다. 다양한 사회화 기관을 통해 사회구성원들이 윤리적 원칙에 대한 존중, 다른 문화에 대한 관용, 그리고 공정성 규칙의 준수를 핵심 내용으로 하는 갈등문화(Sarcinelli 1990, 31)를 내재화할 수 있을 때 민주시민으로서의 공유된 정체성을 지니고 나아가 독일처럼 학습된 민주주의를 구축하는 것도 가능케 될 것이다. 여기서 특히 다원성과 관용은 세계화의 진척이 초래한 국제이주의 증가와 이주민 문제의 부상이라는 현실에서 더욱 요구되는 가치이기도 하다.[35] 정치교육을 통해

---

35 세계화와 이주민문제에 부응하는 다문화교육에 대해서는 홍익표, "학교 정치교육의 새롭고 바람직한 방향", 진시원 외. 『정치교육의 이론과 실제(가제)』(근간) 참조.

민주적인 가치와 규범이 학습되고 상이한 세대와 서로 연결될 때야 비로소 우리는 서구의 선진 민주주의 국가들처럼 사회통합의 문화적 기반을 갖게 될 것이다. 나아가 다원성과 관용, 타협을 강조하는 정치교육은 통일의 문화적 토대를 구축할 수 있다는 점에서 남북 화해와 공존, 한반도 평화의 과제를 실현하는 데도 이바지할 것이다.

문제는 왜 지금 한국에서 독일과 같은 정치교육이 행해지지 못하는가이다. 현재 한국에서는 다양한 기관과 단체들에 의해 정치교육이 행해지고 있으나 주체별로 정치교육의 정의와 목적에 대한 이해가 상이하며 각자 특수한 목적에 부합하는 교육이 산발적으로 실시되고 있다. 그러다 보니 교육 내용이 부실하고 방식도 부적절한 경우가 많다. 체계적인 정치교육을 위한 법적인 뒷받침도 없다. 이렇게 된 데는 그 많은 정치인들 중에서 진정한 민주주의자가 드물기 때문이다. 현재 한국의 정치계에는 "민주주의를 감행하자!"를 선거 구호로 내걸고 총리에 당선된 후 이를 과감하게 실천한 빌리 브란트와 같은 정치인이 보이지 않는다. 민주주의와 정치에 대한 이해가 천박하거나 편향되다 보니 공공연히 민주주의의 이름으로 민주주의에 반하는 언행을 일삼는 정치인들도 많다.[36] 다수결을 마치 유일한 민

36 영국의 정치학자인 아블라스터(Anthony Arblaster)는 대부분의 현대 사회에서 민주주의가 존재하지 않는 것은 실행상의 문제나 기술적인 문제가 아

주주의적 결정원리인 듯 일방적으로 밀어붙이는 정치인들을 보라!

지금까지 한국에서는 어떤 정당도 집권을 한 후 국정과제를 추진하는 과정에서 서로 이해를 달리하는 다양한 사회세력들을 국정의 파트너로 인정하고 이들과 대화와 타협을 통해 민주적으로 합의를 도출하려는 노력을 제대로 기울이지 않았다. 민주주의에 대해 신념을 지니고 이를 현실에서 구현하려 애쓰는 정치인은 별반 없는 반면에 자신이 속한 정파의 이익을 위한 정치공학적 계산에만 골몰하는 정치인은 넘쳐난다. 여기에 더해 금융외환위기 이후 확산된 신자유주의는 정치영역에서 민주주의 원리를 경제적인 것들로 대체하면서 정치의 쇠퇴를 조장하고 있다.[37] 정치가 사회에 존재하는 다양한 갈등을 조정하고 민주적 합의를 통해 공공선을 추구하는 '가능성의 예술'이 아니라, 사회적 강자들이 권력을 획득하고 개별적이고 특수한 이해관계를 충족하는 수단이 되는 곳에서 정치교육은 자리를

니라 정치적인 문제라고 지적한다. 권력과 권위 있는 지위를 장악하고 있는 사람들이 민주주의를 원치 않으며, 그것을 실현하려는 그 어떤 시도에도 적극적으로 저항하기 때문이라는 것이다(Anthony Arblaster 2002, 85).

37 이와 관련하여 벨기에 출신의 정치철학자인 샹탈 무페(Chantal Mouffe)는 경제적 자유만 주장하는 신자유주의가 민주주의의 차원을 의도적으로 파괴한다면서 그에 대한 저항과 견제는 정치의 영역에서만 이뤄진다고 강조한다. 이에 대해서는 샹탈 무페(2007), pp.177-178 참조.

잡기 어렵다. 이는 정치교육은 정치가 온전히 자리 잡아야 제대로 수행될 수 있다는 것을 의미한다. 이 주장은 정치의 무력화와 퇴행이 초래하는 위기는 정치교육의 부재로 이어질 수밖에 없다는 사실을 역설하는 것이다. 우리는 제대로 된 '정치로의 귀환'을 통해서만 정치교육을 우리 사회에 깊게 뿌리내리게 할 수 있다.

독일의 정치교육 사례에서 눈에 띠는 것은 여러 재단들이 주도하는 정치교육이다. 독일에서는 정당들이 그들과 상호 독립적이면서 긴밀한 관계에 있는 재단을 통해서 각자 추구하는 이념과 가치에 부합하는 다양한 정치교육을 행하고 있지만, 막대한 액수의 국고보조금을 받는 한국의 정당연구소는 그마저도 제대로 수행하지 못하고 있다. 물론 독일과 한국은 정부형태가 각각 의원내각제와 대통령중심제로 다르다. 그럼에도 정당이 현대 민주주의 제도의 운영에 있어서 필수불가결한 요소라는 점은 차이가 없다. 정치체제의 차이를 떠나 정당은 여론을 조직하고 통치권력과 정책결정자에게 시민들의 요구를 전달한다. 문제는 독일에 비해 한국의 정당체계가 협소한 이념적 스펙트럼을 지녔다는 점이다. 정당의 조직과 지지기반 역시 대단히 허약하며, 정당 지도부가 비민주적으로 당을 운영하는 경우도 흔하다. 독일처럼 한국의 정당들이 정치교육에서 상당한 역할을 수행하려면 무엇보다도 정당이 통제하는 하부기관에 불과한 정당 연구소를 독일의 정당 재단과 같은 조직과 위상, 역할을 하도록 확대·재편하는 것이 필요하다. 이를 위해서는 국가가 직접 재정적 지원을 하되 그 조건으로 독일의 보이텔스바흐 합의와 같은 원칙의 준수를 내걸고 이를 통해 재단 운영의 자율성 보장을 견지토록 하는 것을 고려해 볼 수 있다.

한국에서 정치교육을 행하는 주체는 다양하다. 비록 교육 내용이 부실하고 방식도 부적절한 경우가 많지만 그럼에도 학교는 한국에서 정치교육을 행하는 주된 기관으로 거론될 수 있다. 그러나 이들 학교는 자본의 원리를 중시할 가능성이 큰 사립학교 비율이 높고 거기에다 무한경쟁과 승자독식을 부추기는 입시 위주의 교육이 대부분 행해지고 있다. 기존 질서를 유지하고 재생산하기 위해 학생들에게 지배적 이데올로기를 주입해서 수동적 존재로 만들려는 교육도 완전히 없어지지 않았다. 학교가 평준화되어 있고, 학생들이 학비 부담 없이 자신의 적성과 능력을 감안한 교육을 받으며, 정치에 대한 이해와 권리의식을 갖춘 주체로 키우는 교육이 행해지는 독일과는 그 차이가 너무 크다. 입시제도를 폐지하고 학생들을 학비 부담에서 해방시키는 내용의 전면적인 교육개혁이 필요하고, 민주주의적 가치와 태도를 내면화한 공동체의 구성원으로 기르는 온전한 정치교육이 도입되어야 한다는 지적이 나오는 까닭이 여기에 있다.

이 점은 노사 영역도 마찬가지이다. 한국에서 재벌을 위시해 거의 대부분의 기업은 소유와 경영이 분리되어 있지 않고, 내부 운용은 극소수의 예외를 제외하고는 원칙적으로나 실제적으로 매우 비민주적이다. 이에 비해 독일에서는 노동자가 기업 경영에 참가하도록 한 공동결정제도가 있어 노동자의 권리가 제도적으로 보장된다. 직장에 재직하는 모든 노동자들에게는 계속교육의 기회가 제공되는 교육휴가(Bildungsurlaub)[38]를 요구할 권리가 법적으로 부여되어있다. 학교뿐만 아니라 기업 내에서도 민주주의 교육을 실시할 수 있는 토대가 존재하는 것이다. 이러한 현실은 한국에서 해당 분야의 민주적 개혁이 뒷받침되지 않으면 정치교육 역시 제대로 실현될 수 없다는 점을 잘 보여준다.

민주주의를 제약하는 요인들이 여전히 강고한 현실을 고려해보면 한국에서 민주주의를 위한 정치교육이 제대로 자리 잡고 활성화되는 것은 결코 쉽지 않으리라 전망된다. 그럼에도 정치교육은 민주주의의 토대를 튼튼히 함으로써 우리의 사회질서가 파괴되고 낡은 권위주의체제로 퇴보하지 않게 하는 안

---

38 교육휴가는 통상적으로 1년에 5근무일 정도 주어진다. 이 기간에 노동자들은 직업교육뿐만이 아니라 정치교육도 받을 수 있다. 물론, 교육휴가 중에도 노동자들은 고용주가 지불하는 임금을 받는다. 직업훈련 과정 중인 노동자도 노동이나 훈련 계약 체결 후 6개월이 경과하면 교육휴가를 요구할 수 있다. 교육휴가에 대해서는 Klaus-Peter Hufer (Hrsg.)(1999), pp.30-32 참조.

전판이 될 수 있다는 점에서 그 중요성이 매우 크다. 공동체를 보다 안전하게 하고 구성원들의 삶의 질을 증진시키기 위해서도 우리는 체계적인 정치교육을 통해 공동체 구성원들에게 민주적 가치와 태도를 정착시키는 노력을 꾸준히 기울일 필요가 있다. 독일의 사례는 정치교육이 민주주의의 내재화에 가장 효과적인 방안이라는 사실을 우리에게 알려준다.

민주주의 이행 이후에 정체되어 있는 민주주의의 외연을 확대하고 그 내용을 심화시키는 것은 우리 시대의 가장 큰 과제이다. 사회 불평등이 점차 확대되어가고 있고 배제와 차별, 혐오가 두드러지게 나타나는 한국 사회에서 갈등 해결의 제도화를 통한 사회통합도 민주주의 학습을 핵심 내용으로 하는 정치교육을 통해 그 기반을 조성할 수 있다. 이를 위한 실효성 있는 방안은 독일을 비롯한 선진 민주국가에서 행해지는 정치교육의 선행 사례를 면밀하게 연구하고 한국에서의 적실성과 그 수용 여부를 세심하게 검토하는 것이다. 그런 후 한국의 현실에 비춰 타당하고 효과적인 정치교육안을 마련한 후 이를 사회적 공론화와 입법화 과정[39]을 거쳐 실행하는 것이다. 이

39 법적인 제도화는 정치교육의 활성화를 위해 중요하다. 정치교육법안의 입법을 통해서만 체계적이고 통합적일뿐만 아니라 지속적인 정치교육을 행할 수 있기 때문이다. 지금까지 민주시민을 양성하기 위한 법률이 국회에서 여러 차례 발의되었지만 거대 정당들의 상이한 이해관계와 관심 부족으로 인해 제대로 논의되지 못하고 연달아 폐기되었다. 사정이 이렇다보니 일부 지

법률안에는 다양한 영역과 수준에 걸쳐 체계적으로 진행될 정치교육을 인적, 재정적으로 지원할 뿐만 아니라 총괄적으로 조정하는 기관의 설립과 운용에 대한 계획이 포함되어야 함은 물론이다.

자체에서 조례와 규칙을 마련해서 산발적으로 교육을 실시하는데 그치고 있다. 바람직한 것은 학계와 시민사회단체들이 상호 협의하여 단일의 합의안을 만들고 광범위한 여론 조성과 입법 유도 운동을 통하여 합의안을 국회에서 통과시키는 것이다. 정치교육지원법은 우선 국가가 정치교육을 일방적으로 강요하고 주입해서는 안 되며 동시에 특정 정당이나 정파에 유리한 방향으로 이뤄져서도 안 된다는 점을 원칙으로 명시해야 한다. 즉 국가는 정치교육의 독립성과 정치적 중립성, 자율성을 보장해야 한다는 점이다. 또한 정치교육은 모든 국민을 대상으로 하며 민주주의의 기본원리와 가치관 외에도 경제, 사회, 국제문제 등을 교육의 내용으로 하는 것이 필요하다. 한편 정치교육을 실시하는데 필요한 재원은 정부와 지방자치단체의 지원으로 하고 개인이나 법인이 출연할 경우는 일정한 혜택을 제공한다는 내용의 재정조달 방식을 명문화하는 것이 지속적이고 안정적인 교육을 위해서 요구된다.

참고문헌

대니얼 마코비츠(Daniel Markovits) 저. 서정아 역. 2020. 『엘리트 세습: 중산층 해체와 엘리트 파멸을 가속하는 능력 위주 사회의 함정』. 서울: 세종서적.

디트릭 올로(Dietrich Orlow) 저. 문수현 역. 2019. 『독일 현대사: 1871년 독일제국 수립부터 현재까지』. 서울: 미지북스.

랄프 다렌도르프(Ralf Dahrendorf) 저. 이종수 역. 1986. 『분단 독일의 정치사회학』. 서울: 한길사.

러셀 J. 달톤(Russell J. Dalton) 저. 서유경 역. 2010. 『시민정치론: 선진산업민주주의 국가의 여론과 정당』. 서울: 아르케.

미셸 푸코(Michel Foucault) 저. 오생근 역. 2016. 『감시와 처벌 - 감옥의 역사』. 파주: 나남.

볼프강 잔더(Wolfgang Sander). 2006. "독일 정치교육의 역사, 이론적 구상, 최근의 도전." 페터 마싱·전득주·허영식 편. 『민주시민교육의 이론과 실제』. 서울: 엠-애드.

샹탈 무페(Chantal Mouffe) 저. 이보경 역. 2007. 『정치적인 것의 귀환』. 서울: 후마니타스.

신두철·허영식. 2015. 『민주시민교육의 정석』. 서울: 도서출판 오름.

우디 그린버그(Woody Greenberg) 저. 이재욱 역. 2018. 『바이마르의 세기: 독일 망명자들과 냉전의 이데올로기적 토대』. 서울: 회화나무.

웬디 브라운(Wendy Brown). 2010. "오늘날 우리는 모두 민주주의자이다.” 조르지오 아감벤 외 저, 김상운 외 역, 『민주주의는 죽었는가?』. 서울: 난장.

조철민. 2017. “독일의 청소년 정치참여를 통한 민주시민교육: ‘U18프로젝트’와 ‘청소년의회’ 사례를 중심으로.” 세계교육정책 인포메이션 CP 2017-01-05, 한국교육개발원.

존 킨(John Keane) 저. 양현수 역. 2017. 『민주주의의 삶과 죽음: 대의 민주주의에서 파수꾼 민주주의로』. 서울: 교양인.

지그프리트 실레(Siegfried Schiele). 1998. “독일의 정치교육.” 명지대학교 개교 50주년 기념 국제학술대회 발표논문. 1998년 11월 5일.

케르스틴 폴(Kerstin Pohl)·이동기 외. 2018. 『보이텔스바흐 합의와 민주시민교육』. 서울: 북멘토.

크리스토프 뮐러-호프스테데(Christoph Mueller-Hofstede). 2007. “독일 정당정책비교프로그램(Wahl-O-Mat)와 정치교육에서 Wahl-O-Mat 활용.” ‘글로벌시대의 시민교육과 정치’ 한·독 민주시민교육 국제 심포지엄 발표 논문. 중앙선거관리위원회 선거연수원.

클라우스 페터 후퍼(Klaus-Peter Hufer). 2006. “성인 대상 정치교육의 입장.” 페터 마싱·전득주·허영식 편. 『민주시민교육의 이론과 실제』. 서울: 엠-애드.

페터 마싱(Peter Massing). 2006. “구동독의 체제 지향 정치교육: 교화와 정치교육 사이에서.” 페터 마싱·전득주·허영식 편. 『민주시민교육의 이론과 실제』. 서울: 엠-애드.

홍익표. 2006. “‘갈등의 제도화’를 통한 한국의 사회통합: 환경, 교육, 세대, 젠더 영역을 중심으로.” 대통령자문정책기획위원회 2006 정책기획과제 ‘한국 민주주의 발전과 사회통합의 전망’ 수록 논문.

______. 2016. “독일, 통일이 남긴 그림자.” 『시네마 폴리티카: 영화로 읽는 정치적 삶과 세계』. 파주: 한울엠플러스.

______. 2018. 『누가 저 베헤모스를 만들었을까: 한국 권위주의의 기원에 대한 정치적 고찰』. 서울: 도서출판 오름.

Ackermann, Paul. 1999. "Politische Bildung." Georg Dagmar & Georg Weißeno (Hrsg.). *Lexikon der politischen Bildung. Didaktik und Schule*. Schwalbach am Taunus: Wochenschau Verlag.

Arblaster, Anthony. 2002. *Democracy*. Buckingham: Open University Press.

Berman, Sheri. 2019. *Democracy and Dictatorship in Europe. From the Ancien Régime to the Present Day*. New York: Oxford University Press.

Brandt, Willy. 2001. *Mehr Demokratie wagen. Innen- und Gesellschaftspolitik 1966-1974*. Berliner Ausgabe Band 7. Bonn: Verlag J.H.W. Dietz Nechf. GmbH.

Detjen, Joachim. 2007. *Politische Bildung. Geschicte und Gegenwart in Deutschland*. München: Oldenbourg Wissenschaftsverlag.

Fulbrook, Mary. 2008. *The People's State. East Germany Society from Hitler to Honecker*. New Haven: Yale University Press

Gessner, Dieter. 2002. *Die Weimarer Republik*. Darmstadt: Wissenschaftliche Buchgesellschaft.

Held, David. 1992. "Democracy: From City-States to a Cosmopolitan Order?" *Political Studies*, XL, Special Issue.

Himmelmann, Gerhard. 2002. "Direkte Demokratie lernen oder Demokratie direkt lernen? Demokratiepädagogik als Demokratiepolitik." Theo Schiller & Volker Mittendorf (Hrsg.). *Direkte Demokratie. Forschung und Perspektiven*. Wiesbaden: Westdeutscher Verlag.

Hufer, Klaus-Peter (Hrsg.) 1999. *Lexikon der politischen Bildung Band 2: Außerschulische Jugend- und Erwachsenbildung*. Schwalbach am Taunus: Wochenschau Verlag.

Hufer, Klaus-Peter, Kerstin Pohl & Imke Scheurich (Hrsg.). 2004. *Positionen der politischen Bildung 2. Ein Interviewbuch zur außerschulischen Jugend- und Erwachsenenbildung*. Schwalbach/Ts.: Wochenschau Verlag.

Von Kieseritzky, Wolther. 2001. "Einleitung. Mehr Demokratie wagen. Innen- und gesellschaftspolitik 1966-1974." Willy Brandt, *Berliner Ausgabe Band 7: Mehr Demokratie wagen. Innen- und Gesellschaftspolitik 1966-1974*. Bonn: Verlag J. H. W. Dietz Nachf. GmbH.

Kolb, Eberhard. 2000. *Die Weimarer Republik*. München: R. Oldenbourg Verlag.

Lange, Dirk & Reinhardt Volker (Hrsg.). 2017. *Basiswissen Politische Bildung Band. Band 1: Konzeptionen, Strategien und Inhaltsfelder Politischer Bildung, Band 2: Forschung, Planung und Methoden Politischer Bildung. Handbuch für den sozialwissenschaftlichen Unterricht*. Baltmannsweiler: Schneider Verlag Hohengehren GmbH.

Manzel, Sabine & Laura Möllers. 2018. *Populismus und Politische Bildung*. Frankfurt am Main: Wochenschau Verlag.

Massing, Peter (Hrsg.). 1996. *Das Demokratiemodell der Bundesrepublik Deutschland*. Schwalbach am Taunus: Wochenschau Verlag.

Reinhardt, Volker. 2017. "Demokratie-Lernen." Dirk Lange &

Reinhardt Volker. *Basiswissen Politische Bildung. Band 1: Konzeptionen, Strategien und Inhaltsfelder Politischer Bildung.* Baltmannsweiler: Schneider Verlag GmbH.

Röhrich, Wilfried. 1983. *Die verspätete Demokratie. Zur politischen Kultur der Bundesrepublik Deutschland.* Köln: Eugen Diederichs Verlag.

Sarcinelli, Ulrich (Hrsg.). 1990. *Demokratische Streitkultur. Theoretische Grundpositionen und Handlungsalternativen in Politikfeldern.* Opladen: Westdeutscher Verlag.

Schieren, Stefan. 2007. *40 Jahre politische Bildung.* Schwalbach am Taunus: Wochenschau Verlag.

Scherb, Armin. 2017. "Der Beutelsbacher Konsens." Dirk Lange & Reinhardt Volker (Hrsg.). *Basiswissen Politische Bildung Band. Band 1: Konzeptionen, Strategien und Inhaltsfelder Politischer Bildung.* Baltmannsweiler: Schneider Verlag Hohengehren GmbH.

Schroeder, Klaus. 1998. *Der SED-Staat. Partei, Staat und Gesellschaft 1949-1990.* München und Wien: Carl Hanser Verlag.

Villa, Dana. 2017. *Teachers of the People. Political Education in Rousseau, Hegel, Tocqueville, and Mill.* Chicago and London: The University of Chicago Press.

Wehling, Hans-Georg. 1977. "Konsens à la Beutelsbach? Nachlese zu einem Expertengespräch." Siegfried Schiele & Herbert Schneider (Hrsg.). *Das Konsensproblem in der politischen Bildung.* Stuttgart: Ernst Klett.

시민주권과 민주시민교육

초판 1쇄 2021년 4월 30일
초판 2쇄 2021년 6월 30일

저자 진시원 홍익표 오승호

표지 디자인 박지영
내지 디자인 박지현

펴낸이 차정인
펴낸곳 부산대학교출판문화원
출판등록 제1983-000001호 1983. 11. 10.
주소 부산광역시 금정구 부산대학로63번길 2
전화 (051) 510-1932, 1933, 1935, 1967
전송 (051) 512-7812
메일 pnupress@pusan.ac.kr
홈페이지 https://press.pusan.ac.kr/

* 잘못된 책은 구입처에서 교환해 드립니다.

정가 18,000원

ISBN 978-89-7316-708-1 03300

이 도서는 부산대학교 출판문화원 강의교재 개발 지원사업(2021-2)의 지원으로 제작되었습니다.